21世纪经济管理新形态教材·电子商务系列

跨境电商运营管理

Cross-border E-commerce Operation Management

柯 佳 何 娣 樊茗玥 陈潇君 ◎ 编 著

清华大学出版社

北 京

内 容 简 介

本书介绍了跨境电子商务发展过程和跨境电子商务相关理论，以跨境电子商务业务流程为线索，对当下全球范围跨境电子商务交易主流平台运营规则和特色进行了介绍，特别包含了从2019年起开始在全球市场崭露头角的独立站。本书重点涵盖了跨境电子商务业务过程和商业模式，跨境电子商务平台特色，跨境电子商务选品管理、营销管理和客户管理等核心内容。本书吸收了国内外前沿的跨境电子商务运营案例，具有理论的权威性、系统性与实践的鲜活性、多样性。本书是作者多年来系统深入的理论研究、丰富的教学经验、独立站运营经验的全面总结与升华。

本书适用于高等院校跨境电子商务类课程，也适合作为电子商务、国际经济与贸易、国际商务等相关专业的教材，还可供跨境电子商务相关从业人员参考。

本书封面贴有清华大学出版社防伪标签，无标签者不得销售。

版权所有，侵权必究。举报: 010-62782989, beiqinquan@tup.tsinghua.edu.cn。

图书在版编目(CIP)数据

跨境电商运营管理 = Cross-border E-commerce Operation Management / 柯佳等编著. —北京: 清华大学出版社, 2023.8（2025.2重印）
21世纪经济管理新形态教材. 电子商务系列
ISBN 978-7-302-64285-5

Ⅰ.①跨… Ⅱ.①柯… Ⅲ.①电子商务—运营管理—高等学校—教材 Ⅳ.① F713.365.1

中国国家版本馆CIP数据核字(2023)第139137号

责任编辑: 付潭娇　刘志彬
封面设计: 汉风唐韵
责任校对: 王荣静
责任印制: 丛怀宇

出版发行: 清华大学出版社
　　网　　址: https://www.tup.com.cn, https://www.wqxuetang.com
　　地　　址: 北京清华大学学研大厦A座　　邮　编: 100084
　　社 总 机: 010-83470000　　邮　购: 010-62786544
　　投稿与读者服务: 010-62776969, c-service@tup.tsinghua.edu.cn
　　质 量 反 馈: 010-62772015, zhiliang@tup.tsinghua.edu.cn
印 装 者: 涿州市般润文化传播有限公司
经　　销: 全国新华书店
开　　本: 185mm×260mm　　印　张: 17.5　　字　数: 369千字
版　　次: 2023年10月第1版　　印　次: 2025年2月第2次印刷
定　　价: 55.00元

产品编号: 097523-01

前言

近年来，我国跨境电子商务规模快速增长。根据中国海关的数据，2020年通过海关跨境电子商务管理平台验放的进出口清单达到24.5亿票，同比增长63.3%，进出口额达1.7万亿元，同比增长31.1%，与2015年相比，5年进出口额增长了10倍。据中华人民共和国商务部有关信息，我国外贸综合服务企业已超过1500家，海外仓数量超过1900个（其中北美、欧洲、亚洲地区占90%）。2021年1—6月，我国跨境电商进出口额达8867亿元，同比增长28.6%，其中出口额达6036亿元，同比增长44.1%，高于同期全国货物贸易出口额增速5.5个百分点。2015年以来，中华人民共和国国务院分5批设立了105个跨境电子商务综合试验区，从地域上基本覆盖全国，形成了陆海内外联动、东西双向互济的跨境电商发展格局。跨境电子商务作为一门新兴学科，引起了相关学者的关注，同时跨境电子商务企业的培训、高等院校的教学都迫切需要一套知识体系完善、理论框架清晰、实训环节覆盖全面的跨境电子商务系列书籍。

本书以跨境电子商务运营管理为主要框架，以跨境电子商务发展过程、跨境电子商务相关理论介绍为出发点，主要从与传统国际贸易模式的对比分析中，介绍了作为新兴学科的跨境电子商务的发展现状和特征；以跨境电子商务业务流程为线索，对当下全球范围跨境电子商务交易主流平台的运营规则和特色进行了介绍，特别介绍了从2019年起开始在全球市场崭露头角的独立站。本书还专门从跨境电子商务运营管理、营销管理和客户管理等方面进行了详细介绍。

编者
2023年2月

目 录

第1章 电子商务发展历程 1

- 1.1 国际贸易的发展历程 2
- 1.2 我国电子商务的发展现状 14
- 1.3 电子商务的特征 16
- 1.4 电子商务的发展趋势 17
- 1.5 跨境电子商务的新发展 18
- 1.6 跨境电子商务与传统贸易、国内电子商务的特点对比 26

第2章 跨境电子商务理论背景 31

- 2.1 跨境电子商务的概念 32
- 2.2 跨境电子商务的特征 32
- 2.3 跨境电子商务的发展阶段 34
- 2.4 我国跨境电子商务的发展概况 36
- 2.5 跨境电子商务常见平台 37

第3章 跨境电子商务业务过程 43

- 3.1 跨境电子商务进出口业务流程 44
- 3.2 跨境电子商务综合试验区 53
- 3.3 跨境电子商务保税区 56
- 3.4 跨境电子商务国际支付方式 57
- 3.5 跨境电子商务物流运输模式 80
- 3.6 跨境电子商务仓储管理方式 83
- 3.7 跨境电子商务配送业务方式 85

第 4 章　跨境电子商务商业模式 …… 89

4.1　跨境电子商务商业模式分类 …… 90
4.2　B2B …… 93
4.3　B2C …… 97
4.4　C2C …… 99
4.5　M2C …… 103
4.6　其他商业模式 …… 105

第 5 章　全球速卖通 …… 108

5.1　速卖通平台特色 …… 109
5.2　物流模式 …… 110
5.3　速卖通商业模式 …… 115
5.4　平台规则 …… 116
5.5　售后退换货管理 …… 123

第 6 章　亚马逊 …… 126

6.1　亚马逊平台特色 …… 127
6.2　亚马逊商业模式 …… 130
6.3　平台规则 …… 133
6.4　供应链管理 …… 151
6.5　退换货管理 …… 153

第 7 章　易贝 …… 155

7.1　易贝平台特色 …… 156
7.2　易贝商业模式 …… 156
7.3　平台规则 …… 160
7.4　物流管理 …… 165
7.5　广告推广 …… 167

目 录

第 8 章　独立站 178
8.1　跨境电商独立站 179
8.2　平台与独立站的特点 186
8.3　独立站 Shopify 187
8.4　Shopify 建站 193

第 9 章　跨境电子商务业务过程 205
9.1　选品的概念 206
9.2　热门商品分类 207
9.3　选品的方法及工具 209
9.4　商品的定价 221

第 10 章　跨境电子商务营销管理 231
10.1　电子邮件营销 232
10.2　新媒体营销 236
10.3　社交媒体营销 239
10.4　短视频营销 243
10.5　跨境电商营销推广的方法 246

第 11 章　用户管理 249
11.1　不同国境的用户购买兴趣差异 250
11.2　用户画像 252
11.3　用户画像的建立 254
11.4　用户购买行为分析 259
11.5　用户沟通 266

参考文献 269

第1章 电子商务发展历程

1. 了解什么是电子商务。
2. 了解我国电子商务的发展过程。
3. 理解跨境电子商务的新兴发展。
4. 了解电子商务和跨境电子商务之间的共同点和不同点。

中国品牌日

5月10日,中国上海,2022年第六届中国品牌日到来之际,亚马逊"全球开店"发布的最新数据显示,随着出口跨境电商行业的快速发展,企业品牌价值越发凸显,中国卖家更加重视品牌塑造。

中国品牌日在每年5月10日举办,集中展示中国自主品牌故事。越来越多的我国卖家通过亚马逊公司加速了品牌国际化的步伐,站上了国际市场价值链的更高处。亚马逊相关数据显示,过去4年在亚马逊平台完成品牌注册的我国卖家数量增长了40倍,我国卖家将打造品牌视为企业实现长远发展的基础。

与此同时,亚马逊"全球开店"中国在2021年进行的一项卖家调研显示,75%的中国卖家对在亚马逊平台上创建和提升品牌充满信心。此外,中国卖家亦越来越重视品牌的多站点布局,亚马逊全球站点上14%的中国品牌已经在超过5个国家或地区拥有注册商标。

在亚马逊的全球站点，消费者对品牌型卖家的认可度高于非品牌卖家，这一趋势也推动卖家逐渐从打造价格优势向打造品牌优势转变。中国卖家不再仅仅满足于产品卖得好，更是要牌子叫得响，从高维度呈现中国制造的创新风貌。

（资料来源：http://ex.chinadaily.com.cn/exchange/partners/82/rss/channel/cn/columns/sz8srm/stories/WS627b7448a3101c3ee7ad4d42.html。）

1.1 国际贸易的发展历程

当今，经济发展在不断向全球扩散，经济的发展体现一个国家的实力，也代表一个国家的综合国力。以贸易全球化为主要内容的经济全球化，对我国经济发展产生了重大影响。深入分析和把握当前国际贸易的发展现状及新趋势，对于我国在更大范围、更广领域和更高层次上参与国际经济合作与竞争，主动利用经济全球化带来的各种机遇，具有十分重要的意义。我国只有实现经济持续、快速发展，实现收入的稳定提升，才能走在世界的前列，提高在国际上的地位。在新形势下，加大经济对外贸易、提升竞争能力、扩大出口成了我国至关重要的发展路径。

1.1.1 国际贸易的定义

国际贸易（international trade），指跨越国境的货品和服务交易，一般由进口贸易和出口贸易组成，也可称之为进出口贸易。国际贸易可以调节国内生产要素的利用率，改善国际间的供求关系，调整经济结构，增加财政收入等。

国际贸易是世界各个国家(或地区)在商品和劳务等方面进行的交换活动。它是各国(或地区)在国际分工的基础上相互联系的主要形式，反映了世界各国（或地区）在经济上的相互依赖关系，是由各国对外贸易的总和构成的。

国际贸易地理方向，亦称"国际贸易地区分布"，用以表明世界各洲、各国或各个区域集团在国际贸易中所占的地位。计算各国在国际贸易中的比重，既可以计算各国的进出口总额在世界进出口总额中的比重，也可以计算各国的进出口总量在国际贸易总量（世界进出口总量）中的比重。

1.1.2 国际贸易的分类

1. 按国际贸易的标的不同分类

（1）国际货物贸易：指以货物为标的的国际买卖交易，是世界各国（地区）之间的货物交换活动，也是世界各国在国际分工的基础上进行相互联系的主要形式。

（2）国际技术贸易：不同国家间的企业、经济组织或个人之间，按一般商业条件，将其技术的使用权授予、出售或购买的一种贸易行为。技术贸易的基本内容有专利使用权、商标使用权和专有技术使用权。

（3）国际服务贸易：指不同国家之间所发生的服务交易活动。这种服务是以提供劳动的形式而满足他人需要并获取外汇报酬的活动。

2. 按商品移动的方向分类

（1）进口贸易：将其他国家的商品或服务输入该国市场销售。

（2）出口贸易：将该国的商品或服务输出到其他国家市场销售。

（3）过境贸易：A 国的商品经过 C 国境内运至 B 国市场销售，这一贸易对 C 国而言就是过境贸易。由于过境贸易对国际贸易的阻碍作用，世界贸易组织（World Trade Organization，WTO）成员之间互不从事过境贸易。

进口贸易和出口贸易是就每笔交易的双方而言，对于卖方而言，就是出口贸易，对于买方而言，就是进口贸易。此外：输出国外的商品再输入该国时，称为复进口；输入该国的商品再输出时，成为复出口。

3. 按商品的形态分类

（1）有形贸易：指有实物形态的商品的进出口。例如，机器、设备、家具等都是有实物形态的商品，这些商品的进出口称为有形贸易。

（2）无形贸易：指没有实物形态的技术和服务的进出口。例如，专利使用权的转让、旅游、金融保险企业跨国提供服务等都是没有实物形态的商品，其进出口称为无形贸易。

4. 按生产国和消费国在贸易中的关系分类

（1）直接贸易：指商品生产国与商品消费国不通过第三国进行买卖商品的行为。贸易的出口国方面称为直接出口，进口国方面称为直接进口。

（2）间接贸易和转口贸易：指商品生产国与商品消费国通过第三国进行买卖商品的行为，间接贸易中的商品生产国称为间接出口国，商品消费国称为间接进口国，而第三国则是转口贸易国，第三国所从事的就是转口贸易。

5. 按贸易参加国的数量分类

（1）双边贸易指两国之间通过协议在双边结算的基础上进行的贸易。在这种贸易中，双方各以本国的出口支付从对方国的进口，这种方式多实行于外汇管制国家。另外，双边贸易也泛指两国间的贸易往来。

（2）多边贸易也称多角贸易，指 3 个或 3 个以上的国家通过协议在多边结算的基础上进行互有买卖的贸易。很显然，在经济全球化的趋势下，多边贸易更为普遍。

1.1.3 国际贸易的特点

国际贸易属于商品交换范围，与国内贸易在性质上并无不同，但由于它是在不同国家或地区间进行的，所以与国内贸易相比具有以下特点。

（1）国际贸易涉及不同国家或地区在政策措施、法律体系方面可能存在的差异和冲突，以及由语言文化、社会习俗等方面带来的差异，所涉及的问题远比国内贸易复杂。

（2）国际贸易的交易数量和金额一般较大，运输距离较远，履行时间较长，因此交易双方承担的风险远比国内贸易要大。

（3）国际贸易容易受到交易双方所在国家的政治、经济变动，以及双边关系和国际局势变化等条件的影响。

（4）国际贸易除了交易双方外，还涉及运输、保险、银行、进出口商品检验、海关等部门的协作、配合，过程较国内贸易要复杂得多。

1.1.4 国际贸易流程

1. 国际贸易流程全步骤

1）客户开发

通过国际贸易建站营销推广、线下参展拜访等一系列手段，获得国际贸易询盘，客户会先跟卖家了解一些产品和业务流程方面的细节。

2）报价

报价内容包括产品的质量等级、产品的规格型号、产品是否有特殊包装要求、所购产品数量的多少、交货期的要求、产品的运输方式、产品的材质等内容。报价内容越详细、认真和规范，越有可能获得客户的进一步沟通。

报价中最需要关注以下方面。

（1）汇率：要关注实时汇率，换算时留点空间，报价表里需注明"汇率浮动如果超过2%，需重新报价"，标明报价有效期。

（2）价格条件：船上交货（free on board，FOB）、成本加运费（cost and freight，CFR）及成本、保险费加运费（cost insurance and freight，CIF）等形式。由于交货的地点不同，产生的费用也不一样，一般以港口码头作为交货地点。

（3）付款方式：最常见的是电汇（telegraphic transfer，T/T）、信用证（letter of credit，L/C），不同公司选择的付款方式不同。

3）洽谈

洽谈涉及很多国际贸易谈判的策略，每对买卖双方实际情况都不一样，如果想做长久生意，卖家就应该用真诚打动客户，和客户彼此建立起牢不可破的信任。

4）签订合同

交易确认以后，需要制作外贸合同。签订《购货合同》过程中，主要对商品名称、规格型号、数量、价格、包装、产地、装运期、付款条件、结算方式、索赔、仲裁等内容进行商谈，并将商谈后达成的协议写入《购货合同》。《购货合同》一式两份，由双方盖各自公司公章后生效，双方各保存一份。以上这些都完成也不算接了单，收到订金才算。

5）下单与跟单流程

得到客户的订单确认后，如果卖家自己拥有生产工厂，就给工厂下生产通知，按照合同逐一落实生产计划。如果是贸易公司，就下采购单给供应商。这个环节要随时了解工厂生产情况，并及时反馈给客户，做到详细、准确，因为万一做错货，后果是难以承受的。为确保货物质量没问题，要在交货期前1周进行验货，客户一般会指派专门验货的机构（第三方），如瑞士通用公证行（Societe Generale de Surveillance，SGS）、OMIS、必维国际检验集团（Bureaul Veritas，BV）等来验货，这时最好提前2周约验货时间。如果客户不验货，一定要随同质量控制（quality control，QC）人员去工厂验货。确认没问题后跟货代订舱，并告知客户确认货运相关信息，在约定日期将货物装柜。

6）商检与报关流程

商检与报关流程包括制作商业发票、装箱单、核销单、报关单，申请商检通关单等报关出口。经过海关的审单、查验、征税、放行4个海关作业环节即完成通关。之后会收到海关退返核销单、报关单的收汇联与核销联等。

7）货运

根据合同进行投保，常见的保险有海洋货物运输保险、陆空邮货运输保险等。交货付运后，得到提单。

8）收汇

如果付款方式是L/C，应在L/C规定的交单时间内，备齐所有单证，确保没有错误，才交银行议付。如果付款方式是T/T，客人已先付过定金，余款则根据公司和客户的具体情况付清。

9）核销与退税流程

凭收汇银行流水单、核销单、报关单核销联等到外汇管理局和国税局办理核销与退税，时间大概1~3个月。

2. 外贸术语缩写

1）报价类术语缩写

EXW：工厂交货。

FOB：装运港船上交货。

FAS：装运港船边交货。

FCA：货交承运人。

CIF：成本、运费加保费。

CFR：成本加运费。

CNF：成本加运费。

CIP：运费、保险费付至。

CPT：运费付至。

DAF：边境交货。

DES：目的港船上交货。

DEQ：目的港码头交货。

DDU：未完税交货。

DDP：完税交货。

2）结算及单证类缩写

B/E：汇票。

T/T：电汇。

M/T：信汇。

D/D：票汇。

D/P：付款交单。

D/A：承兑交单。

L/C：信用证。

＊WESTUNION：西联汇款。

SWIFT：环球银行金融电信协会。

COD：交货付现。

CWO：随订单付现。

ACCEPTANCE：承兑或接受。

NEGOTIATE：议付或转让。

REIMBURESE：偿付。

ENDORSE：背书。

TO ORDER：空白抬头。

B/L：提单。

H B/L：货代提单或分提单。

M B/L：船公司提单（船东单）。

MTD：多式联运单据。

D/O：提货单或小提单。

S/O：装货单或关单。

S/C：销售确认书。

P/I：形式发票。

P/O：购货订单。

B/N：托单或定舱委托书。

P/L：装箱单。

D/R：场站收据。

S.W.B：海运单。

M/R：大副收据。

A.W.B：航空运单。

C/R：铁路货物收据。

C/O：一般原产地证。

DOC：单据。

GSP FORM A：普惠制 A 格式原产地证。

N/N B/L：不可转让提单或副本提单。

ORDER：抬头。

CONTRACT：合同。

OPEN POLICY：预约保单。

ENQUIRY：询盘。

OFFER：发盘。

T/T IN ADVANCE：前电汇。

DEPOSIT：定金。

D/P.T/R：付款交单凭信托收据借单。

3）运输保险类缩写

AW：全程水运。

FCL：整箱货。

LCL：拼箱货。

THC：码头操作费。

ORC：产地接货费。

CY：集装箱堆场。

CFS：集装箱货运站。

TEU：标准箱。

40HQ：40 英尺（1ft=0.3048m）高柜。

40GP：40 英尺普柜。

BAF：燃油附加费。

CAF：货币贬值附加费。

PSS：旺季附加费。

ETD：预计开航日期。

ETA：预计抵港日期。

CY-CY：堆场到堆场。

CFS-CFS：货运站到货运站。

FCL/LCL：整箱交/拆箱接。

FCL/FCL：整箱交/整箱接。

LCL/LCL：拼箱交/拆箱接。

FREIGHT TO COLLECT：运费到付。

FREIGHT PREPAID：运费预付。

EMS：中国邮政速递。

F.O.：船方管装不管卸。

F.I.：管卸不管装。

FPA：平安险。

WA：水渍险。

G.A.：共同海损。

W/W CLAUSE：仓至仓条款。

CIC：中国保险条款。

ICC：伦敦货物协会保险条款。

OCP：内陆公共点。

W/T：转运。

STC：据托运人称。

LAC：托运人装箱点数。

TELEX RELEASE：电报放贷。

NVOCC：无船承运人。

4）商品相关缩写

CTN：纸箱。

PCS：件。

DOZ：打。

F.T.：运费吨。

N.W.：净重。

G.W.：毛重。

MT（M/T）：公吨。

N/M：无唛头。

SAMPLE：样品。
CATELOGUE：样品本。
H.S.CODE：关税税则号。
QC：品质控制（品管）。

1.1.5 国际贸易发展趋势

近年来，国际贸易形成了新格局，各国政府和国际机构对国际贸易的管理方式、制度架构也有相当大的变化和调整。

1. 世界贸易格局发生深刻变化

20世纪80年代，国际贸易总量的70%左右是工业制成品。到2010年，全世界总贸易额的60%是中间品的贸易，即零部件、原材料等各种中间品的贸易，40%是工业制成品的贸易。截至2019年，全球贸易量中的70%以上是零部件、原材料等中间品。

到2021年年底，在经历了前几年的停滞和2020年的大幅回落后，全球贸易2021年的表现十分难得和亮眼。在2020年低基数效应、需求强劲复苏、疫情限制措施减弱、各国推出经济刺激方案及大宗商品价格上涨等因素的影响下，2021年全球贸易实现强劲复苏已成定局。

在过去的几十年里，全球贸易格局出现了两个巨大变化：一是货物贸易中中间品的比重上升；二是总贸易量中服务贸易的比重上升。这既是全球制造业水平分工和垂直分工演变发展的结果，也是全球服务贸易加速发展的结果。整个生产力体系的变化正在产生和影响新的世界贸易规则。

2. 生产企业的组织和管理方式发生了深刻的变化

如今，一个产品的生产涉及几千个零部件，由上千个企业在几百个城市、多个国家形成一个游走的逻辑链，在这个过程中，谁牵头、谁管理、谁把产业链中众多的几百个或上千个中小企业组织在一起，谁就是这个世界制造业的领袖、集群的主体。所以，现在的制造业，其实是由多条产业链的集群、供应链之间的纽带、价值链的枢纽构成的。

例如，苹果手机一共涉及500多个各种各样、大大小小的零部件。全世界有几百个企业在为苹果公司加工零部件，涉及几十个国家和地区。在生产的过程中，并不是由苹果公司发明了手机的全部专利，然后把专利交给配套企业、零部件工厂、中间厂，让它们为苹果公司进行制造。事实上，这个产业链上的中小零部件供应企业，各有各的专利和专长，拥有自己的知识产权。但是苹果公司制定了行业标准，产生了纽带。

产业链的行业标准十分重要。行业标准会规范和影响各种各样的零部件发明专利，只有符合标准的专利才会被使用。提升标准的基础在于产品的整体设计，即基于对产品的性能、结构、形体外观、生产工艺的整体设计。

能够控制供应链的企业其实就是供应链的纽带。这种企业在组织着整个供应链体系，成百上千个企业都受其指挥，什么时间、什么地点、到哪去，一天的间隙都不差，在几乎没有零部件库存的背景下，几百个工厂有组织地、高效地在世界各地形成一个组合。从这个意义上讲，供应链的纽带十分重要。

价值链（value chain）是什么？当几千个大大小小的零部件在组合生产的时候，实际上都在做贸易。这一过程涉及的几百个企业、几千个零部件工厂分布在几十个国家（地区）中各种各样的城市里，每个订单之间、零部件工厂之间、零部件工厂和总装厂之间通过互联网通信系统在某个自由港形成一个结算点，由此形成价值链枢纽。苹果公司一年产生上万亿美元总销售值，所有的零部件工厂都平行地和苹果公司的结算中心发生网络化的直接联系并进行结算。

3. 国际贸易中的"三零"原则

1）零关税

WTO 从关税及贸易总协定开始，宗旨就是致力于推动自由贸易，降低各成员方关税。50 年前各成员方关税平均水平在 50%~60% 之间，到了 20 世纪八九十年代，一般都降到了 WTO 要求的关税水平，即 10% 以下。2018 年 11 月 1 日，我国进一步下调关税，总体关税水平降低至 7.5%。关税越低，表明该国贸易越自由化。

但随着世界贸易格局的变化，即便是低关税也不再适应新的形势，产业分工的细化、产业链的增加导致中间环节需要多次甚至十几次经过各国海关。假设一个产品的生产经过了 4 个国家，即使关税降至 5%，最终累计叠加之后，整个产品的生产也需要承担百分之十几的关税，而且产品的价格还包括了劳动力、物流运输等服务的价值，这些费用不断叠加，海关根据价值来征税，最终都变成了关税的基数。从这个意义上来看，恐怕只有零关税才能适应几十个国家、几百个企业共同制造一个产品，这个产品又从最终生产厂卖到全世界的现状，所以提出了"零关税"原则。随着全球贸易格局的变化，以及跨国产业链、供应链、价值链成为制造业的主体，国家之间的关税运作模式也需要变化。

2）零壁垒

如前所述，当有几十个国家共同生产某个产品，这个产品的产业链涉及几十个国家、几百个企业，跨国公司需要按照资源优化配置的原则进行生产力布局。如果所涉及的数百个企业所处的营商环境不同，每个国家的准入情况不同，那么跨国公司很难进行协调安排。因此必须有一个大体一致的营商环境，几十个国家之间才能共同协调生产。所以营商环境要国际化、法治化、公平公正公开化。

营商环境除了涉及零部件加工厂、制造厂以外，还涉及产业链中间互相供给产生的供应链。供应链有物流企业，涉及物流中的保税服务、仓储服务和配送中心服务。此外，还会涉及生产性金融企业、产业链金融及其他各种各样的金融服务。每个国家在这些领域是否开放和如何开放的不同规定，都会影响产业链布局。

因此，所谓"零壁垒"就是对营商环境的要求，主要涉及对准入前国民待遇、负面清单管理、知识产权、生态环保、劳动力保障、市场竞争中性、服务业开放等方面的国际化、法治化、公平公正公开化要求营商环境国际化的过程，就是贸易"零壁垒"的过程。当几百个企业在几十个国家共同生产一个产品时，这几十个国家的营商环境国际化、法治化、公平公正公开化显得尤为重要。

3）零补贴

补贴指一国为了争夺产业链、吸引企业落户，有意给企业进行一定的财务补助。这个补助会使得跨国公司在世界各国按市场资源优化配置的布点发生扭曲，对别的国家意味着不公平。过去国家海关之间的管理，都是在国境线上收取关税或设置非关税壁垒。进入"三零"阶段后，一国对该国国际贸易的管理，从国门和国境上的关税和非关税壁垒，延伸到贸易伙伴国内，按自由贸易协定规则对贸易伙伴的营商环境、政府补贴等提出管理，互相约束、互相管理。

4. 国际贸易谈判和自由贸易区

2002年，一些发达国家提出了"三零"的概念，并提出了具体计划。七国集团峰会（G7 Summit）也提出过"三零"原则实施的时间表：到2010年，把关税降到5%以内；到2015年，把关税降到0。"三零"在2002年提出来，很有前瞻性，事实上到2010年，WTO的主要发达国家成员方的关税基本上都降到了5%以下。

但"三零"的计划后来并没有实现，原因在于WTO。WTO是一个多边协议体系，包括了180多个国家和地区，其决策机制是只要一个成员方不同意就不能通过多边贸易体制。几十个发达国家产业链往往都在工业国中流转，零关税对工业国有利。但零关税原则一旦通过，工业国产业链、供应链并未受益。例如，非洲、拉丁美洲的农业国家的关税也会一起变成零，零关税给工业生产和产业链带来的裨益使这些农业国无法分享。

基于此，出现了自由贸易区（free trade area，FTA）。FTA通常指两个以上的国家或地区，通过签订自由贸易协定，相互取消绝大部分货物的关税和非关税壁垒，取消绝大多数服务部门的市场准入限制，开放投资，从而促进商品、服务和资本、技术、人员等生产要素的自由流动，实现优势互补，促进共同发展。有时，它也用来形容一国国内，一个或多个消除了关税和贸易配额，并且对经济的行政干预较小的区域。

截至2021年年底，我国内地已与26个国家或地区签署多个自由贸易协定（表1-1），涵盖瑞士、澳大利亚、新西兰、韩国等发达经济体，以及东盟、巴基斯坦等发展中经济体，表明我国参与国际经贸合作的程度在逐步提高。除已签自由贸易协定的自由贸易区之外，我国处于商谈阶段的自由贸易区有10个（表1-2），处于正在研究阶段的自由贸易区数量有8个（表1-3）。在目前我国完成签署的自由贸易协定中，区域全面经济伙伴关系协定（regional comprehensive economic partnership，RCEP）代表着我国FTA的最高水准，是我国构建高标准自由贸易区网络的重要成果。

表1-1 2021年中国内地已签协议的自贸协定

进展程度	协定/自贸区
已签署	区域全面经济伙伴关系协定
	中国-柬埔寨
	中国-毛里求斯
	中国-马尔代夫
	中国-格鲁吉亚
	中国-澳大利亚
	中国-韩国
	中国-瑞士
	中国-冰岛
	中国-哥斯达黎加
	中国-秘鲁
	中国-新西兰
	中国-新加坡
	中国-新加坡升级
	中国-智利
	中国-智利升级
	中国-巴基斯坦
	中国-巴基斯坦第二阶段
	中国-东盟
	中国-东盟（"10+1"）升级
	内地与香港关于建立更紧密经贸关系的安排
	内地与澳门关于建立更紧密经贸关系的安排

资料来源：中华人民共和国商务部。

表1-2 2021年中国正在谈判的自贸协定

进展程度	协定/自贸区
正在谈判	中国-海合会
	中、日、韩
	中国-斯里兰卡
	中国-以色列
	中国-挪威
	中国-摩尔多瓦
	中国-巴拿马
	中国-韩国自贸协定第二阶段谈判
	中国-巴勒斯坦
	中国-秘鲁自贸协定升级谈判

资料来源：中华人民共和国商务部。

表1-3 2021年中国正在研究的自贸区

进展程度	协定/自贸区
正在研究	中国－哥伦比亚
	中国－斐济
	中国－尼泊尔
	中国－巴新
	中国－加拿大
	中国－孟加拉国
	中国－蒙古国
	中国－瑞士自贸协定升级联合研究

资料来源：中华人民共和国商务部。

5. 国际经济与贸易全球化发展趋势

在新的国际形势之下，国际经济与贸易呈现出新趋势，带动经济向前迈进，实现经济的跨越发展。

（1）贸易增长迅速，经济发展实现全球化，并不再局限于某个区域，而是向全球蔓延。在科技的推动之下，国际贸易发展极为迅速。近年，我国和其他国家沟通更加密切、频繁，交流加强，促进了经济融合，也为国际贸易发展奠定了坚实基础。自由的贸易，让贸易变得日常化。我国对外贸易不断发展，中国特色产品走出国门，让世界认识了中国，中国也在对外贸易中认识了世界。我国和世界各国友好往来，进行贸易，使人民的生活需求实现最大化，也让我国的经济实现了跨越发展。经济飞速发展的今天，也给国际贸易创造了最为有利的条件，让国家贸易更加频繁，进而推动了国际贸易的发展和进步。

（2）多元化发展，实现了贸易多样化。当前，人们生活的条件发生了很大变化，从自给自足向全民共享发展，让贸易成为一种必然和常态。互联网让人与人之间的距离变得更加近，也让人们的联系更加便捷，加速国际贸易发展。互联网对空间、时间和地域都没有限制，因此得到了广泛运用，成为人们交往的最频繁的工具，也成为国际贸易的纽带和桥梁。随着网络和科技的不断发展，国际贸易模式在不断向多元化发展，实现了贸易多样化。

（3）区域性合作不断加速。很多的贸易大国都运用区域贸易，从而提升国家的影响力，使本国在国际贸易中占据主导地位。通过区域合作可以促进国际贸易发展，可以让国际贸易在新形势之下更好发展。近年来，区域成员经济发展迅速，最主要的原因就是区域贸易合作。在未来发展中，区域贸易合作将成为一个趋势，推动经济发展，实现全球经济区域贸易合作，实现全球经济交流和促进。

（4）向自由贸易发展。随着全球经济不断加速，国际经济与贸易也出现市场缺陷。因此，每个国家为了贸易往来有序发展，在不违反国际贸易条约之下，国际贸易向自由贸易发展，更好地满足了市场，从而提升经济效益。自由贸易可以更好地满足每个贸易国的需要，可以更好地发展自己的经济，促使国际贸易全面发展。因此，在国际贸易以后的发展中，自由贸易将是未来的一种趋势和潮流。

1.2 我国电子商务的发展现状

虽然我国电子商务起步较晚，但发展迅猛，到当下已经日渐成熟，并在政府和电商人才及消费者的共同推动下，得到了更快的加速发展，并呈现出以下态势。

1. 电子商务的发展起步偏晚，但发展迅速

我国电子商务虽然起步较晚，但得到了各方面的支持，包括政府部门及投资者等，同时达到了规模化产业结构的状态。从 20 世纪 90 年代中国电子商务起步初期开始，发展至今已近 30 余年。电子商务凭借着其交易方式的便捷、打破时间和空间的限制、品类选择多的优势，得到了人们的青睐。近些年，国内的电子商务得到了迅速发展，电商行业已成为当前经济发展中的重要产业。电子商务中包含了多种的行业，并且在国内的各个领域都有着不同的含义和定位，电子商务的交易方式是通过网络来进行各种各样的交易，电子商务线上平台让买家和卖家不用在线下就可以进行商业活动。买家不用到实体店进行物品的选择和购买，从而可以节约很大一部分的时间，同时也可以很好地解决企业空间不足的问题，在最大程度上提升消费的效率。

同时，得益于我国的信息技术和基础设施发展速度迅速，电子商务对虚拟和现实进行了很好的结合，也将人工和网络进行了有效的融合，从而在很大程度上提升了物品、资金流动的效率。在电子商务中使用的都是移动支付等多种灵活支付方式，这在很大程度上解决了消费者出门携带现金不足的问题，并且还可以有效地提升企业的服务水平。根据当前电子商务发展的情况来看，在进行商业活动期间支付的安全是非常重要的。

电子商务的发展也带动了多个行业的发展和促进了行业间的连接，综合产业链让它们可以进行柔性配合，达到最大的经济效益。在电子商务发展过程中，综合产业链对企业、店铺、买家进行了很好的集中，从而在很大程度上提升了店铺商品的宣传和消费者的购买能力。

电子商务是实体经济和网络经济的融合。基于近年来"互联网+"技术的飞速发展，电子商务在我国各行业产品的销售中都起到了非常重要的作用，我国拥有庞大的消费人群和成熟的互联网技术，这也为电子商务的发展提供了重要的基础和动力，随着企业供应链的发展，电子商务服务业将进一步发展，并会逐步成长为国民经济的新的增长点。

2. 电子商务的覆盖区域更加多元化，从单一化国内生产销售到跨境进出口业务发展

纵观当前国内的电子商务发展现状，淘宝网、天猫网、京东等属于典型的大型购物网站。相较于传统形式的商场购物，很多的年轻人更加喜欢网上购物，上网购物的人数也在逐年攀升。特别是全球新冠肺炎疫情以来，不同年龄层次的消费者加入了电子商务消费大军。近些年来，很多的商务网站已经展开了跨境业务，知名电子商务平台也建立了各自的跨境电子商务专营平台，如天猫国际、京东国际等。消费者也从购买国内产品，到尝试购买进口业务中的商品。

3. 电子商务的发展在我国中、东、西部地区发展不平衡，但直播电商开始兴起

从我国的东部、中部和西部地区的发展状态中可以发现，电子商务依然是缺少良好的均衡性的，发展的程度参差不齐，专业人才良莠不齐，最直接的体现就是地区之间的发展失衡。例如，西部地区主要是山区，当地网络设施还相对落后，对电子商务的发展造成较大的阻碍。同时这一地区的乡村较多，远远落后于城市发展，这对西部地区电子商务发展构成较大的影响。

2018年开始，我国直播电商行业成为风口。2019年，拥有巨大粉丝量的带货博主的强大流量和变现能力进一步催化直播电商迅速发展。2020年，直播电商行业的市场规模相较于上年增长121%，达9610亿元。

我国作为农业大国，农业才是绝大多数农民、农业从业者的立身之本。在大山深处，优质农产品因为缺少销售渠道而滞销的现象并不少见。直播电商出现后，通过一部小小的手机，打通了外面世界和大山的通道，为了让农民能把自家的优质农产品销往全国各地，国家一直大力鼓励发展电商直播等新型销售模式。乡村题材短视频在社交媒体爆火，也为农产品代言打开了销路。越来越多的农民已不满足于找主播带货，而是尝试自己掌握直播带货技巧，通过参加直播技能培训，自己直接参与直播带货，为家乡的优质农产品打响口碑，提高销量。作为一种新型传播方式，直播电商行业也越来越明显地发挥出其传播优势，直播电商给了他们一个新的机会。

4. 多元化消费趋势促进电商行业向精准化迭代

2022年，国家统计局发布的数据显示，1—4月份，在社会消费品零售总额同比下降0.2%的情况下，全国网上零售额达38 692亿元，同比增长3.3%。其中，实物商品网上零售额达32 887亿元，增长5.2%，占社会消费品零售总额的比重为23.8%。网络消费已经成为社会消费的重要渠道之一，消费者的线上购物心理和行为也越发成熟和理性。

2022年4月20日，品牌评级权威机构中企品研（北京）品牌顾问股份有限公司（Chnbrand）发布的2022年（第十二届）中国品牌力指数（C-BPI）品牌排名和分析报告显示，在新品类不断涌现的同时，传统品类下的新品牌也迅速崛起，因此"小"品牌快速成长成为这个时代的显著特性。这些"小"品牌凭借对特定用户需求和场景的深刻理解和洞察，以及突破常规的勇气和快速转化的能力，将用户的"小需求"转化为有价值的"大市场"，而这也正是用户需求精细化、垂直化在现实购买中的映射。

近年来，电商行业的发展也向着精准化服务的方向转变。最近，电商平台转型动作更是频繁。2022年5月9日，京东完成了对服饰、居家、美妆、运动、奢品钟表等业务的商品与服务能力的深度整合，将现有时尚居家业务全面升级为"京东新百货"，其专注面向年轻态消费群体，以全新的浏览体验、品质服务、互动玩法，打造新时尚生活的线上专属场景。与此同时，线下实体店也已进入筹备阶段。京东新百货是一个精选集合业态，符合了年轻消费群体新的场景化、沉浸式的消费趋势，是可以带动线下实体店高质量增长的有效路径。

2022年5月10日，同程旅行宣布对艺龙旅行App进行全面升级。升级后的艺龙旅行App将服务成熟的出行人群，删繁就简，打造简约化、轻商务风格的旅行预订平台。艺龙旅行App在保持界面简洁的同时，增加了企业认证、用户会员等级权益，并希望能够和相同目标用户群的产品进行异业合作，提供更多交叉产品，共同服务好同一群人。

在此之前，2021年12月，淘宝等公司共同发布了《2021年淘宝冷门新职业观察》，对2021年度出现的新鲜冷门职业进行了集中盘点。其中包括玩偶医生、绘梦师、多肉寄养师、游戏捏脸师、整理收纳师、制云师、猫粮品尝师、铸甲师、直播间布景师、手机入殓师等职业。其中：有一些（如游戏捏脸师）是因为消费者的小众需求而萌发；有的是"老树开新枝"，如铸甲师在漫长的历史发展中，技艺濒临失传，但伴随国潮的兴起，老职业获得传承与创新。

1.3　电子商务的特征

基于网络技术的电子商务，与传统交易模式相比主要有以下特点。

1. 市场全球化

传统的贸易在很大程度上受到时间和空间的限制，但网络覆盖全球，基于网络的电子商务使异地交易与同城交易、国际贸易与国内贸易相差无几。凡是能够上网的人，无论是在南非上网还是在北美上网，都将被包容在一个市场中，都有可能成为上网企业的客户。

2. 交易快捷化

电子商务能在世界各地瞬间完成传递与计算机自动处理，而且无须人员干预，加快了交易速度。传统贸易的结算方式主要是现金、支票、汇票等，而电子商务的支付手段主要是电子支付，它可分为三大类：电子货币类，如电子现金、电子钱包等；电子支票类，如电子支票、电子汇款、电子划款等；电子信用卡，如智能卡、借记卡等。所有这些都是采用先进的技术通过数字流来完成信息传输的，而传统结算方式都是通过物理实体的流转来完成的。

3. 交易虚拟化

通过以互联网为代表的计算机互联网络进行的贸易，双方从开始洽谈、签约到订货、支付等，无须当面进行，均通过计算机互联网络完成，整个交易完全虚拟化。电子商务的主要参与者是企业，但其中有很大一部分是基于网络的虚拟企业，这些网络上的企业已不再是传统法律意义上完整的经济实体，有些根本不具备独立的法人资格，通常是若干法人组成的联合体，而不表现为具体的实体形态，具有虚拟性。

4. 交易环节简洁化

电子商务减少了商品流通的中间环节，节省了大量的开支，从而也大大降低了商品流通和交易的成本。传统商业模式中，企业不得不拿出很大一部分资金用于开拓分销渠道，让出很大一部分利润给各级中间商，客户不得不承担高昂的最终价格。电子商务则打破了这一局限性，它使得厂家和消费者直接联系，绕过了传统商业模式中的中间商，从而使销售价格更加合理。

5. 交易透明化

电子商务中双方的洽谈、签约，以及货款的支付、交货的通知等整个交易过程都实现了无纸化，在计算机通信窗口或邮件中显示，订单详情都可以查询、追溯。

6. 交易标准化

电子商务的操作要求按统一的标准进行。随着安全电子交易（secure electronic transaction，SET）协议的推出，各银行金融机构、信用卡发放者、软件厂商纷纷提出了在网上购物后的货款支付办法，有信用卡、电子现金、智能卡、储蓄卡等，可用它们方便地购物和从事其他交易活动。各种信息必须符合相应的规范和标准才能实现各个系统的交易传送，管理机构必须随时审计和核对以保证数据的真实性。电子商务具有一系列发展支撑保障体系和标准，如法律法规体系、安全认证体系、信用体系、在线支付体系等。

7. 交易无界限化

电子商务能够跨越时间和空间的局限性，真正实现贸易的全球化。从空间上看，电子商务所构成的新的空间范围以前是不存在的，这个依靠互联网所形成的空间范围与领土范围不同，它没有地域局限，在这个空间范围活动的主体要通过互联网网络彼此发生联系。从时间概念上看，电子商务没有时间上的间断，在线商店一般是 24 小时营业的。

1.4 电子商务的发展趋势

1. 朝着个性化及专业化的方向发展

互联网的深入发展形势，已经将传统的经济发展方式进行转变，强调了个性化的发展方向，提供给消费者更多的主权意识，因此，未来电子商务的发展会更加倾向于创造个性化的定制信息及商品。也就是说，在设计及制造商品的期间，可以融入更多消费者的爱好，为其提供轻松、和谐的优质服务，进而使得商务发展满足大众的更多需求，朝着更加良性的方向发展。另外，电子商务发展的重要媒介就是网站，其不仅将消费者作为服务对象，同时应该努力地发展为更先进的专业型网站、垂直型网站。电子商务的发展必须要朝着专业化的目标前进，未来的网购人员主要是中高收入者，其不仅具有较强的购买能力，同时具有较高的文化水平及个性化消费的观念。所以，为使得电子商务的发展不断地进步和提升，就必须要提供给消费对象垂直型网站购物的各种平台，形成更多专业化的服务项目。

2. 朝着国际化及纵深化的方向发展

纵观电子商务的发展态势，国际化市场属于重要的趋势之一，而且也属于关键性的发展方向及实现目标。当前，电子商务已经迈入世界市场行列，但是也相应地产生各种激烈的竞争。因此，在这种环境下，电商企业需要对互联网加以合理的应用，突破时间和空间限制等优越性，展开合理的把控，良好地突破国家间、地区间的各种障碍问题，实现地区之间能顺畅地对接经济、技术及信息。从对外贸易的角度分析，电子商务也可以形成相应的刺激功效，因此电商企业需要将目标设定为国际化，对自身的竞争环境进行不断的规范和完善，基于迈入世界大环境的基础点，努力开拓国际市场。另外，当前国内电子商务相应的基础设备还没有完全地达到标准要求，仍然需要大力发展。在多媒体信息网、图像通信网形成以后，会大量地应用于实践工作中，让电子商务向"三网合一"方向发展，进而使得互联网施展更加全面的功效，有效地缓解并且处理好网络瓶颈等限制问题。在此前提下，国内电子商务的发展环境会更加健康，而且网络平台更加广阔，转变应用程序从以往的单一式发展为多点型智能模式。

3. 朝着区域化及融合化的方向发展

电子商务发展将呈现区域化发展，是受到我国国情的影响。我国具有广阔的土地面积及众多的人口，在这种情况下，人们的文化及思想、收入层面也是多种多样的。地区间的发展程度有差异，人们收入水平不同。要科学地掌控资源规划程序、配送机制优化程序，严密地掌握住市场推广程序，展开合理的区域化发展战略，使得电子商务经济效益不断地提升，并且有效地壮大电子商务发展的规模。另外，电子商务的发展将与同类型的网站进行科学的合并，采取互补性兼购的模式，有效提升电子商务公司影响力，展开战略性的联盟，个性化、最大化满足客户需求，合理优化利用好网站资源，增强不同类型网站的密切联系及协作，采取战略性联盟模式，使得发展成效更大化。

1.5 跨境电子商务的新发展

1. 海淘、代购痛点催生跨境电商

近年来，随着我国人民生活水平和消费能力的提高，大家的消费观念和消费行为正逐渐发生转变，对商品品质的需求不断增强。消费者并不满足于消费国内产品，还追求国外更加丰富的、多元化的商品品类体验，由此兴起了出境消费、海外代购和海淘热潮。但由于海淘、个人代购在货源、价格、物流、服务诸多方面存在痛点，从而为跨境进口零售电商行业发展留出机会。同时，随着国家政策的逐渐清晰与大力支持，跨境电商行业的发展进入了快车道，越发规范与迅速。

随着电商经济的不断发展和消费水平的提高，消费者对产品"质"的追求将进一步提升，跨境出口电商产品将趋向于精品化、品牌化；随着社交平台的进一步发展，以及公域流量成本的提高，跨境出口电商产品运营方式将趋向于数字化、本土化和引流方式多样化。

海淘和代购因价格低、海外原装等原因受到广大境内消费者的追捧。据中国电子商务研究中心的监测数据，2008年，中国的境外代购市场规模为28.95亿元，相比2007年增长达7倍，2010年境外代购市场交易规模达120亿元，2013年达767亿元，2014年达829亿元，而在2015年，这个数字增长到了3123亿元。我国境外代购规模在2015年已经达到2560万人，代购次数达12 600万次。截至2017年，境外代购规模达2980万人左右，境外代购次数约21 300次。

然而，随着代购的兴起与发展，以下问题也随之出现并变得严重，使得越来越多的消费者倾向于寻求一种更有保障的购物方式。

（1）不论是"人肉代购"还是通过居住在境外的亲戚朋友进行代购，鉴于零售成本与代购利润，普通消费者通过个人代购购买的价格并不低。

（2）代购通常是与陌生人进行交易，质量不能得到保证。

（3）代购货源不稳定，货源一直很稳定的代购，通常会涉及假货。

（4）代购的避税行为是违法的，担有法律风险。

（5）代购没有物流、售后保障，如遇货损等，售后维权难，没有相应的监管部门，投诉无门。

除了个人代购，有一部分有经验的消费者也会选择海淘，即通过亚马逊等购物网站下单，使用信用卡或PayPal付款，然后等待境外发货，再转运到境内。海淘的优势是，价格便宜，且海外商品种类丰富。然而同时，这种方式对于普通消费者来说，障碍很多。

（1）境外购物网站大多采用当地语言，而语言障碍使得很多消费者购物困难，购物体验差。

（2）配送周期长且物流时效没有保障，有时从下单至货物运送到境内需花费1个月甚至更长时间。

（3）支持直邮的网站较少且费用非常高，其他购物网站发货则需用户自行联系转运，转运公司可能收取隐性中介费，导致货物到手价仍然比较高。

（4）境外购物存在网络支付的安全性隐忧，信用卡资料由境外购物网站保管，且信用卡交易无须密码，如果在支付过程中信用卡信息被盗，后果严重。

（5）当有物流、售后等问题时，需拨打长途电话与各方沟通，且退换货十分不便，售后体验差。

（6）政策变动会给消费者带来潜在的风险和困惑。

近年来，随着互联网技术的进步和数字经济的发展，国际贸易发生了重大变革，跨境电商从无到有快速发展。跨境电商突破了时空限制，减少了贸易的中间环节，解决了供需双方信息不对称的问题,为更多国家、中小企业提供了新的发展机遇,体现了贸易的包容性、普惠性。全球新冠肺炎疫情导致了消费行为的改变,各国消费者网购需求激增,跨境电商发展势头强劲。

2. 国际市场下的跨境电子商务发展

近年来,全球电商渠道交易规模不断增长,线上零售市场因其便捷化、多元化、移动化等优势规模在不断扩大,电商渗透率持续提升。数据显示:2020年全球电商渠道零售额为42 800亿美元,预计未来增速将保持较高水平,2020—2024年复合年增速有望达到10%;电商零售额占全球零售总额的比例呈现持续增长的态势,2020年占比提升至18%,预计2024年将达到21.8%。其中,欧美地区的电商零售额及占比也呈现持续上升趋势,如图1-1所示。

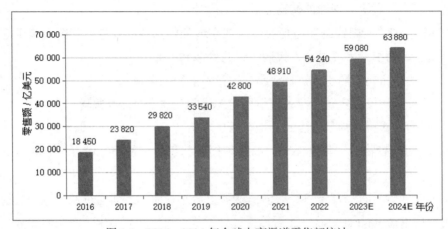

图1-1　2016—2024年全球电商渠道零售额统计

数据来源:Statista、中商产业研究院整理。

2020年以来,在全球新冠肺炎疫情暴发且持续蔓延的大背景下,消费者大规模转向线上消费,海外零售线上化趋势加速。数据显示,2019—2020年,欧美及亚太地区主要国家的电商整体零售额经历了15%以上的高速增长。纵观海外市场,以美国、英国、德国、西班牙及法国为代表的成熟市场,经历数十年的发展,已经形成良好的电子商务生态,我国跨境出口电商在海外的市场空间广阔。

当前全球各国政府主体对跨境电商行业的态度呈现合规化和开放性趋势。2021年,美国和欧盟分别发布了《2020年假冒与盗版恶名市场审查报告》和《欧盟税制改革》,分别对跨境电商产品的版权、真劣及跨境电商税务等方面提出了进一步的合规性要求。2020年11月,《区域全面经济伙伴关系协定》的通过,将进一步促进该经济体内的商品交易,促进跨境电商的开放性发展。

3. 我国跨境电子商务新兴发展

跨境电子商务作为国际贸易的一种主要形式,在我国国际贸易的快速发展中扮演着越来越关键的角色。现阶段,我国已经成功超越美国成为全球进出口贸易最大的国家,相比新兴的电子商务,在国际贸易中,传统领域面临着较大的发展困境及诸多关税壁垒、歧视政策。

作为一种新型的战略性产业,跨境电子商务在发展过程中具有良好的势头,也已逐步取代传统产业,成为进出口贸易中的重要组成部分。在一系列扶持及优惠政策的推动下,跨境电子商务的发展环境是相对宽松的,其发展势头也是积极向前的。特别是在一系列配套设施得到全面完善和优化的今天,从事跨境电子商务的企业将获得更加优良和精准的服务,这些都在很大程度上推动着跨境电子商务的发展。

1)政策开放叠加消费升级

近来跨境电商快速发展除了得益于互联网的快速发展以外,国家政策推动和居民消费升级等因素也起到重要作用。2014年中华人民共和国海关总署发布《关于跨境贸易电子商务进出境货物、物品有关监管事宜的公告》和《关于增列海关监管方式代码的公告》,明确了通过跨境电商平台交易的群体成为"合规军",其他代购等消费行为存在走私风险。2016年海关总署发布《关于跨境电子商务零售进出口商品有关监管事宜的公告》,明确了跨境电商为代收代缴关税等税类主体,需要如实上报交易数据。此外,截至2018年7月份,国务院先后在全国批复建立22个跨境电商试点城市,也促进了国内跨境电商的发展。2008年的"三鹿奶粉事件"是引发国内海外购物潮的导火线,生活的健康、安全和品质逐渐得到重视。部分高端产品,奢侈品主要为国外品牌所垄断,尤其是化妆品与服装配饰行业,跨境电商作为国际零售商和国内消费者的中间桥梁,刚好切入人们消费需求的空白区域,得到快速发展,如图1-2所示。

兴起原因	简析
政策开放	2014年海关发布《关于跨境贸易电子商务进出境货物、物品有关监管事宜的公告》和《关于增列海关监管方式代码的公告》,通过跨境电商平台交易合法化
	2016年海关发布《关于跨境电子商务零售进出口商品有关监管事宜的公告》,明确跨境电商为代收代缴义务人
	2017年国务院发布《关于调整部分消费品进口关税的通知》降低部分消费品税率,由17.3%降至7.7%
	2017年商务部发布《关于复制推广跨境电子商务综合试验区探索形成的成熟经验做法的函》,加快推进跨境电商试验区成功经验向其他地区推广
消费升级	互联网打开了通向世界的大门,国外新技术产品、优质产品、特色产品吸引了国内消费者
	中资产阶级以上群体消费观念从注重功能向注重品质转变
	"三鹿奶粉事件"刺激人们对国内产品质量的忧虑及国外品牌的需求

图1-2 跨境电商兴起原因解析

资料来源:前瞻产业研究院。

2）跨境电商的经营模式

目前跨境电商的主要经营模式分为三类（图1-3）。第一类是自贸区/保税区模式，由国家政府支持设立，享有税收优惠政策，免除大部分商品关税，取消绝大多数服务部门的市场准入限制、开放投资等同关外境内。第二类是以平台为主的运营模式，依托网站、App等平台，获取大量客流量，典型代表为天猫国际和京东全球购。第三类是以自营为主的运营模式，电商通过打通物流、支付、报关等各个环节，打通整条供应链。典型代表为苏宁海外购和网易考拉海购。

模式	特点	优势	劣势	代表电商
自贸区/保税区	依托区位优势、政策优势自建跨境平台	政策优势 资源获取优势 官方背书 正品保证	电商运营经验不足 平台流量不足 支付、物流等支付服务需完善	跨境通
平台为主	国外品牌商、渠道商和店主入驻跨境电商平台	货源广泛 商品品类多 支付便捷	物流、通关缺自有稳定渠道 产品品质难保障 招商缓慢	天猫国际 洋码头 京东全球购
自营为主	电商自行备货和采购打通供应链，自营物流	正品保证 供货稳定 支付快捷	运营成本高 资源需求多 运营风险高	苏宁海外购 网易考拉

图1-3　跨境电商经营模式

资料来源：前瞻产业研究院。

2021年11月4日，中华人民共和国商务部、中共中央网络安全和信息化委员会办公室、中华人民共和国国家发展改革委三部门印发了《"十四五"电子商务发展规划》明确了2021—2025年中国电子商务行业总体发展方向和任务，进一步提出了中国跨境商务交易额预期目标，明确了电子商务智能化、数字化、合规化等政策发展方向。

数据显示，2020年中国工业增加值为31.3万亿元，我国连续11年位居世界第一制造业大国。中国制造业对世界制造业贡献的产值比重接近30%。艾媒咨询的分析师认为，我国具备强大的工业制造体系，为中国跨境出口电商的发展奠定了很好的物质基础。

2020年在全球新冠肺炎疫情的冲击下，电商特有的"免接触"模式在满足消费者日常消费情况下尽可能降低病毒感染的风险，受到全球广大消费者的喜爱，这进一步加速用户线上消费习惯的养成，促进了电商行业的发展。

我国跨境电商持续快速增长，从2015年至今，国务院先后六次批准设立了132个跨境电商综试区，已覆盖全国30个省区市。2018年，我国创新出台跨境电商零售进口监管政策，并逐步将试点范围扩大到全国31个省区市。商务部会同各部门和各地方，向全国复制推广了近 70 项成熟经验和创新做法，还积极参与国际合作，在 WTO、二十国集团（Group of 20，G20）、亚太经济合作组织（Asia-Pacific Economic Cooperation，APEC）、国际海关组织等多边场合提出中国方案，并与 23 个国家签署电子商务合作备忘录。目前很多国家和地区都有自己的本土跨境电商平台。中国本土企业依托制造业和市场优势，迅速发展，积累了大量实践经验，涌现出了一批全球领先的跨境电商平台。据海关统计，中国跨境电商进出口 5 年增长近 10 倍，2021 年规模达到 1.92 万亿元，增长 18.6%。跨境电商大幅降低国际贸易专业化门槛，使一大批不会做、做不起、不能做的小微主体成为新型贸易的经营者。目前，在跨境电商综合试验区线上综合服务平台备案的企业已经超过 3 万家。同时，跨境电商企业通过打造要素集聚、反应快速的柔性供应链，更好满足了海外消费者个性化、定制化的需求。不少优质品牌借助电商进入中国市场以后落地生根，迎来了新的发展机遇。图 1-4 为 2016—2022 年中国跨境电商市场规模统计。

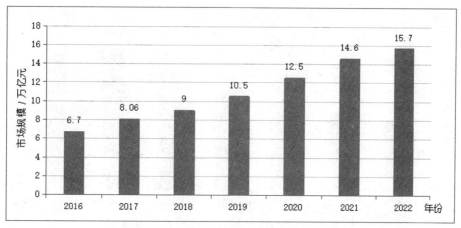

图 1-4　2016—2022 年中国跨境电商市场规模统计

数据来源：网经社、中商产业研究院整理。

3）交易规模不断扩大，中国跨境电商成为国际贸易新动能

受政策利好及行业发展，跨境电商在我国进出口贸易领域展现出巨大的发展潜力，成为推动我国外贸发展的重要力量。2020 年，我国跨境出口电商交易规模约为 9.7 万亿元，同比增长 20.79%。在当时国内外经济整体下行的情况下，跨境电商通过形成更加虚拟数字化的销售网络，大大降低了生产者与全球消费者的交易成本，使得更多企业享受到全球化红利。从战略层面而言，跨境电商的发展不仅有利于我国制造业的升级，也与国家稳定外贸的重要战略紧密相关，是我国外贸增长的有力支撑点。图 1-5 为 2016—2022 年中国跨境电商交易进出口结构图。图 1-6 为 2016—2022 年中国跨境电商交易规模统计。

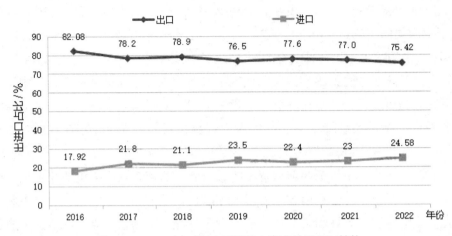

图 1-5　2016—2022 年中国跨境电商交易进出口结构

数据来源：网经社、中商产业研究院整理。

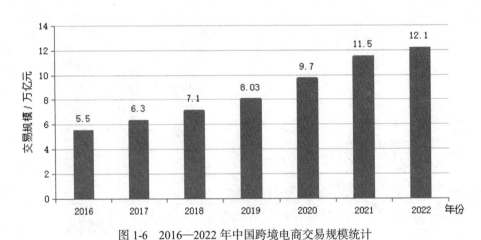

图 1-6　2016—2022 年中国跨境电商交易规模统计

数据来源：网经社、中商产业研究院整理。

4）市场规模稳定增长，跨境出口电商占主导地位

随着国家"一带一路"倡议的构建和推出，跨境电商行业进入战略发展期，助力我国传统商贸结构转型升级。近年来，国务院发布了《关于实施支持跨境电子商务零售出口有关政策的意见》等一系列涉及跨境电商的政策性文件，支持我国跨境电商企业的发展，推动我国外贸发展方式从"制造驱动"向"服务驱动"转型升级。

2020 年我国跨境电商交易规模占外贸进出口规模的比例达 38.86%，跨境电商已成为我国外贸的重要支柱。我国跨境电商的市场规模持续、稳定增长，其中跨境出口电商行业依靠国内日趋完善的供应链及国内电商行业积累的领先优势快速发展。

4. "一带一路"倡议对我国跨境电商的正效应

随着"一带一路"倡议成为各界焦点，一系列优惠和扶持政策在相应领域陆续出台，中央政府相关部门及各地方政府相继出台了鼓励跨境电商发展的优惠政策。随着这些政策的出台，我国跨境电商快速发展，不但降低了跨境电商企业的政策风险和法律风险，也为普通人更好更快地购买海外商品提供了难得的机会。在此基础上，各家电商得以将跨境清算时间大幅缩短，将交易范围扩展到生鲜等高难度物流商品，为我国的消费者提供了便利。

"一带一路"倡议涉及70多个国家和地区，并且随着国际认可度的提高，成员处于动态增加之中。然而，客观审视"一带一路"区域，空间距离横跨亚洲、非洲和欧洲，长距离空间跨度的经济合作必然对物流提出较高的要求，尤其是在电子商务迅猛发展的当下。为了提升物流效率，各国均积极致力于物流软硬件设施的建设和完善，"一带一路"倡议为其快速推进提供了契机，在铁路、航空、管道等基础设施方面的建设上均取得重大进展。

"一带一路"倡议为其沿线国家和地区的经济发展创造了极好的发展机遇，对我国经济发展提出了更高要求。如果说我国经济转型的要求一开始强制性制度变迁的因素也在发挥作用，那么"一带一路"倡议对我国经济转变发展方式的要求就是诱致性制度变迁的内生要求。近年来，我国传统对外贸易发展速度放缓，跨境电子商务却保持了快速增长的态势，跨境电商正在成为我国对外经济贸易新的增长点。

5. 我国跨境出口电商行业的发展优势

1）产业集中度上升，推动企业建立自有品牌

随着我国《中华人民共和国电子商务法》和跨境电商系列新政策的出台，跨境电商行业保持了良好的发展态势，以欧美为主的国家在税收、运营等方面持续规范跨境电商企业发展，也加速了我国跨境电商企业的转型过程。在全球化趋势和消费升级的促进下，我国跨境电商市场份额进一步向头部企业聚集，市场集中度不断提升。相较于传统出口贸易，跨境出口电商在减少商品流通环节、提高商品流通效率方面具有明显优势，拥有强大品牌、供应链布局的企业增长势能强劲。因此，越来越多的跨境出口电商持续强化品牌意识，深度运营产品的创新设计，加强对产品消费趋势的把控，加强海外客户对自身品牌的认知，拓展销售渠道和完善供应链体系，通过提升产品的品牌溢价构建核心竞争壁垒。

2）海外仓的运营能力将逐渐成为跨境出口电商企业的核心竞争优势之一

随着全球买家对在线购物体验要求的逐渐提高，海外仓的作用日益凸显。当前主流的跨境出口物流方式普遍存在配送慢、清关慢、易丢包、退换难等问题，搭建完善的海外仓储体系将有效解决该等问题。因此，具备一定技术与规模优势的跨境电商企业将逐步加大海外仓储体系建设力度，提升海外仓的运营能力，实现整个仓储物流端的高效管理，进而提高销售效率与库存周转能力，由此形成自身的核心竞争优势之一，并借此筑起较高的行业壁垒。

3）跨境电商产品种类不断丰富，提升营销转化率成为发展重点

我国跨境电商企业数量的增多和消费者需求的多样化，促进跨境经营商品的种类不断

丰富，目前已覆盖电子和通信产品、计算机产品和相关设备、服装服饰、家具家居、庭院园艺、宠物用品、母婴玩具、汽车配件等产品领域。随着跨境电商平台持续向移动端转移，企业需要：打造线上多平台的数据融合，拓展运营渠道；不断加大产品研发投入，持续推陈出新，增加存货单位（stock keeping unit，SKU）数量多方位满足客户的购买需求，并加强对老用户的良好服务，提升重复购买率，提升营销转化率。

4）海外市场行业法规逐渐完善，强监管大势所趋

跨境电商作为发展迅猛的新兴行业，其创新往往领先于政府的监管和法规。近年来，海外主要国家或地区的法规已经逐渐更新完善，尤其是在税务方面进展较快。自2021年1月1日起，英国已经要求电商平台代征、代缴部分产品的增值税，欧盟也于2021年7月1日开始执行电商平台代扣、代缴增值税的政策。全球新冠肺炎疫情加大了各国的财政压力，合规经营已经成为跨境电商行业发展的必然趋势，跨境电商企业需要加强合规能力建设，这也将有利于改善行业的竞争秩序。

1.6 跨境电子商务与传统贸易、国内电子商务的特点对比

1.6.1 跨境电子商务与传统贸易的异同点

跨境电商与传统贸易是对外贸易的两种不同形式，都是通过对外出口销售商品，收回外汇资金来获得赢利，但与此同时二者也存在显著差异。以阿里巴巴国际站为例，跨境电商与传统贸易的比较如下。

1. 传统贸易模式与跨境电商模式现状

1）传统贸易模式现状

2001年我国加入了WTO后，在多个领域对外开放程度的增加，使得境内的贸易自由化和贸易便利化加速进行，境内的外贸企业迅速增加。但是近几年，传统的贸易模式已经很难持续下去，因为境内传统的贸易模式是"制造商—出口商—进口商"这样的模式。这在外贸刚开始发展时，制造商的利润非常可观。由于境内外物价差距和信息不对称，即使作为中间商的出口商抽取一部分利润，剩下的利润对于境内的制造商来说还是相当可观的。但是伴随着国际贸易的深化，进口商的定价也越来接近国内内销产品的定价，渐渐地，利润空间开始被压缩，而出口商的利润空间不可省略，那么对于制造商来说剩下的利润一直在不断减少。一些制造商已经出现很严重的产能过剩或生产停滞现象。尤其是近几年电子商务的兴起，不管是内销还是外销的产品价格越来越低，生产商的利润空间不断地被压缩。

而且我国生产商大多生产劳动密集型产品，技术密集型的产品偏少，所以价格容易被市场影响。

2）跨境电商模式现状

互联网的出现和智能手机的普及拉近了人与人之间的距离，贸易也是如此，跨境电商的发展势不可挡。我国身为一个制造业大国，生产的消费品物美价廉，对于外国消费者来说有很大的吸引力。国家大力推行"一带一路"和地方政府出台政策支持跨境电商的发展，激发了跨境电商从业者的积极性，自此跨境电商开始在外贸领域迅猛发展。跨境电商平台是跨境电商中重要的一环。以阿里巴巴国际站这个平台为例，贸易模式是"制造商—跨境电商平台—进口商"这样的一个流程，与传统的贸易模式对比可以看出，在这样一个模式下，跨境电商平台取代了出口商的地位，它能够给生产商提供大量进口商的询盘，相当于成百上千的进口商向生产商提出询盘，而平台只收取很小一部分的平台费用，扩大了制造商的利润空间。

3）跨境电商模式的优势

（1）扩大交易范围。因为在"制造商—出口商—进口商"的模式下，制造商接触的人群是国内的出口商，制造出来的产品销售范围受制于出口商的合作国家范围。在跨境电商模式下，制造商并不拘泥交易对象，交易对象可以来自世界各地，制造商还可以直接和进口商进行磋商。

（2）简化磋商过程。阿里巴巴国际站的后台有一个功能，当有人来询盘时，制造商的客服可以直接与对方对话，后台会自动将对方的语言转化成中文，也能把客服打出来的中文自动翻译成国际通用语（英语），对客服外语水平的要求降低。这个功能能够在很大程度上缩短磋商使用的时间，节省专业外贸沟通人员的成本。

（3）即时信息沟通。利用跨境电商平台，制造商和进口商可以进行实时对话磋商，无须利用邮件等，不受制于不同时区的影响，能随时随地进行交流。

（4）贸易门槛降低。跨境电商模式下的交易与传统贸易模式相比降低了准入门槛，小微企业甚至个人都可以进行贸易。

（5）交易量不拘泥。阿里巴巴国际站上的进口商多数以零售商和中小型的批发商为主，交易量从小到大都有，制造商可以根据自身的生产量自主选择交易对象和交易量。

（6）简化运输步骤。阿里巴巴国际站是阿里巴巴旗下的平台，它与菜鸟裹裹是一起运营的，卖家的货物准备好之后可以直接利用菜鸟裹裹将货物送出，节省了与物流公司联系磋商的时间。

（7）缩短资金周期。区别于传统贸易模式的资金周转流程，在阿里巴巴国际站，在卖家将货物按照规定发出，收到提单之后，将提单上传至后台，阿里巴巴国际站将会以自身信誉作为担保，直接将资金打至卖方账户上，在极大程度上缩短了卖方的资金周转周期。

1.6.2 跨境电子商务与境内电子商务对比

跨境电商与境内电商同属于电子商务，都是基于网络发展壮大。二者在运营环节上高度相同而又有显著的区别。跨境电商与境内电商的比较如下。

1. 选品方式

国内电商选品具有定向性，通常对客户进行精细化分层运营，通过活动方式精准选品。

跨境电商选品偏向考虑体积小、轻便、功能简单、售后问题少的产品。2016 年以前，跨境电商选品基本来源于淘宝或阿里巴巴平台，如今则更加考验挖掘市场新需求、把控产品品质和品牌定位等因素，通过深度定位客户群来匹配相关产品。

2. 备货方式

国内电商一般为自建工厂或连接工厂渠道，国内仓备货发货。

跨境电商备货方式多种多样，备货主要取决于运营模式，主要有转运配送（dropshipping）、大量铺货、精品店铺 3 种。转运配送，也叫"一件代发"。商家会有稳定的供应链渠道并由供应商代其发货海外，无须备货，只需实时掌握货源库存。大量铺货，即在 1688 等大型供应链平台找寻合适产品下单并由商家发货。精品店铺指大型商家通常自建国内仓或海外仓，因产品为品牌或定制，需要进行大量备货，备货量为平均月销量的 1.5 倍。

3. 支付方式

国内电商发展非常成熟，支付主要通过支付宝和微信，二者都可以绑定信用卡支付，流程比较简单。

跨境电商支付涉及跨境资金流，从全球通贝宝（PayPal）到万里汇（World First，WF）、钱海（Ocean payment）、2Checkout、Stripe 等支付运营商，流程都需要分为收付和结汇 2 个步骤。

第三方平台和独立站的收款方式也有所不同。

第三方平台收款方式相对简单，只需对接持有合规运营牌照的支付运营商，如 PayPal、WF、派安盈、连连、乒乓智能（Pingpong）等，作为收款结汇工具并提现至公司对公司账户。

独立站支付方式与第三方平台类似，但独立站由卖家自己搭建，所以收款会考虑店铺客户群体的主流付款方式来设置。一般来说，北美客户常用 PayPal，而欧洲客户更习惯使用信用卡，因此可设置外卡收单工具，如 Stripe、2Checkout、Ocean payment、Asiabill 等。

4. 物流方式

国内电商物流处于寡头垄断状态，大体为顺丰和"四通一达"（申通、圆通、百世、中通、韵达），还有京东物流、菜鸟包裹。

跨境电商物流分为头程和尾程，方式和物流合作商选择面更广，而且根据国家站点的不同具有地域性。跨境物流类型主要分为：自发货、海外仓、第三方平台仓［如亚马逊物流（fulfillment by Amazon，FBA）配送］。无论哪种方式，都主要取决于时效、成本、客户综合体验3个因素。

自发货多数集中表现为小包裹发货，使用渠道大多数为中国邮政体系或某地区专线小包。

海外仓主要通过预测目标市场销售体量并提前将产品备货至海外仓库（海外仓库一般由合作物流商提供），店铺出单后可由海外仓向客户地址配送发货，提高时效。

第三方平台仓提前将产品备货发至第三方平台仓库，店铺出单后由第三方平台承接包裹配送。

5. 回款周期

国内电商（以淘宝为例），一般账期为自客户签收日起 $T+7$ 天。

跨境电商，无论是做平台还是独立站，回款周期都比国内长很多。

第三方平台回款周期（以亚马逊为例），发货+回款时间一般是30~45天，特殊情况甚至会延长到60天，过程中还可能涉及客户投诉、退货等问题。

独立站回款周期涉及物流发货、到货确认、收款平台账户的风控评估及提现周期问题，其回款时间无法一概而论。如果是新卖家注册的新PayPal账户，风控放款时间可能会延长，一般延长时间为21天，解冻后申请提现及到账时间为 $T+7$ 天。信用卡收款部分的时长较长，且取决于卖家风控等级，一般在无客户投诉或拒付的情况下，放款后到款时间为 $T+15$ 天。

6. 客户服务

国内电商，无论是入驻平台还是微信（WeChat）社交电商，客户服务最基本的要求是咨询秒回。

跨境电商客服的主要职责是对账户的维护，客户提出的问题只需要24小时内E-mail回复即可。

7. 店铺运营

国内电商运营环境，在语言、文化、法律、政策等方面都比较清晰，易于掌握。

跨境电商是外语环境。跨境电商运营属于外贸运营环境，商家往往需要同时掌握多门语言而不仅仅是英语。例如，运营欧洲站还需要掌握德语、法语等。

异国文化。跨境电商商家往往需要站在国外买家的视角制定运营策略，深入了解国外买家对产品的喜好及特殊节日带来的消费热潮，如美国的"黑色星期五"等。同时，商家还需要重视本国与买方国家的时差问题，尽可能在买家工作时间进行邮件回复等操作。

政策规则。相比于国内电商运营环境，跨境电商所面对的国内外政策和平台规则往往更加多变和难以预测，给跨境电商的运营带来了更多的不确定性。

8. 流量分配方式

国内电商（以京东、天猫、淘宝等为例），商家运营需要做专门的引流，通过如粉丝团、淘宝客、直通车等各种渠道推广，提高产品及店铺曝光率。

跨境电商（以亚马逊跨境电商平台为例），无论新店还是老店，只要产品描述完善，介绍符合客户需要，就会被平台大量推荐给买家，提高产品及店铺的曝光率。单一产品页面，无须支付任何推广费用，即可获得流量。同时新店的新产品还会被给予首页位置的展示曝光，卖家只需专注于商品销售，即可享受新手保护期。

9. 运营侧重点

国内电商运营时营销方面占比很大，大多数店铺会同时运营多个新媒体平台账号进行专门的引流，通过各种渠道推广店铺及商品。

跨境电商（以亚马逊平台为例）正在增加站外引流的难度。同时，要在跨境电商中进行有效营销，需要寻找并聘用同时具备高水平外语能力和运营能力的复合型人才，在成本和难度上都有很高的门槛。因此与国内电商相比，跨境电商运营过程中营销占比大幅降低，商家需要更专注于搜索引擎优化（search engine optimization，SEO）和搜索引擎营销（search engine marketing，SEM）来匹配平台的流量分配机制。

10. 利润空间

由于入驻门槛低，淘宝、京东等电商平台商家数量不断饱和，使得国内电商竞争激烈，利润空间不断压缩。

跨境电商在亚马逊等跨境电商平台上卖家少，买家多，竞争低。对比国内电商卖家大几千万的数据，目前全球卖家数量仅为几百万家，而全球活跃买家用户数量上亿。由于是全球开店，毛利润平均约为45%，上下浮动约为5%。汇率方面也可以给跨境电商商家带来一定的利润空间。

1. 简述国际贸易的流程。
2. 简述跨境电子商务发展的几个阶段。
3. 试对比跨境电商与传统贸易、国内电商的异同点。

第 2 章
跨境电子商务理论背景

1. 了解什么是跨境电子商务。
2. 了解我国跨境电子商务发展过程。
3. 理解跨境电子商务的特征。
4. 了解跨境电子商务常见平台有哪些。

天猫官方"6·18"大促预热

据中国海关总署统计,我国跨境电商进出口 5 年增长近 10 倍,2021 年规模达到 1.92 万亿元,增长 18.6%。我国跨境电商持续快速增长,从 2015 年至今,国务院先后六次批准设立了 132 个跨境电商综试区。2018 年,我国创新出台跨境电商零售进口监管政策,并逐步将试点范围扩大。

2022 年 5 月 10 日,天猫官方公布了"6·18 大促"的时间节奏,整体节奏延续了 2021 年的"三节棍"模式。据悉,5 月 26 日进入大促预售期,5 月 31 日至 6 月 3 日为"天猫 6·1 开门红",即第一波成交期;6 月 4 日至 13 日进入第二波成交期"天猫品类日狂欢",6 月 14 日至 20 日为最后的"天猫 6·18 狂欢日"。预售时间同样与去年保持一致,

5月26日20点正式开启预售。

（资料来源：https://www.zgswcn.com/mobile_h5/wapArticleDetail.do?article_id=202211171348181050&contentType=article.）

2.1 跨境电子商务的概念

跨境电子商务，简称跨境电商，指不同交易主体区域，通过电子商务平台进行交易，支付结算，并通过跨境物流配送完成交易的一种商务模式。主要有以下两种定义。

跨境电商指分属不同关境的交易主体，通过电子商务平台达成交易、进行支付结算，并通过跨境物流送达商品、完成交易的一种国际商业活动。

跨境电商指分属不同国家或关区的交易主体在电商平台上达成交易及其后续活动，通过互联网突破传统外贸销售模式所受到的制约，将产品直接销售给全球商家或消费者的一种国际商业活动。

2.2 跨境电子商务的特征

1. 全球性

互联网是一个没有边界的媒介体，具有全球性和非中心化的特征。依附于互联网发生的跨境电子商务也因此具有了全球性和非中心化的特性。互联网用户不需要考虑跨越国界就可以把产品，尤其是高附加值产品和服务提交到市场。互联网的全球性特征带来的积极影响是信息最大程度的共享，消极影响是用户必须面临因文化、政治和法律的不同而产生的风险。

传统的国际贸易主要表现为两国之间的双边贸易，即使有多边贸易，也是通过多个双边贸易实现的，呈线状结构。跨境电商则可以通过一国的交易平台，实现与其他国家间的直接贸易，与贸易过程相关的信息流、商流、物流、资金流逐步由传统的双边向多边演进，呈现网状结构，其正在重构世界经济新秩序。

2. 无形性

互联网的发展使数字化产品和服务的传输盛行。而数字化传输是通过不同类型的媒介（如数据、声音和图像）在全球化网络环境中集中进行的，这些媒介在网络中是以计算机数据代码的形式出现的，是无形的。

3. 直接性

传统的国际贸易主要由一国的进/出口商通过另一国的出/进口商集中进/出口大批量货物，然后通过境内流通企业经过多级分销，最后到达有进/出口需求的企业或消费者手中，通常进出口环节多、时间长、成本高。而跨境电商可以通过电子商务交易与服务平台，实现多国企业之间、企业与最终消费者之间的直接交易，进出口环节少、时间短、成本低、效率高。

4. 匿名性

由于跨境电子商务的非中心化和全球性的特性，电子商务用户的身份和其所处的地理位置很难识别。在线交易的消费者往往不显示自己的真实身份和地理位置，重要的是这丝毫不影响交易的进行，网络的匿名性也允许消费者这样做。在虚拟社会里，隐匿身份的便利、迅即导致自由与责任的不对称。

5. 即时性

对于网络而言，传输的速度和地理距离无关。传统交易模式，信息交流方式如信函、电报、传真等，在信息的发送与接收间，存在着长短不同的时间差。而电子商务中的信息交流，无论实际时空距离远近，一方发送信息与另一方接收信息几乎是同时的，就如同生活中面对面的交谈。

6. 高频性

跨境电商通过电子商务交易与服务平台，实现多国企业之间、企业与最终消费者之间的直接交易。由于是单个企业之间或单个企业与单个消费者之间的交易，相对于传统贸易而言，大多是小批量，甚至是单件，而且一般是即时按需的采购、销售和消费，相对于传统贸易而言，交易的次数和频率高。

7. 无纸化

跨境电子商务主要采取无纸化操作的方式，这是以电子商务形式进行交易的主要特征。在电子商务中，电子计算机通信记录取代了一系列的纸面交易文件。由于电子信息以数字的形式存在和传送，用户发送或接收电子信息的整个过程实现了无纸化。

8. 数字化

随着信息网络技术的深化应用，数字化产品（如游戏、软件、影视作品等）的品类和贸易量快速增长，且通过跨境电商进行销售或消费的趋势日趋明显。而传统应用于实物产品或服务的国际贸易监管模式已经不适用于新型的跨境电商交易，尤其是数字化产品的跨境贸易，更是没有纳入海关等政府有关部门的有效监管、统计和关税收缴范围。

9. 快速演进性

互联网是一个新生事物，现阶段它尚处在幼年时期，网络设施和相应软件协议的未来发展具有很大的不确定性。但税法制定者必须考虑的问题是，互联网像其他的新事物一样，必将以前所未有的速度和无法预知的方式不断演进。

总的来说，跨境电子商务对于我国来说有着积极的意义，不仅能开拓海外市场，为我国经济带来更多的发展动力，也能提高我国品牌在国际市场的竞争力和影响力，为国家树立良好的形象。目前，跨境电子商务进口规模小于出口规模。经济全球化趋势在不断加深，世界生产贸易消费一体化进程在不断加快,跨境电子商务模式下的代购模式(Business-to-Customer,B2C)发展活跃。跨境电子商务产业的快速发展带动了其他新兴产业的出现和发展。另外,跨境电子商务还催生了一批线上线下同时进行生产销售的实体店,打破了传统实体店与网店之间的藩篱。

2.3 跨境电子商务的发展阶段

跨境电商在国内发展主要经历了 3 个过程:2000—2007 年的海外代购模式,由专门出入境的个人,包括留学生、海外旅客等,帮消费者购买商品;2007—2014 年的海淘模式,随着懂外语的人数增加、双币卡的普及,海淘逐渐出现在人们的视野中,海淘族直接在国外购物网站下单,由海外购物网站发货通过国际物流送达消费者;2014 年至今的跨境电商多头竞争时代,随着海关总署 56 号、57 号文件的发布,中国跨境电商运营合法化,进入快速发展时期,如图 2-1 所示。

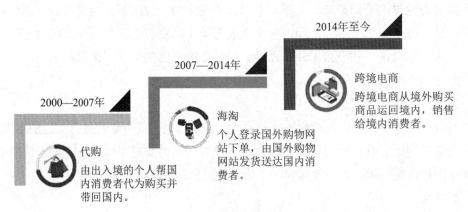

图 2-1　跨境电商发展阶段

资料来源:前瞻产业研究院。

1. 跨境电商 1.0 阶段:2000—2007 年

电子商务在世界各地兴起并获得长足发展,各国看到了电子商务的发展前景,不断投入大量的人力、物力和资金来支持电子商务活动,我国的出口电商也迎来了发展契机。我国首批学习电子商务专业或接触互联网信息技术的年轻人受到了启示,他们试着在国内 B2C 或顾客对顾客电子商务(Customer-to-Customer,C2C)贸易的基础上,通过国际电子商务平台(如易贝、亚马逊等)把"中国制造"销往国外的零售商或最终消费者手中,提升中国商品的影响力。

此阶段主要商业模式是网上展示、线下交易的外贸信息服务模式。

第三方平台的主要功能是为企业信息及产品提供网络展示平台,并不在网络上涉及任何交易环节。它虽然通过互联网解决了我国贸易信息面向世界买家的难题,但是依然无法完成在线交易,对于外贸电商产业链的整合仅完成信息流整合环节。它的主要商业模式是线上展示和线下交易的外贸信息服务模式,并不涉及网络上的任何交易链接。此时跨境电商的赢利模式主要是向进行信息展示的企业收取会员费(如年服务费)。在此阶段也逐渐衍生出竞价推广、咨询服务等为供应商提供的一条龙信息流增值服务。

2. 跨境电商 2.0 阶段：2007—2014 年

随着敦煌网的上线,跨境电商 2.0 阶段来临。这个阶段,跨境电商平台开始摆脱纯信息黄页的身份,将线下交易、支付、物流等流程实现电子化,逐步搭建起在线交易平台。

相较于第一阶段,跨境电商 2.0 更能体现电子商务的本质,它借助电子商务平台,通过服务、资源整合有效打通上下游供应链。它包括平台对企业小额交易(business to business,B2B)和 B2C 两种模式。在跨境电商 2.0 阶段,B2B 平台模式为跨境电商主流模式,通过直接对接中小企业商户实现产业链的进一步缩短,提升商品销售利润空间。

在跨境电商 2.0 阶段,第三方平台实现了营收的多元化,同时实现后向收费模式,将会员收费改为以收取交易佣金为主,即按成交效果来收取百分点佣金。同时,它还通过平台上营销推广、支付服务、物流服务等获得增值收益。

3. 跨境电商 3.0 阶段：2014 年至今

随着国内从事跨境电商的销售商数量的增加,买家不断尝试新的平台,拓宽新的渠道,从国内的跨境电商平台到国外亚马逊、易贝、购物趣(Wish)等电子商务平台。

自 1999 年电子商务出现以来,跨境电子商务也应运而生。我国跨境电子商务的发展历史与电子商务的发展历史是同步的。这个标志是 1999 年阿里巴巴的成立。2000 年前后,国内外贸易界开始在易贝、亚马逊等国外平台开展跨境电商业务。

2013 年成为跨境电商重要转型年,跨境电商全产业链都出现了商业模式的变化。随着跨境电商的转型,2014 年跨境电商 3.0 "大时代"随之到来。

首先,跨境电商 3.0 阶段具有大型工厂上线、B 类买家成规模、中大额订单比例提升、大型服务商加入和移动用户量爆发五方面特征。与此同时,跨境电商 3.0 阶段服务全面升级,平台承载能力更强,全产业链服务在线化也是这一时代的重要特征。

其次,在跨境电商 3.0 阶段,用户群体由草根创业向工厂、外贸公司转变,具有极强的生产设计管理能力。平台销售产品由网商、二手货源向一手货源好产品转变。

再次,跨境电商 3.0 阶段,主要卖家群体正处于从传统外贸业务向跨境电商业务艰难转型期,生产模式由大生产线向柔性制造转变,对代运营和产业链配套服务需求较高。另一方面,跨境电商 3.0 阶段的主要平台模式也由 C2C、B2C 向 B2B、生产商直接面对经销商(Manufacturers-to-Business,M2B)模式转变,批发商买家的中大额交易成为平台主要订单。

2.4 我国跨境电子商务的发展概况

近年来，我国传统外贸发展速度放缓，但跨境电子商务却保持了快速增长的态势。从市场格局来看，外贸 B2B 在我国跨境电子商务中占主导地位。外贸 B2B 企业主要依托阿里巴巴、环球资源、中国制造网、敦煌网等电商平台进行信息展示，电商平台帮助企业进行在线匹配和撮合。大多数 B2B 贸易订单的金额较大，进出口贸易的部分环节通过线上完成，目前尚未实现完全在线交易。虽然在线全流程的跨境贸易是未来的发展趋势，但今后几年，外贸 B2B 仍将以信息撮合和信息化服务为主。我国跨境电商发展现状如下。

1. 贸易规模持续扩大

如图 2-2 所示，我国跨境电子商务规模持续扩大。

图 2-2 我国跨境电子商务规模及增长率图

资料来源：网经社电子商务智库电子商务研究中心。

2. 贸易对象和范围不断拓宽

之前我国跨境电子商务以沿海地区为主，如今，中西部跨境电子商务的发展正在逐步追赶。从贸易的消费需求来看，服装、电子产品、美容产品等消费品占主要的部分，且进行跨境消费的群体以年轻女性为主。

3. 运营模式更为丰富

我国跨境电子商务发展的初期主要以 B2B 的形式进行经营，电子商务平台的功能较为单一，主要是对商品进行展示，同时给企业之间提供一个交流的平台。2007 年易贝在我国上线，我国才逐渐衍生出 B2C 的模式，这一举打开了我国更进一步进行跨境电子商务贸易的大门，使得许多商家开始进行额度与规模都较小的贸易。随后 C2C 的模式也开始出现，但由于存在售后保障不规范且产品质量得不到保证等多种弊端，我国已发展为规模较大的 B2C 平台收购或并购具有发展潜力但规模较小的 C2C 企业，目前这些是我国跨境电子商务平台存在的主要形式。由于"互联网+"的发展,我国跨境电子商务的运营模式越来越丰富。首先,网络购物商业模式(Business-to-Business-to-Customer,B2B2C)的模式的出现,即从企业到交易平台再到客户的模式,这种模式将货物统一批量进行运输与清仓,大大降低运输成本并增强了通关效率。其次,线上到线下(Online-to-offine,O2O)的模式,使线下体验与线上交易相结合,加深了消费者的用户体验。

4. 交易模式以第三方平台为主

针对不同类型的产品,我国实行跨境电子商务的形式相对有所不同,但最终都会以第三方平台作为媒介进行贸易。

2.5 跨境电子商务常见平台

1. 考拉海购

"网易考拉"于2015年在浙江省杭州市成立,旗下运营的考拉海购平台是以跨境电商业务为主的综合型电商平台,2019年9月被阿里巴巴集团全资收购。考拉海购经营的产品覆盖全球5000多个品牌,包括1000多个国际一线品牌。销售品类涵盖家电、手机、计算机、家装、美容彩妆、珠宝等。考拉海购拥有行业最大的国内保税仓,有15个国内自营保税仓,并在全球范围建立了18个海外仓,建立了涵盖海外直邮、海外集货、国内保税进口在内的三级跨境物流仓储布局。

2. 天猫国际

天猫国际于2014年2月19日正式上线。其主要面向国内消费者,为入驻商家提供平台与国内的售后服务。天猫国际主要以"保税直购"模式为主,同时在线下开设门店为消费者提供更为直接的体验。

天猫国际采取的是商家入驻的模式。其中,品牌旗舰店是其一大特色。因为这种低介入、少干预的模式可以令卖家自主经营品牌、随时调整营销策略,所以吸引了不少品牌商和大型超市的关注,从而与天猫国际开展独家合作。由此可见,天猫国际为商家提供平台,但商品主要还是由商家提供的。这种模式的优势是能够为消费者提供丰富的商品种类,但劣势在于不能较好地把控商品来源、商品质量及售后服务。

天猫国际是天猫商城所孵化的跨境电子商务平台,在淘宝及天猫App上开辟了专门的入口,直接为国内顾客提供从国外进口的产品及服务。迄今为止,全球共有87个国家和地区的29 000多个海外品牌入驻天猫国际,覆盖了5800多个品类,其中8成以上品牌首次入华。

天猫国际对卖家要求,所售产品72小时内必须发货,14个工作日内要送达,方便买家在货物送达过程中查询物流信息。与此同时,天猫国际为消费者提供统一的客服咨询服务，并建立全程可追踪的物流网络，在售后服务上也实时跟进，要求商家能做到及时退换货，对产品质量的把关相对严格，并建立相应的评价机制，更好地保障消费者权益。高效的发货效率和严格品质的把控，使得天猫国际一直深受国内消费者的欢迎，天猫国际也是目前国内消费者海购的首选跨境电商平台。

3. 京东全球购

京东全球购业务成立于2015年，与同样在市场中竞争力强劲的独立型电商平台相比起步较晚。京东全球购旨在引入全球海量优质商品，并在京东商城进行销售。2017年，京东全球购从京东集团的消费品事业部拆分出来纳入京东商城旗下的大快消事业群——全球购业务部。全球购业务部分成综合管理部门和11个组别，其中，进口母婴组、进口个护美妆组、进口食品组等进口品类的7个组别可以独立负责各自品类的日常线上营销活动，如"女神节""周五海囤日""金秋风暴"等，而对于"6•18""双十一"的大促活动，由综合管理部分管的营销组负责全球购业务的线上统一营销策划。

4. 希音（SheIn）

希音成立于2008年，业务涵盖服装、鞋类、首饰、家居、美妆、家纺和电子配件等类别。根据网经社"电数宝"数据库的消息，截至2020年3月，希音已完成总额3.2亿美元的E轮融资，目前估值超150亿美元，正在筹备上市。希音已然成为国内快时尚跨境电商行业的领先者，被业内称为"中国版的飒拉"。目前，希音平台会员数超1亿名，年活跃用户超2000万名，2019年公司销售额超过200亿元。截至2020年6月，希音业务覆盖全球224个国家和地区，主要面向美国、欧洲、中东、印度等市场，日销量最高超过300万件，年销售额超过400亿元。

5. 蜜芽宝贝

蜜芽宝贝创立于2011年，初衷是通过简单、有趣的购物体验，帮助中国妈妈寻找更多放心、安全、高品质的婴儿用品。蜜芽宝贝在国内首创"母婴品牌限时特卖"的概念，经过短短4年的发展，已经发展成为集亲子家庭消费和孕婴童服务于一体的综合性跨境母婴用品进口电商平台。目前，在蜜芽宝贝平台上销售的70%以上品牌源自海外。

母婴是一个比较特殊的领域，面对的是非常敏感、需要呵护的群体，蜜芽宝贝的宗旨就是要把货源清晰地展示给用户，为她们解除焦虑，从而在用户心目中建立起可信赖的商家形象。蜜芽宝贝从淘宝店铺起步，2014年正式上线蜜芽电商平台，在3年的时间里，借势多个资本风口，成功进入跨境母婴用品进口电商业态的第一阵营，成为跨境母婴用品进口电商的领跑者。

6. 敦煌网

敦煌网成立于2004年，是我国第一个B2B跨境电商平台，致力于帮助我国中小企业通过电子商务平台走向全球市场。敦煌网作为我国最领先的在线外贸交易品牌，是商务部重点推荐的中国对外贸易第三方电子商务平台之一。中华人民共和国工业和信息化部电子商务机构管理认证中心已经将其列为示范推广单位。作为一个交易平台，敦煌网为买卖双方提供交易服务，帮助双方在网上完成交易。基于此，敦煌网主要有两种盈利模式：交易佣金模式和服务费模式。

敦煌网开创了"为成功付费"的在线交易模式，突破性地采取佣金制，用户可以免注册费，只在买卖双方交易成功后收取费用。敦煌网一直致力于帮助我国中小企业通过跨境电商平台走向全球市场，开辟一条全新的国际贸易通道，让在线交易变得更加简单、安全、高效。

7. 亚马逊

亚马逊是全球商品品种最多的网上零售商和全球第二大互联网企业，也是全球第一的B2C电子商务平台。近两年亚马逊在我国市场发展迅速，不少中国卖家也纷纷入驻亚马逊开展海外贸易，并取得了不错的成绩。随着亚马逊的不断发力，中国卖家将会获得更大的发展空间。

亚马逊是世界范围内最成功的电子商务企业，其平台开放、流量优质、利润高，吸引着全球各地的卖家。近几年亚马逊在我国发展得风生水起，不少中国卖家也通过入驻亚马逊拓展海外贸易的销售渠道。

亚马逊公司成立于 1995 年 7 月，总部位于美国西雅图市，是美国最大的一家网络电子商务公司，一开始只经营书籍销售业务，目前已成为全球商品种类最多的网上零售商。亚马逊及其销售商为客户提供数百万种独特的全新、翻新及二手商品，类别广泛，如图 2-3 所示。

图 2-3　亚马逊公司销售的产品种类

2012 年，亚马逊将"全球开店"项目引入我国，致力于将我国最优秀的企业、最优秀的卖家引入亚马逊海外站点上，让中国卖家直接面对海外消费者。经过亚马逊团队的努力，其已经开辟出美国、加拿大、日本的市场，这就意味着中国卖家只要将相关资料提交给亚马逊招商团队，就能直接在这些海外市场进行销售和消费。

目前亚马逊旗下的网站除美国外，还有澳大利亚、新西兰、巴西、加拿大、中国、法国、德国、印度、墨西哥、意大利、日本、英国、西班牙和挪威。其中，为其美国网站服务的员工就超过 24 万名。亚马逊公司并不仅仅是一家网络电商公司，公司创始人杰夫·贝索斯

（Jeff Bezos）对公司的定位是科技公司。

亚马逊中国，前身为卓越网，被亚马逊公司收购后，成为其子公司，经营图书、音像、软件等产业。卓越网创立于 2000 年，为客户提供各类图书、音像、软件、玩具礼品、百货等商品。亚马逊中国总部设在北京，并成立了上海分公司和广州分公司，至今已经成为中国网上零售的领先者，是全球领先的电子商务公司。亚马逊中国坚持"以客户为中心"的理念，承诺"天天低价，正品行货"，致力于从低价、选品、便利 3 个方面为消费者打造一个百分百可信赖的网上购物环境。

作为一个在我国具有领先地位的 B2C 电子商务网站，亚马逊中国为消费者提供了 32 个大类、上千万种产品。通过货到付款等多种支付方式，它为消费者提供了便利、快捷的网上购物体验。亚马逊中国销售的主要产品类别如图 2-4 所示。

图 2-4　亚马逊中国销售的主要产品类别

亚马逊中国目前有 15 个运营中心，分别位于北京（2 个）、苏州（2014 年 1 月撤销）、广州（2 个）、成都（2 个）、武汉、沈阳、西安、厦门、昆山、上海（2014 年 1 月运营）、天津、哈尔滨、南宁，总运营面积超过 70 万平方米，拥有世界一流的自动化包装流水线、商品摄影棚和图像处理平台，以及先进的订单处理系统和库存管理系统。亚马逊运营中心主要负责厂商收货、仓储、库存管理、订单发货、调拨发货、客户退货、返厂、商品质量安全等。

8. 全球速卖通

全球速卖通（AliExpress），是阿里巴巴旗下唯一面向全球市场打造的在线交易平台，是帮助中小企业接触终端批发零售商、小批量多批次快速销售、拓展利润空间而全力打造的，融合订单、支付、物流于一体的外贸在线交易平台，它被广大卖家称为国际版"淘宝"。

全球速卖通创建于 2009 年，2010 年 4 月免费对外开放注册。经过 6 年多的发展，其覆盖全球 220 多个国家及地区，海量资源助力中国品牌出海。速卖通中交易额最高的 5 个国家分别是美国、俄罗斯、西班牙、法国、英国。

全球速卖通的买家以个人消费者为主，约占平台买家总数的 80%，还有 20% 为海外批发商和零售商，所以速卖通的定位是外贸零售网站。2015 年 12 月 7 日，全球速卖通发布全平台入驻门槛新规，并在 2016 年从跨境 C2C 全面转型跨境 B2C。

全球速卖通的核心优势是在全球贸易新形势下，全球买家采购方式正在发生剧烈变化，正在形成一股小批量、多批次的采购潮流,更多的终端批发零售商直接上网采购,直接向终端批发零售商供货,更短的流通零售渠道和直接在线零售支付收款,拓展了小批量、多批次产品的利润空间,为批发零售商创造更多的收益。

9. 兰亭集势

兰亭集势于 2007 年成立,最初主要销售的产品是婚纱礼服,后来公司销售的产品品类不断拓展,目前销售的产品涵盖电子产品、服装、玩具、饰品、家居用品等 14 大类,主要销售市场为欧洲、北美洲等。兰亭集势是整合了供应链服务的在线 B2C,拥有一系列的供应商,并拥有自己的数据仓库和长期的物流合作伙伴,是目前我国最大的外贸 B2C 网站。

作为外贸 B2C 网站,兰亭集势的运营模式是将我国本土的商品,销售给海外个人消费者,凭借产品采购和产品销售中间的差价获取赢利。兰亭集势的基本商业模型是跨国 B2C,用谷歌推广,用 PayPal 支付,用美国联合包裹运送服务公司(United Parcel Service,UPS)和 DHL 发货。其实,就是通过自有电商平台,或通过在易贝和亚马逊等海外电商平台上开店的方式,将中国商品卖到海外市场,主要是北美和欧洲市场。

10. Wish

Wish,是一个随时、随地、随身的移动端外贸平台,是一个新兴的移动电商,其 App 上销售的产品物美价廉,包括非品牌服装、珠宝、智能手机、淋浴喷头等,大部分产品都直接从中国发货。Wish 2011 年 12 月成立于美国。成立之初,Wish 只是向用户推送信息,并不涉及商品交易,2013 年 3 月升级为购物平台,同年 6 月推出移动 App。

Wish 的主要销售类目是服装服饰,尤其是时尚类服装服饰,其他销售类目还有母婴用品、家居用品、3C 配件、美妆、配饰等。Wish 的商品具有种类丰富、使用更换频率高、具有话题性的特点。

与其他跨境电商购物平台相比,Wish 拥有自身的特点。目前其已发展成为北美最大的移动购物平台。

Wish 的发展历程如图 2-5 所示。

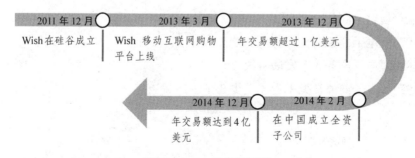

图 2-5 Wish 的发展历程

Wish 拥有一套自己的推荐算法:根据用户在 Wish 上的购买行为,根据用户喜好以瀑布流的形式向用户推荐可能感兴趣的商品,以最简单、最快的方式帮助商户将商品销售出去。

Wish 可以对用户的购买习惯进行追踪，通过精准推荐+随机探索的形式，挖掘用户需求。为了让买家有更好的购物体验，Wish 每次推送的商品不会很多，这种"物以稀为贵"的推送方式更容易受到欢迎。

在 Wish 上上传产品都是免费的，只有在交易成功后卖家才需要向平台支付交易佣金，费用为交易额的 15%。另外，在使用 PayPal 收款的情况下，每笔款项还要支付一定的费用。

11. 易贝

易贝集团于 1995 年 9 月成立于美国，是全球商务和支付行业的领先者，为不同规模的商家提供公平竞争、共同发展的机会。易贝在线交易平台是全球领先的线上购物网站，拥有 1.45 亿活跃用户，遍布全球 100 多个国家和地区。目前易贝有 20% 的交易额属于跨境交易，其中每 3 个新用户中就有 1 个进行跨境交易。易贝的电子支付品牌 PayPal 在 193 个不同国家和地区拥有超过 1.48 亿名活跃用户，支持 26 种货币的收付款。

借助强大的平台优势、安全快捷的支付解决方案及完善的增值服务，自从 2007 年以来，数以万计的中国企业和个人用户通过易贝在线交易平台和 PayPal 支付解决方案将产品销向全球 200 多个国家和地区。

借助易贝全球平台，中国卖家打造自身品牌，提升产品在世界范围内的可信度，同时易贝为买卖双方缩减中间环节，创造价格优势，帮助卖家降低运营成本。易贝不仅能为卖家和消费者提供交易平台等基础服务，同时，易贝积极布局出口电商"产业链"服务，为卖家提供多项服务。易贝与其合作伙伴共同为卖家提供完善的配套服务，包括推广、物流、仓储和融资等各个环节。

易贝为卖家提供了 3 种刊登物品的方式：拍卖方式、一口价方式、拍卖加一口价方式。卖家可以根据自己的需要和实际情况来选择物品刊登方式，走出低成本、高收益销售的第一步。

思考题

1. 简述跨境电子商务的定义。
2. 简述跨境电子商务的主要特征。
3. 简述跨境电子商务 3 个发展阶段。
4. 简述跨境电子商务常见平台（至少 3 个）。

案例分析

即测即练

第3章 跨境电子商务业务过程

1. 了解跨境电子商务的业务过程。
2. 了解跨境电子商务综合试验区的概念。
3. 了解跨境电子商务保税区的概念。
4. 理解跨境电子商务的支付流程和支付模式。
5. 分析理解跨境电子商务的支付风险。
6. 理解跨境电子商务的物流运输及配送方式。
7. 理解跨境电子商务的仓储管理方式。

跨境支付越来越便捷

"90后"小刘在深圳经营着一家手机海淘网店,主要销售产自日本、东南亚等地的电子产品。谈起这两年的经营情况,他的直观感受是人民币越来越"好用"了,"进货时,用人民币直接对货物计价和结算,不必再为'三角换汇'费脑子了。"

近年来,随着我国经济发展质量的提升和开放程度的提高,人民币在跨境支付中扮演的角色日益重要。特别是中国人民银行、中华人民共和国国家外汇管理局等部门积极支持外贸新业态跨境人民币结算、推动人民币跨境投融资业务创新等举措,为人民币国际化提供了有力支撑。人民币在世界上扮演重要角色,各类金融服务也走出国门。

2022年6月26日，跨境银行间支付清算有限责任公司基于人民币跨境支付系统（Crosslorder Interbank Payment System，CIPS）标准收发器，上线了CIPS支付透镜服务。该服务融合运用大数据、人工智能等科技，为全球人民币用户提供即时、完整、覆盖全链路、一站式支付状态穿透式展示服务，从而满足用户对跨境支付状态进行全天候查询的需要。

2022年6月，中国人民银行与国际清算银行（Bank for International Settlements，BIS）签署了参加人民币流动性安排（Renminbi Liquidity Arrangement，RMBLA）的协议。据了解，此举有利于加强与国际清算银行的合作，满足国际市场对人民币的合理需求，并为加强区域金融安全网做出积极贡献。这是人民币国际化的又一最新进展。

中国人民银行发布的数据显示：2022年1—4月，货物贸易人民币跨境收付规模合计2.2万亿元，同比增长26%，在货物贸易本外币跨境收付中的占比较去年末提升1.3个百分点；直接投资人民币跨境收付规模合计1.9万亿元，同比增长19%，在直接投资本外币跨境收付中的占比达到66%。

（资料来源：https://baijiahao.baidu.com/s?id=1737462981925216464&wfr=spider&for=pc。）

3.1 跨境电子商务进出口业务流程

2022年8月7日，中国海关总署发布数据显示，2022年前7个月我国货物贸易进出口总值23.6万亿元，同比增长10.4%。同年7月，进出口同比增长16.6%，延续了5月份以来外贸增速持续回升态势。

跨境电子商务作为新兴贸易业态，在全球新冠肺炎疫情冲击下呈现逆势增长态势，成为我国外贸发展新亮点。这一方面得益于其自身线上交易、非接触交货、交易链条短等优势，另一方面更离不开政策红利的推动效应及持续演进优化的配套监管政策。从海关监管角度看，跨境电子商务目前已形成包括直购进口、一般出口、网购保税进口和特殊区域出口4种零售进出口业务模式，以及多种跨境电子商务B2B出口业务模式，也已成为拉内需、稳外贸的重要力量。

3.1.1 跨境电子商务业务发展历程

2012年5月8日，《国家发展改革委办公厅关于组织开展国家电子商务示范城市电子商务试点专项的通知》（发改高技〔2012〕1137号）正式颁布，由海关总署牵头组织开展跨境贸易电子商务服务试点。同年8月，上海、重庆、杭州、宁波、郑州5个城市获批跨境贸易电子商务试点。自此，作为新兴业态的跨境电子商务，在海关总署"创新、包容、审慎、协同"监管理念下,开启了快速发展之路,至今已逾10年,跨境电子商务零售进口从试点探索到成熟发展,大致可分为如下3个阶段。

1. 试点探索阶段(2012年5月—2016年4月)

海关总署以创造性思维提出依托海关特殊监管区域和保税物流中心(B型)[以下简称"区域(中心)"]保税功能政策,跨境商品"整进零出"的监管模式,对境内消费者通过电商平台购买、从区域(中心)内寄出的商品,参照个人自用物品监管,实施"订单、支付单、运单"等三单与申报清单比对,形成了跨境电子商务零售进口的雏形。

随着试点的逐步推进,海关总署总结各地经验,梳理形成"直购进口"(海关监管方式代码9610)和"网购保税进口"(海关监管方式代码1210)两种跨境电子商务零售进口监管模式。此阶段对跨境电子商务零售进口商品按个人自用物品进行监管,适用行邮税率、税款人民币50元以下免征税款、负面清单管理等。

2. 磨合过渡阶段(2016年4月—2018年12月)

2016年3月,《关于跨境电子商务零售进口税收政策的通知》(财关税〔2016〕18号)正式发布,自2016年4月8日起实施跨境电子商务零售进口税收政策,即"4·8新政"。"4·8新政"主要包括正面清单管理、交易限制、税收政策和准入政策。"4·8新政"对跨境电子商务零售进口商品实施了较为严苛的准入管理,尤其对网购保税进口模式几乎与一般贸易货物一致,给跨境电子商务进口业务发展带来了一定的冲击。为确保新政的顺利实施、平稳落地,2016年5月,国务院批准对跨境电子商务零售进口实施1年过渡期监管政策,该政策后又经两次延期,覆盖2016年5月至2018年年底,具体内容为对于跨境电子商务零售进口商品实施暂按个人物品监管的过渡期安排。这一阶段呈现出创新贸易模式与监管政策相互磨合的特点。

3. 全面发展阶段(2019年1月至今)

2018年年底,《关于完善跨境电子商务零售进口税收政策的通知》(财关税〔2018〕49号),《关于完善跨境电子商务零售进口监管有关工作的通知》(商财发〔2018〕486号),《关于调整跨境电子商务零售进口商品清单的公告》(财政部公告2018年第157号)等政策出台,自2019年1月1日起正式实施。海关总署同步出台2018年第194号公告,明确相关监管事宜。

新政调整跨境零售进口单次交易限值由人民币2000元提高至5000元,年度交易限值提高至26 000元。正面清单商品增列国内强劲需求63个8位税号商品,并经2019年12月第二次调整,2019版正面清单共计1413个8位税号商品。明确跨境电子商务零售商品按个人自用进境物品监管,不执行商品首次进口许可批件、注册或备案要求。新政扩大了跨境电子商务试点城市范围,明确电商平台企业、物流企业或申报企业为税款代收代缴义务人,承担相应补税义务及法律责任。

在众多跨境电子商务业务模式中,依托区域(中心)开展跨境电子商务,能够充分利用区域（中心）的基础资源与监管政策优势，提质增效促进外向型经济发展，按进出口流向分为网购保税进口和特殊区域出口两种监管模式。

3.1.2 进口跨境电子商务

1. 进口电商的业务流程

跨境电子商务零售进口指我国境内消费者通过跨境电子商务第三方平台经营者自境外购买商品，并通过"网购保税进口（1210）"或"直购进口（9610）"运递进境的消费行为。

1）网购保税进口（1210）

适用于境内个人或电子商务企业在经海关总署认可的电子商务平台实现跨境交易，并通过区域（1201）（中心）进出的电子商务零售进出境商品，业务流程如图 3-1 所示。

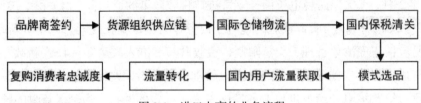

图 3-1　进口电商的业务流程

在"网购保税进口（1201）（中心）"和"网购保税进口 A（1239）"模式下，商品通过国际物流批量运输至境内，进入区域（中心）专用仓库仓储备货，境内消费者在电商平台下单购买商品后，办理出区域（中心）手续，由国内物流送递境内消费者。

近年来网购保税进口蓬勃发展，业务量占跨境电子商务零售进口 80% 以上。网购保税进口在全国范围区域（中心）开展。其中，目前全国共有 86 个城市（地区）和海南全岛内的区域（中心）开展网购保税进口适用 1210，其他范围适用 1239。

网购保税进口主要有以下 6 个环节。

（1）跨境电子商务商品通过国际物流批量运输至境内。

（2）办结一线进境通关手续后，进入区域（中心）专用仓库仓储备货。

（3）境内消费者在电商平台下单购买区域（中心）内网购保税商品。

（4）相关企业分别向海关传输交易、支付、物流等电子信息，申报《申报清单》。

（5）海关通过跨境电子商务进口统一版系统审核《申报清单》。

（6）《申报清单》放行后，仓储企业根据订单分拣打包，办理出区域（中心）手续由国内物流送递境内消费者。

"一线进境"流程如图 3-2 所示。

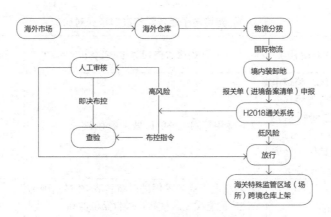

图 3-2 "一线进境"流程图

海关对于网购保税商品依托金关二期系统实施账册管理模式,设有"跨境进口"专用账册,网购保税进口商品可以在不同区域(中心)之间、同一区域(中心)内不同企业间流转,以及网购保税进口商品可以与保税货物之间进行状态互转。

中华人民共和国商务部等六部委《关于扩大跨境电子商务零售进口试点、严格落实监管要求的通知》(商财发〔2021〕39号)将"网购保税进口(1210)"的实施范围扩大到几乎涵盖所有区域(中心)所在的城市(地区),意味着"网购保税进口A(1239)"的模式将逐步退出历史舞台。

2)直购进口(9610)

"直购进口(9610)"模式下,消费者(订购人)在跨境电子商务平台上购买商品后,电子商务企业或平台企业、支付企业、物流企业分别向海关传输"三单信息",商品运抵海关监管作业场所(场地)后,电子商务企业或其代理人向海关办理申报和纳税手续。因其在商品种类的多样性上具有优势,多被经营品类较宽泛的跨境电子商务平台及海外电商企业采用。"直购进口(9610)"具体业务流程如图3-3所示。

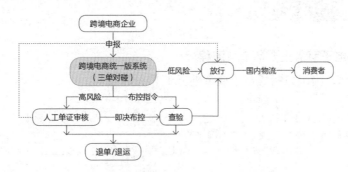

图 3-3 "直购进口(9610)"业务流程

结合"网购保税进口(1210)""网购保税进口A(1239)""直购进口(9610)",表3-1对3种进口模式进行了比较分析。

表 3-1 跨境电子商务零售进口模式对比

比较项目	网购保税进口（1210）	网购保税进口 A（1239）	直购进口（9610）
实施范围	所有自贸试验区、跨境电商综试区、综合保税区、进口贸易促进创新示范区、保税物流中心（B型）所在城市（及地区）及海南全岛的区域（中心）	1210 适用范围之外的区域（中心）	没有实施城市的限制，需要在符合海关监管要求的监管作业场所（场地）进行
商品进口要求	按个人自用进境物品监管，不执行有关商品首次进口许可批件、注册或备案要求	照《跨境电子商务零售进口商品清单(最新版)》尾注中的有关要求执行：网购保税商品"一线"进区时需按货物监管要求执行，"二线"出区时参照个人物品监管要求执行；依法需要执行首次进口许可批件、注册或备案要求的化妆品、婴幼儿配方奶粉、药品、医疗器械、特殊食品（包括保健食品、特殊医学用途配方食品等）等，按照国家相关法律法规的规定执行	按个人自用进境物品监管，不执行有关商品首次进口许可批件、注册或备案要求
正面清单	按照正面清单管理	按照正面清单管理	按照正面清单及备注列明适用范围管理，备注栏提示"仅限网购保税商品"的不适用
物流方式	以国际物流方式批量运至区域（中心），海关实施账册管理，待国内消费者下单后，再派送至消费者		商品在国外打包，通过国际物流运输至国内海关监管作业场所，按照小包逐个向海关申报，海关放行后派送至消费者
适用电商主体	适用于品类相对专注、备货量大的跨境电商企业		适用于销售品类宽泛琐碎、不易批量备货的跨境电商企业

3.1.3 出口跨境电子商务

1. 出口跨境电子商务主要环节与流程

如图 3-4 所示，为出口跨境电子商务业务的相关流程。

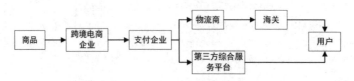

图 3-4 出口跨境电子商务业务流程

2. 跨境电子商务出口业务模式

按照海关总署规定，跨境电子商务出口目前有 4 种模式，包括"特殊区域出口（1210）"

"一般出口（9610）""跨境电子商务 B2B 直接出口（9710）"及"跨境电子商务出口海外仓（9810）"模式。

1）特殊区域出口（1210）

跨境电子商务特殊区域出口包括"跨境电子商务特殊区域包裹零售出口"和"跨境电子商务特殊区域出口海外仓零售"两种模式。

"跨境电子商务特殊区域包裹零售出口"指企业将商品批量出口至区域（中心），海关对其实行账册管理，境外消费者通过电商平台购买商品后，通过物流快递形式送达境外消费者。

"跨境电子商务特殊区域出口海外仓零售"指企业将商品批量出口至区域（中心），海关对其实行账册管理，企业在区域（中心）内完成理货、拼箱后，批量出口（1210）至海外仓，通过电子商务平台完成零售后再将商品从海外仓送达境外消费者的模式。

跨境电子商务特殊区域出口主要优势如下。

（1）便利的"入区即退税"（保税区除外），有效缩短企业资金运转周期、减少退税时间成本。

（2）货物批量入区及集货运输出口，有效降低了企业物流成本。

（3）畅通跨境电子商务出口退货渠道，保障跨境商品"出得去，退得回"，解决企业后顾之忧。

"跨境电子商务特殊区域包裹零售出口（1210）"与"跨境电子商务特殊区域出口海外仓零售（1210）"在业务流程方面的区别如图 3-5 和图 3-6 所示。

图 3-5　跨境电子商务特殊区域包裹零售出口（1210）　图 3-6　跨境电子商务特殊区域出口海外仓零售（1210）

2）一般出口（9610）

"一般出口（9610）"模式下，境外消费者通过平台下单后，电子商务企业或其代理人、物流企业通过"单一窗口"或跨境电子商务通关服务平台分别将"三单信息"实时传输给海关。商品出口时，跨境电子商务企业或其代理人向海关提交《申报清单》，采取"清单核放、汇总申报"方式办理报关手续。跨境电子商务综试区内不涉及出口征税、出口退税、许可证件管理，且单票价值在人民币 5000 元以内的一般出口商品，可采取"清单核放、汇总统计"方式办理报关手续。

3）跨境电子商务 B2B 直接出口（9710）及跨境电子商务出口海外仓（9810）

自 2020 年 7 月起，"跨境电子商务 B2B 直接出口（9710）"及"跨境电子商务出口海外仓（9810）"模式陆续在部分直属海关试点，根据海关总署 2020 年第 75 号公告，北京、天津、南京、杭州、宁波等 10 个海关首批正式开展试点工作。2020 年 9 月 1 日，海关新增上海、福州、青岛、重庆、成都、西安等 12 个直属海关开展试点。至此，跨境电子商务 B2B 出口监管试点已扩容至 22 个。

"跨境电子商务 B2B 直接出口（9710）"指境内企业通过跨境电子商务平台与境外企业达成交易后，通过跨境物流将货物直接出口至境外企业，并向海关传输相关电子数据的模式。

"跨境电子商务出口海外仓（9810）"指境内企业将货物通过跨境物流出口至海外仓，通过跨境电子商务平台实现交易后从海外仓送达境外购买者，并向海关传输相关电子数据的模式。

上述两种模式出口申报前，跨境电子商务出口企业或其代理人（含境内跨境电子商务平台企业）应通过"单一窗口"向海关传输交易订单或海外仓订仓电子信息，物流企业向海关传输物流电子信息，具备条件的可加传收款信息，并对数据真实性负责。根据规定，采用 9710、9810 模式出口的跨境电子商务企业可享受以下便利。

（1）单票低于 5000 元人民币且不涉证、不涉检、不涉税的货物，企业可报送申报清单，校验通过后自动推送至出口统一版系统申报；单票超过 5000 元人民币或涉证、涉检、涉税的货物应通过 H2018 通关系统申报。

（2）跨境电子商务出口统一版系统申报清单不再汇总申报报关单或备案清单。其中，不涉及出口退税的，可按照 6 位 HS 编码简化申报。

（3）跨境电子商务 B2B 出口货物适用全国通关一体化，企业可以选择向其属地海关进行申报，货物在口岸地海关进行验放，海关对跨境电子商务 B2B 出口货物可优先安排查验，在物流及海关查验方面也可享受较大便利。

9710/9810 模式出口具体申报流程如图 3-7 所示。

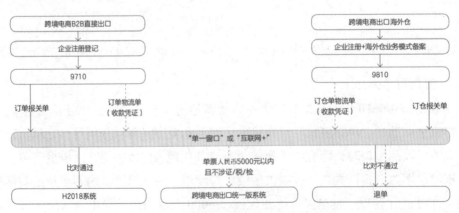

图 3-7　9710/9810 模式出口业务流程

3.1.4 跨境进出口电商平台概况

1. 跨境进口电商

1)行云全球汇(to B):"全球进口货源,无忧一站分销"

行云全球汇成立于2015年,是国内的进口货源供应链企业,国内主流大型电商平台的核心进口货源供应商。在波兰、澳大利亚、日本、韩国多地建有子公司,对接超过100家海外知名品牌商和经销商,主营母婴用品、美妆个护、营养保健、生活用品四大品类,主流SKU覆盖率达100%,为国内数万进口卖家提供海量货源,建立了完善的全球采购和供应体系。在杭州、广州、重庆等多地建立保税仓储,提供跨境物流一体化服务,端到端的供应链质量控制,为商家提供优质丰富的商品和高效便捷的采购体验。行云全球汇依托供应链质量管理和大数据等核心优势,进口综合服务、跨境仓储物流及供应链金融等多个产品齐头并进,为商家提供平价、全品类、优质服务的供应链体系解决方案。

2)55海淘(to C):"整合全球优惠,让品质生活不贵"

55海淘成立于2011年,是一家"新三板"上市公司,总部位于上海,在美国洛杉矶、香港、北京、深圳、重庆等地设有分部,专注于海淘电商导购和效果营销,旗下拥有55海淘导购返利平台、Linkhaitao效果营销联盟、Shoplooks KOL整合营销平台,以及大数据平台等多款产品,2017年收购美国最大的返利平台Ebates中国区业务,成为国内海淘返利行业领军企业。

3)天猫国际(to C):"理想生活上天猫"

天猫国际于2014年2月正式上线。其主要面向国内消费者,为入驻商家提供平台与国内的售后服务。主要以"保税直购"模式为主,同时在线下开设门店为消费者提供更为直接的体验。天猫国际自上线伊始以母婴、美妆等产品为主导,到现在扩展到数码家电、服饰鞋包、家居百货等多个产品领域。天猫国际在宣传上商品种类繁多,但仍然以母婴个护日化用品为主要贸易商品。天猫国际采取:电子邮箱营销,通过消费者订阅电子邮箱广告,在邮件中进行广告投放,吸引消费者;搜索引擎营销,在搜索引擎上进行推广、广告等形式,吸引消费者;短视频营销,通过对有一定粉丝基础的博主、短视频制作者的赞助,在其视频中进行营销,吸引潜在消费者的注意。此外,通过社会化营销与网站联盟等营销方式,拓展市场。天猫国际关注全球消费者的实际需求,大力研发新产品满足各类消费者的偏好。

4)小红书(to C):"Inspire Lives 分享和发现世界的精彩"

跨境电子商务平台小红书最初是一个用户生成内容(user generated content,UGC)购物分享社区,社区中所有内容都是由用户直接创造,可供其他用户浏览和收藏,致力于让更多用户知道和购买到国外的好物。后来小红书又将分享社区与电商平台有机结合,推出了购物平台——福利社,开启了一种全新的跨境电子商务新模式。福利社是小红书的自营电商平台，在福利社，用户可以一键购买来自全世界的优质美妆、时尚产品、家电、零食商品等。

2. 跨境出口电商

1）阿里巴巴国际站（to B）："全球领先的数字化出口贸易平台"

阿里巴巴国际站成立于1999年，是阿里巴巴集团的第一个业务板块，现已成为全球最大的数字化贸易出口平台。阿里巴巴国际站累计服务200余个国家和地区的超过2600万家活跃企业买家，近3年支付买家的复合增长超过100%。

阿里巴巴国际站致力于让所有的中小企业成为跨国公司，打造更公平、绿色、可持续的贸易规则，提供更简单、可信、有保障的生意平台。它始终以创新技术为内核，高效链接生意全链路，用数字能力普惠广大外贸中小企业，加速全球贸易行业数字化转型升级。

2）中国制造网（to B）："竭尽全力创造客户认可的有价值的产品和服务"

1998年焦点科技股份有限公司创立的"中国制造网"仅仅是展示产品信息的网络黄页。它通过采集产品信息并对其分类上传来充实界面，然后将界面直观地推送到全球采购商面前，让采购商进行产品选择。经过多年的发展，现在的"中国制造网"已经发展成为一个综合型的跨境电子商务平台，获得了国内供应商和海外采购商的充分信任。它不仅仅帮助供需双方进行精准的信息对接，还为供需双方提供实地认证、第三方审核、信用保障等综合服务。该平台现在拥有近百万家国内供应商上传的多种大类的丰富产品信息，拥有遍及全球各地的采购会员。在服务大量我国中小企业"走出去"的同时，拥有了很好的会员基础，特别是在长江三角洲和珠江三角洲一带，会员忠诚度很高。

3）安克 ANKER（to C）："弘扬中国智造之美"

安克创新科技股份有限公司成立于2011年，是国内营收规模最大的全球化消费电子品牌企业之一，专注于智能配件和智能硬件的设计、研发和销售。企业业务从线上起步，主要销售渠道为亚马逊、易贝、天猫、京东等海内外线上平台，在亚马逊等境外大型电商平台上占据领先的行业市场份额，拥有很高的知名度和美誉度；同时在北美、欧洲、日本和中东等发达国家和地区，通过与沃尔玛、百思买及贸易商合作，线下收入增长快速。

安克创新致力于在全球市场塑造中国消费电子品牌，通过不断创新，将富有科技魅力的领先产品带向全球消费者，弘扬中国智造之美。成功打造了智能充电品牌安克，并相继推出声阔（Soundcore）、悠飞（Eufy）等自主品牌，进一步拓宽业务领域，在人工智能物联网（artificial intelligence & internet of things, AIoT）、智能家居、智能声学、智能安防等领域均有出色表现，拥有全球100多个国家与地区超1亿名用户。

4）希音（SheIn）（to C）："每个人都能尽享时尚之美"

希音成立于2008年10月，是一家国际B2C快时尚电子商务公司。以销售女装为主，同时提供男士服装、儿童服装、配饰、鞋子、包包等其他时尚产品。目前，希音业务遍及全球 220 多个国家和地区。支持美国、西班牙、法国、俄罗斯、德国、意大利、澳大利亚和中东等地区通过网站购买时尚产品，并从其众多全球定位的仓库中发货。希音能够持续蓬勃发展，一个很重要的原因是公司在控制内部生产方面的价值观。希音旨在提供兼具品质、价格和服务的最高配对值的时尚单品。

5）跨境通（to C）：一站式国外优质商品导购

上海跨境通国际贸易有限公司（简称"跨境通"）于 2013 年 9 月 10 日成立。作为中国（上海）自由贸易试验区首批 25 家入驻企业之一，跨境通是自贸区内一家从事跨境贸易电子商务配套服务的企业，专注于在互联网上为国内消费者提供一站式国外优质商品导购和交易服务，同时为跨境电子商务企业进口提供基于上海口岸的一体化通关服务。跨境通的合作商户来自全球各地，它们在跨境通网站上主要经营进口食品、母婴用品、保健食品、鞋靴箱包、护肤彩妆、时尚服饰配饰、3C 电子产品及生活家居八大类商品。

跨境通的合作商户和所卖商品都经过了海关、检验检疫部门的备案，避免了消费者买到假货的风险，所有出售的商品都有相应的售后服务保障机制。线上，跨境通网站上的每件商品都以中文进行说明，克服了海淘中遇到的语言障碍，并清楚地标明商品本身的价格、进口关税和物流费用，使消费者对支付的价格结构有清晰的了解，而且消费者只需支付人民币，省却了海淘中兑换外汇的麻烦，完成订单后，跨境通网站还会提供缴纳进口关税的缴税凭证；线下，跨境通于浦东国际机场自贸区内搭建了跨境贸易电子商务的专业仓储设施，为合作商户各类商品的进境流程提供仓储服务和报关报检服务，并与国际、国内知名物流企业开展合作，确保快递配送服务的质量。

3.2 跨境电子商务综合试验区

3.2.1 基本概念

中国跨境电子商务综合试验区（以下简称"综试区"）是我国设立的跨境电子商务综合性质的先行先试的城市区域。

国家准备在综试区内进行 3~5 年的一系列政策、制度及管理模式的试行工作，把互联网技术、跨境贸易和综合性服务相互融合到跨境电子商务综试区，打造成核心特点，将物流体系建设和互联网平台作为综试区的核心竞争力，海关、税局、外汇、商务局等多部门实现信息一体化、信息共享、资源共用，线上"综合服务"平台和线下"综合园区"平台两者共同带动跨境电子商务综试区的平稳运行，努力使之发展成为全国贸易便利、法律体系健全、税收制度完备的跨境电子商务研究中心、服务中心和数据中心。力争在建立跨境电子商务新型监管制度、建立"单一窗口"综合监管服务平台、创新跨境电子商务金融服务、创新跨境电子商务物流服务、创新跨境电子商务信用管理、建立跨境电子商务统计监测体系、制定跨境电子商务规则和创新电商人才发展机制等8个方面实现新突破，实现跨境电子商务的自由化、便利化、规范化发展。

跨境电子商务的各项政策对其自身的发展起到了促进作用，具有导向性并提供了基本保证。现阶段是跨境电子商务行业升级的重要时刻，需要政府积极引导、有效地减少市场和营销环境带来的制约，努力实现资源配置的最优化处理，实现传统贸易和跨境电子商务的相互促进和升级，助推国内电子商务的发展，促进我国贸易国际化，提高国际影响力，从而保证我国跨境电子商务行业在国际上的地位，能够占据有效的市场份额。

3.2.2 跨境电子商务综合试验区的建立

截至2022年2月，我国一共在132个城市或地区建立了跨境电子商务的综合试验区，表3-2为跨境电子商务综试区建立历程。2015—2022年，我国获得跨境电子商务批复的城市越来越多，目的就是推动全国各地跨境电子商务行业的发展，并为跨境电子商务提供各地区最优质的资源和政策。通过试验区进行探索跨境电子商务的发展之路，并逐步扩大至其他综试区甚至于全国，使跨境电子商务的成长之路更加顺利。

表3-2 跨境电子商务综试区建立历程

批　　次	建立综试区的城市
第一批（2015年）	杭州市
第二批（2016年）	天津、上海、重庆、郑州、广州、成都、青岛等12个城市
第三批（2018年）	北京、沈阳、武汉、昆明、西安等22个城市
第四批（2019年）	石家庄、银川、太原等24个城市
第五批（2020年）	雄安新区、大同市、西宁市、乌鲁木齐等46个城市/地区

与此同时，伴随着中美贸易摩擦背景下的外贸压力，跨境电子商务综试区成为"稳外贸"的根本，用新型贸易模式推动了外贸的运转。跨境电子商务综试区目前最关键的就是挖掘各地区自身的资源优势，促成地方跨境电子商务各具特色的发展模式，通过整体跨境电子商务综试区的制度创新、管理模式改善，带动全国范围综试区的共同协调运行和相互补充。

3.2.3 跨境电子商务综合试验区的分类

国家要求各个跨境电子商务综试区因地制宜，突出本地特色和优势，对跨境电子商务综试区内的各项政策进行深化改革和创新。统筹政府和市场之间的关系，做好宏观调控工作，引导公共资源实现最优分配。鼓励并支持综试区积极探索和创新，逐渐简化政府的行政审批，促使物流、通关、服务领域快速实现综合管理，推进构建综试区内各项资源相融合、各项政策相配合的发展格局，促使综试区在国际贸易中的作用和影响力不断扩大，发挥出跨境电子商务的行业优势，增强其在国际市场的竞争力。有学者已经通过基础效率、服务效率和成长效率三方面对我国跨境电子商务综试区的运行绩效进行了研究分析，将先行运行的35个跨境电子商务综试区分成了3个层次，如表3-3所示。

表3-3 中国跨境电子商务综试区层次划分

层次划分	综试区城市
第一层次	杭州、上海、深圳
第二层次	大连、广州、青岛、北京等
第三层次	重庆、武汉、昆明、哈尔滨等

通过相关实证分析表明这3个层次的综试区有以下特点。

1. 具有显著的区域差异性

我国跨境电子商务综试区的不同城市发展，从整体上看，运行绩效表现为东部地区高，西部地区低的格局，并且从东部地区向西部地区逐渐降低。

2. 与经济发展水平紧密相关

跨境电子商务的发展与区域经济水平呈现正相关关系，经济水平高的地区，往往具有比较雄厚的资源，在政策、资源、人才、物流等方面都比较完善和充分。同时，经济发达的城市，居民的可支配收入高，人们选择跨境电子商务消费的程度高，可以拉动当地的跨境电子商务行业发展，两者相互促进，协调发展，形成良性的循环。经济水平高的城市还具有完备的物流体系、覆盖范围广的互联网信息技术及高质量的生活水平，能吸引更多的投资者和企业家，进一步促进了行业规模的扩大。

3. 与城市获得批复的时间长短紧密相关

我国目前一共分成5批成立了综试区，不同批次的综试区，结合自身城市的资源整合时间长短不一致，享受国家、地方政策的支持力度、时间不同，因此会产生不同批次综试区的发展呈现分层的状态，综试区的运行发展大体上与批复时间先后顺序相关，批复时间越长，综试区的发展状况越好，政策的完备程度和制度完善性越强。

3.3 跨境电子商务保税区

3.3.1 保税区的基本概念

中国保税区的概念来源于国际上通称的自由贸易区，但是其相比自贸区还不够成熟，可以说是自贸区的初级发展形式。

"保税"指进口货物进入某一特定区域时暂不缴纳进口税，如果此货物在本区域内加工后出口，或仅在本区域内停留即转运，则免缴出口税。保税区也称保税仓库区，是经国务院批准设立的、海关实施特殊监管的经济区域，除国家禁止进出口的货物外，海关对进入保税区的货物实施免税或保税政策，就关税和进出口许可证而言，货物在保税区与境外之间可以自由进出，在保税区内自由流转。货物所有人或其代理人应向海关申报并递交有关商业单证。货物由保税区运入非保税区视同进口，由非保税区运入保税区视同出口，按国家有关规定办理进出口手续并照章纳税。

3.3.2 保税区的分类和功能

保税区根据功能的不同和开放程度的高低，分为以下几种。

（1）出口加工区。出口加工区指国家开辟或划定一片特殊的工业区，专门从事加工制造、装配出口商品的业务。出口加工区的产品通常全部或大部分用于出口，可以为国家吸引外资，发展对外贸易，开展出口导向型工业提供重要动力，其目标是发展外向型经济，开发国际市场。

（2）保税港区。保税港区指一块特殊的口岸港区及与之相连的特定区域，经国务院批准后实行特殊的海关监管措施，能实现口岸、加工、物流等多重功能。它的功能主要有：存放进出口的货物及其他未办结关手续的货物；外贸业务，国际采购、分销和配送，国际中转，港口作业等。

（3）保税物流园区。保税物流园区指专门进行与现代物流业有关活动的海关特殊监管区域，通常位于保税区内或与保税区相邻的区域，可以发展国际贸易转口、加工出口、配送、采购等业务，是开放程度更高、优惠政策更多、功能更齐全的特殊开放区域。

（4）综合保税区。综合保税区不同于传统意义上的保税区，它通常位于内陆地区，但是却具有保税港区的部分功能，由海关根据相关规定进行管理。综合保税区可以发展国际贸易转口、加工出口、配送、采购等业务，对外的政策集出口加工区、保税物流园区、保税港区于一身，是开放程度更高、优惠政策更多、功能更齐全的特殊开放区域。

（5）自由贸易区。自由贸易区是综合保税区的进一步延伸，是世界范围对特殊关税区域的通称，也是我国各保税区发展的目标。在综合保税区的基础上，自由贸易区进一步开放了金融、保险、商贸、中介等第三产业，同时拥有更加宽松的政策环境。我国提出在保税区的基础上建立自由贸易区，希望与国际标准接轨，正是深化改革中重要的一步。

3.4 跨境电子商务国际支付方式

3.4.1 跨境电子商务支付的内容

跨境支付，指在两个或两个以上国家或地区之间因国际贸易、国际投资或其他方面产生的国际间债权债务，需要借助一定的结算工具与支付系统实现资金跨国或跨地区转移的行为。

常用的跨境支付方式有商业银行、第三方支付平台与专业汇款公司。其中，第三方支付平台使用频率较高。第三方支付指有一定实力和信誉保障的机构，通过互联网技术在商家和银行之间建立有效联结，从而促成交易双方进行交易的网络支付模式。

金融机构及非金融机构支付在小额电商业务中并无本质差别，其关键差异在于支付机构的属性不同。电子支付服务，即在整个交易过程中，金融机构及非金融机构处理完成电子终端支付指令、促进交易的货币支付与资金转移的行为。

跨境电子支付的"跨境性"特征，主要指单位、个人直接或授权他人通过电子终端发出支付指令，实现货币与资金跨境支付转移的行为。国家外汇管理局在发布《支付机构跨境电子商务外汇支付业务试点指导意见》以后，截至目前我国有不少于30家机构获得了跨境电子支付牌照，该类机构获得此支付服务资格后，就能通过银行为参与小额电子商务交易的买卖双方提供相关结售汇及货币资金转移服务。经实践经验表明，该类试点交易类型主要为"海淘"模式（购买人在境内）和境外购买模式（商户在境内）。

跨境支付具有以下特点。

一是使用方便，即第三方支付平台与多家银行合作，为付款人提供银行卡支付接口，进行在线支付，简化银行双方或不同银行接口之间转移的烦琐流程，为付款人提供了极大的便利，节省时间、精力，让交易变得更有效率。

二是费用低廉，即买方通过注册账户来使用第三方支付，当支付货款时不用再付手续费、安装费等，同时也在很大程度上减少了商家的运营成本。

三是降低诚信风险，即以信用中介形式出现的第三方支付平台帮助买方和卖方在买方确认收到货物或服务之前暂时保留付款，然后在买方发出付款指令时向卖方付款，降低了虚拟电子商务带来的完整性。

3.4.2 跨境电子商务支付业务流程与支付模式

1. 跨境电子商务支付业务流程

跨境电子商务支付业务链涵盖多个主体的参与，不仅包括直接参与跨境交易的主体，也包括中介机构及政府等间接参与主体。参与主体、参与中介及监督机构在跨境支付业务链中扮演了不同角色，并共同形成了交易监督系统，确保跨境交易业务的正常运转，同时也保障了各交易主体的权益。跨境支付业务链涉及的支付业务流程如图3-8所示，实现境内消费者的交易资金最终流转到境外商户的银行账户。

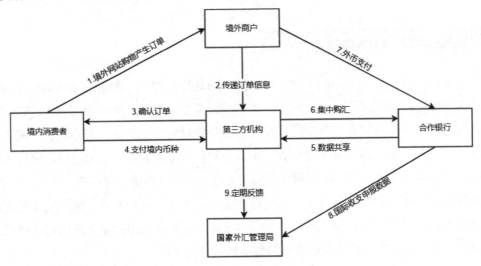

图3-8 跨境电子商务支付业务流程

例如，我国境外商户的货物被境内某一消费者购买。消费者首先需要选购货物并提交订单，境外商户获知订单信息后通知支付机构，支付机构与境内消费者确认信息并暂时收取交易标的的人民币款额。因交易货币需要支付机构来换算成外币才可以实现支付流程，因此涉及与合作银行进行外汇兑换。在合作银行一方，需要通过国际SWIFT系统完成外币的支付交易指令，同时需要留存收支交易数据并提交国家外汇管理局。支付机构在这一过程中同时完成了资金担保角色，另外也须按月向国家外汇管理局呈报资金的流动额度及去向。

该跨境支付业务链是各参与方当前主要使用模式，大部分境外购物行为都需要经过第三方支付机构在业务过程中承担中介角色，协助其来完成支付交易。目前我国所有的跨境支付交易过程都受到监管机构的直接监督和管理，但同时在此过程中也出现了一系列风险和交易障碍。随着我国对跨境电子商务业务的不断放开及跨境交易需求的逐步增大，跨境支付领域终将打破国家垄断负责的局面，更加促进跨境业务的市场化和规范化。

2. 跨境电子商务支付模式

根据跨境交易对象划分，主要包括以下平台模式。

（1）B2B信息服务平台模式：T/T、L/C、西联汇款。

(2) B2B 交易服务平台模式：PayPal、V/MA。

(3) B2C 开放平台模式：PayPal、信用卡、借记卡。

(4) B2C 自营平台模式：PayPal、信用卡、借记卡。

(5) C2C 跨境电子商务零售模式：PayPal、信用卡、借记卡。

自建电商模式：支付方式按客户需求，可有多种选择，不同的场合、交易对象、交易特点对应不同跨境支付模式，客户应当选择适合自身需求的跨境支付模式来实现自己的交易流程。表 3-4 是对目前跨境电子商务中 5 种主要跨境支付模式的介绍。

表 3-4 5 种主要跨境支付模式

跨境支付模式	主要支付工具	特　　点
银行	银行电汇	传统外贸付款方式、一般通过 SWIFT 传递数据
快汇公司	西联汇款、速汇金	到账速度快，但手续费相对较高，同时网点不足
国际卡组织	万事达卡（MasterCard）、Visa	用户人群庞大、不和信用体系挂钩、费用较高
第三方支付	PayPal、派安盈、ClickandBuy、Qiwi Wallet 等	使用方便、种类繁多
香港离岸账户	香港账户、离岸账户（内资）、离岸账户（外资）	境内操控，境外运作、资金调拨自由

3. 跨境电子商务主流支付工具

跨境电子商务主流的支付工具如图 3-9 所示。

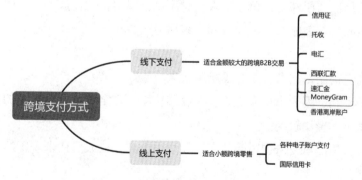

图 3-9　跨境电子商务主流支付方式

1) 线下支付工具：买方申请（信用证）

(1) 费用。

① 开证——开证费、改证费、撤证费。

② 信用证传递——信用证预先通知费、通知费、转递费。

③ 信用证交单——邮递费、电报费、审单费。

④信用证收汇——议付费、承兑费、保兑费、偿付费、付款手续费、转证费、无兑换手续费、不符点费、不符点单据保管费。

（2）优点。

①有银行信誉参与，风险相对较低。

②在交易额较大、交易双方互相了解且进口国进行外汇管制时，信用证的优越性更为突出。

③交易双方资金负担较平衡。

④卖方可控制货权，损失相对较少。

（3）缺点。

①容易产生欺诈行为，存在假单。

②手续繁杂，环节较多。

③对单据要求较高，容易出现不符点拒付。

④费用比较高，影响出口商利润。

⑤遭遇条款陷阱时，审证、审单等需要较强的技术性。

适用范围：主要适用于成交金额较大（一般大于 5 万美元）的线下交易。

2）线下支付工具：卖方申请（托收）

（1）费用。

主要有托收费和寄单费。扣费包括两部分：国外银行扣费一般 35~95 美元，国内交单行扣费 150~350 元人民币。

（2）优点。

①操作比信用证简便许多，单据要求相对简单，费用相对较低。

②先发货后收款，因此对进口商有利，容易促成交易。

（3）缺点。

①建立在商业信用基础上，卖方承担了较大风险。

②对出口商不利，因为出口商能否按期收回货款，完全取决于进口商的资信。

③手续较繁杂，费用较高。

适用范围：对于出口商来说风险较大，只适用于金额较大、往来多年的、彼此熟悉的、信誉比较好的客户。

3）线下支付工具：买方先付款（电汇）

（1）费用。

①与电汇金额有关，收取电汇金额 1‰ 的手续费。

②与汇款的金额无关，而与笔数有关，即每汇一笔就要收取一次电讯费。

（2）优点。

①没有金额起点的限制。

②汇兑结算手续简便易行，单位或个人均可办理。

③收款迅速，快速到账。

④可先付款后发货，保证商家利益不受损。

（3）缺点。

①要去银行柜台办理业务，受限于银行网点分布。

②先付款后发货，买方容易产生不信任。

③买卖双方都要支付手续费，费用较高。

④手续较繁杂。

⑤买方承担的风险较大。

适用范围：传统 B2B 付款适用模式，适用于跨境电子商务较大金额的交易付款。

4）线下支付工具：买方先付款（西联汇款）

（1）费用。

①收款人不需要支付任何费用。

②汇款人需要按照一定的比例支付汇款金额的手续。

③如有其他额外要求，则加收附加服务费。

（2）优点。

①汇出金额等于汇入金额，无中间行扣费。

②汇款安全，手续简单，到账迅速。

③手续费由买家承担，卖家无须支付任何手续费。

④网点、代理点多，方便交易双方汇款和收款。

（3）缺点。

①汇款手续费按笔收取，对于小额收款手续费高。

②买家难以在第一次交易时信任卖家，在发货前打款，容易因此而放弃交易。

③买家和卖家需要去西联线下柜台操作。

④属于传统型交易模式，不能很好地适应跨境电子商务的发展趋势。

适用范围：1 万美元以下的中等额度支付。

5）线下支付工具：买方先付款（速汇金 MoneyGram）

（1）费用。

①速汇金汇入业务无收费，卖家无须支付手续费。

②汇出汇款业务费用包括手续费和佣金，以速汇金系统自动生成的金额为准扣收。

（2）优点。

①汇款速度快。

②采用超额收费标准，汇款金额不高时，费用相对较低。

③无其他附加费用、不可知费用、中间行费、电报费。

④手续简单。

（3）缺点。

①速汇金仅在工作日提供服务，办理速度慢。

②汇款人及收款人均必须为个人。

③必须为境外汇款，不提供境内汇款业务。

④客户如持现钞进行账户汇款，还需缴纳手续费。

⑤合作银行对速汇金业务不提供 VIP 服务。

⑥买家和卖家需要去线下柜台操作。

适用范围：适用于海外留学、旅游、考察、工作人员，也适用于年汇款金额不超过 5 万美元的中等交易付款。

6）线上支付工具：PayPal

（1）费用。

①收款方费用，每笔收取 0.3 美元的银行系统占用费。

②交易时收 2.9%~3.9% 手续费。

③跨境交易，每笔收取 0.5% 的跨境费。

④每笔提现收取 35 美元。

（2）优点。

①无开户费用。

②符合大多数国家人群的交易方式，在国际上知名度较高，拥有不可忽视的用户群。

（3）缺点。

①不支持仿牌收款。

②偏向保护买家利益，卖家较没有保障。

③交易费用主要由卖家提供。

④提款等后续限制和费用较多，且账户容易被冻结。

适用范围：适合跨境电子商务零售行业，几十到几百美元的小额交易。

7）线上支付工具：阿里巴巴 Secure Payment

（1）费用。

①交易手续费 5%。

②提现费用：美元提现每次 15 美元，由银行收取；人民币提现无手续费。

（2）优点。

①快速交易。

②多种支付。

③安全收款。

（3）缺点。

Secure Payment 是针对国际贸易提供的交易资金安全保障的服务，暂不能像支付宝一样直接付款或收款。

适用范围：单笔订单金额在 1 万美元（产品总价加上运费的总额）以下的交易。

8）线上支付工具：Payoneer

（1）费用。

①转账到全球 210 个国家或地区的当地银行账户，收取 2% 的手续费。

②自动取款机每笔取款取现为 3.15 美元的固定费用，每天最多 2500 美元。

③POS 机消费，不收取费用。

④超市商场消费（每天最多 2500 美元，Payoneer 不收手续费）。

⑤Payoneer 万事达预付卡的年费为 29.95 美元，每年收 1 次。

⑥美国银行账户转账收取金额的 1%。

（2）优点。

便捷、合规、安全。

（3）缺点。

手续费较高。

适用范围：单笔资金额度小但是客户群分布广的跨境电子商务网站或卖家。

4. 跨境支付实现方式

传统跨境电子商务支付方式为线上下单、线下支付模式，即境内消费者通过电商平台查询、搜索海外商品信息，挑选商户，再通过与海外商户"了解交易信息"后发出订单信息，待消费者完成付款后，由海外商户通过国际快递发货。在此模式下，消费者需要应海外商户要求通过银行柜台或网上银行购汇，并填写汇款申请表，按照订单金额汇入海外商户指定账户，并承担汇款后海外商户不发货等风险。可归入传统商业银行付款模式的还有信用卡支付模式，即消费者在完成订单确认提交订单后，选择信用卡完成支付，海外商户在收到支付完成信息后发货。在使用信用卡支付的情况下：如果海外商户接受人民币，那么境内消费者可以使用人民币信用卡向境外商家付款；如果海外商户接受其他货币，境内消费者应使用双币种或多币种信用卡支付。

传统的跨境电子支付方式主要包括银行电汇、专业汇款公司及常见的国际信用卡。在传统的跨境支付生态系统中，跨境支付企业在内部和外部环境中与收款人，跨境电子商务平台和金融银行相互作用、相互影响。

3.4.3　第三方支付类跨境电子商务

根据《非金融机构支付服务管理办法》的规定，非金融机构在收付款人之间，作为中

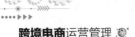

介机构提供下列部分或全部货币资金转移服务，即为第三方支付，分为网络支付、预付卡的发行与受理、银行卡收单、中国人民银行确定的其他支付服务。而本节所讲的跨境支付更多属于银行卡收单范畴。银行卡收单，指通过销售点如POS终端等为银行卡特约商户代收货币资金的行为。

在跨境支付中，根据业务类型不同分为：中国境内消费者在境外网站购物或消费，称为购汇支付；境外消费者在境内网站购物或消费，称为收汇支付。境外持卡人在境外网站消费，目前为止这类涉及的企业相对较少。

购汇支付主要应用于曾经盛行的"海淘"交易模式，即第三方支付平台与境外电商合作，支持境内持卡人直接消费人民币，第三方支付公司结算外币至境外商家。收汇支付主要应用于境内外贸电商领域，即境内电商同第三方支付公司合作，支持海外持卡人消费外币，第三方支付公司结算人民币至境内商家。

购汇类支付的结算流程为：境内持卡人向托管银行支付人民币，由银行进行换汇，并最终以外币的形式结算给境外商家。

收汇类支付的结算流程为：境外持卡人向其发卡行支付外币，经过Visa、MasterCard等国际卡组织的清算，由收单行进行换汇，并最终以人民币的形式结算给第三方支付公司或境内电商。

从以上的结算流程可以看出，跨境支付除了所有第三方支付公司存在的沉淀资金问题以外，还涉及换汇业务等独具特色的问题。

第三方平台支付方式为：首先，境内消费者通过电商平台提供的海外特约商户，选择自己希望购买的商品，以电子订单的形式发出购物请求，通过与第三方支付机构账号绑定的银行卡，支付相应的人民币给第三方支付机构完成付款；其次，第三方支付机构与备付金存管银行或合作银行来完成外汇兑换；最后，由第三方支付机构将货款划转给境外商户的开户银行。

现有的第三方跨境支付平台主要包括PayPal、合利宝、支付宝等。相对于传统支付方式，其服务特色多样化，可替代性弱且商业主体较多，在应对交易风险方面作用更强。第三方支付平台发展的背后是需求的内在动力，在交易双方普遍缺乏彼此了解、相互信任和法律保护的情况下，作为资金支付过渡的"中间平台"，保障了买卖双方与银行之间资金流动和交易流程的安全。在当今对交易数据的安全性、保密性和交易快捷性等要求更高的背景下，第三方支付的优势与风险也同样变得更加突出。

3.4.4 现有的国际支付平台

支付方式是跨境电子商务中的重要部分，其中信用卡和PayPal目前仍是外贸使用比较多的收款工具，但对于俄罗斯、德国、巴西、波兰、印度、菲律宾等小语种市场国家来说，本地支付在当地的市场覆盖率和用户数量极大，现在越来越多的跨境电子商务平台、游戏网站都开始集成这些海外本地支付。例如：我国使用最多的是支付宝、财付通、银联等；美国使用比较多的则是 PayPal 和信用卡；俄罗斯常用的是 Qiwi 和 Yandex.Money；德国用 Sofortbanking；荷兰使用最多的是 iDEAL 等。

这些本地化的支付通道，虽然目前没有 PayPal 之类的知名度高，但这些第三方支付通道在海外当地占比很高、使用率高、付费率高、体验好或者说是符合当地人的消费习惯。

1. 欧洲

1）俄罗斯

根据 Payssion 收款平台数据分析，网上银行支付（83%）、银行卡支付（82.8%）和电子货币支付（66.3%）为俄罗斯买家常用的支付方式。例如，苹果支付（Apple Pay）和三星支付（Samsung Pay）等非接触式支付系统还不普及（8.6%）。用户最活跃的支付主要用于网店订购、食品配送、公共物业费、移动通信及汇款。

以下整理了适合俄罗斯外贸商家的 6 种收款方式。

（1）Yandex.Money（电子钱包）。Yandex.Money 是俄罗斯用户最常用的三大电子钱包之一，是俄罗斯领先的搜索引擎 Yandex 和俄罗斯最大的银行俄罗斯联邦储蓄银行（Sberbank）的合资公司。Yandex.Money 已经服务了 90 000 家商店，允许用户使用钱包余额、银行转账、现金 3 种方式付款，其优势在于和 Qiwi 一样不存在拒付（chargeback）风险。

（2）Webmoney（电子钱包）。WebMoney 是由成立于 1998 年的 WebMoney Transfer Techology 公司开发的一种在线电子商务支付系统，官方数据显示，目前注册用户超过 3900 万名。WebMoney 的优势在于，使用人数较多，适用范围广，支持全球 70 多个国家使用，许多国际性网站均使用 WebMoney 向用户收款和付款，16~35 岁的群体是 WebMoney 的主要客群。WebMoney 不同于 Qiwi 和 Yandex.Money 的另一个好处在于没有单笔或每日付款金额的限制。

（3）Qiwi Wallet（电子钱包）。Qiwi 是俄罗斯领先的支付服务提供商，相当于我国的支付宝，它运营着俄罗斯最大规模的自助购物终端设备，线下有约 15 万台自助购物终端设备。Qiwi 可用于在线购物、手机话费充值、游戏充值、缴纳水费、电费、煤气费等相关业务。用户可以用 Qiwi 钱包余额、Visa/MC Bank Cards、线下终端付款进行支付。Qiwi 不同于 PayPal 或信用卡有 180 天的"风险观察期"，Qiwi 不支持拒付。Qiwi 目前在欧洲、亚洲、非洲和美洲的 20 多个国家开展业务。

（4）RBK Money（银行转账）。RBK Money 是俄罗斯新崛起的一个支付平台，汇集了银行转账、信用卡支付、手机支付、银行卡支付、ATM、线下支付渠道等 11 种支付方式。客户可以注册 RBK Money 钱包，用于线上支付购物、水电账单、手机充值，以及提现余额到银行账户。RBK Money 与 37 500 多家在线商户有合作，使用者覆盖整个俄罗斯地区。其初始手续费为 2.5% 左右，支持美元（USD）/卢布（RUB）/欧元（Eurozone, EUR）

等多币种付款。

（5）RussianPost Bank（银行转账）。俄罗斯邮政银行成立于2016年1月28日，是俄罗斯的PAO零售银行，在俄罗斯银行排名第四。该行由俄罗斯第二大银行VTB银行和俄罗斯邮政共同持股，总部设在莫斯科。截至2017年9月，在俄罗斯联邦80多个地区开设了12 500个服务点，ATM超过4000台，客户群超过500万人。

（6）Promsvyazbank（在线网银转账）。Promsvyazbank成立于1995年，总部位于俄罗斯莫斯科，现有雇员约3500名。据官网显示，PSB在俄罗斯：资产排名第九，客户存款量排名第八，中小企业贷款量排名第五，国际保理公司业务排名第一。PSB为企业和个人客户提供全面的银行服务，PSB的国内和国际活动得到了全国分支网络、塞浦路斯分支机构和零售办事处，以及中国、印度、哈萨克斯坦和乌克兰代表处的支持。目前，存户和信贷用户已达40万名，银行卡持有人数超过100万人，银行为客户提供260多个零售办事处，1200多台ATM和网上银行服务。

2）荷兰

电商市场概况：荷兰的电子商务发展非常迅速，根据荷兰电商行业Thuiswinkel Markt Monitor报告，2019年度的电商销售超过了25.8亿欧元，96%超过15岁的居民在网上购物，平均消费比2018年增长了9%。2019年有1400万居民是网上用户，82%的用户在网上购物，53%的买家是使用手机在网上购物，2018年市场份额是13亿美金。2018—2021年增长率约8%，最畅销的产品类目依次是：食品类、服饰和生活类、消费电子产品，根据Statista预测，荷兰主要支付方式是iDEAL。

iDEAL是荷兰最大的在线支付品牌，是荷兰最受欢迎的一种支付方式，超过一半的电商交易是通过这个支付方式完成的。最初iDEAL是专为网上商店付款而设计的，但现在它越来越多地用于支付能源账单，向慈善机构捐款，增加通话积分，支付地方税、交通罚款等。

iDEAL为收款人提供即时在线支付保证，无须注册，使用iDEAL的用户只要拥有银行账户便可以直接在网上操作，这使他们能够立即交付货物和服务。

iDEAL主要特点如下。

支付类型：网银转账。

支持币种：EUR、USD。

适合行业：外贸电商，游戏发行，视频直播……

到账时间：实时到账。

最小单笔限额：0.1欧元/笔。

是否支持拒付：不支持。

是否支持退款：支持。

退款手续费：1.0欧元/笔。

3）波兰

目前，波兰拥有大约 2400 万名电商用户，预计 2023 年将增至 2500 万名。偏爱的产品类别是服装和配饰（64%），其次是书籍、电影和音乐（54%）及电影和剧院门票（51%），鞋类（44%）和化妆品及美容护理（43%）。

主要支付方式：银行转账、Dotpay、PayU、Przelewy24、BLIK。

（1）Dotpay。Dotpay 是波兰一种实时在线银行转账付款方式，通过 Dotpay，消费者可以选择 Dotpay 支持的网上银行/银行转账、现金、钱包或优惠券完成付款。2013 年 9 月 3 日，Dotpay 已获得波兰金融监督管理局（IP14/2013 年）的许可，其支付活动受波兰金融监管局办公室的监督。Dotpay 目前合作的波兰本地银行主要有法国巴黎银行（BNP PARIBAS）、波兰本地支付（Przelewy24）、mTRANSFER、Bank Pekao、IdeaBank、DnBNORD、PBSbank 等。

Dotpay 主要特点如下。

支付类型：网银转账。

支持币种：波兰兹罗提（PLN）、USD。

适合行业：外贸电商、游戏发行、视频直播……

到账时间：实时到账。

是否支持拒付：不支持。

是否支持退款：不支持。

覆盖地区/国家：波兰。

（2）PayU。PayU 是波兰的一种实时在线银行转账付款方式，消费者通过 PayU 可以在线完成付款。目前 PayU 也在为亚洲、中欧和东欧、拉丁美洲、中东等国家的商户提供波兰在线支付解决方案。

PayU 已支持波兰储蓄银行（PKO Bank Polski）、Bank Pekao、mBank、ING Bank Slaski、BNP Paribas Bank Polska、Citi Handlowy 等银行。

PayU 主要特点如下。

支付类型：银行转账。

支持币种：PLN、USD。

适合行业：外贸电商，游戏发行，视频直播……

到账时间：实时到账。

是否支持拒付：不支持。

是否支持退款：支持。

（3）Przelewy24。Przelewy24 是波兰的一种实时在线银行转账付款方式，通过 Przelewy24，消费者可以选择已有的网上银行在线完成付款。Przelewy24 同时为波兰 324 家银行提供了在线支付服务，这是波兰电子支付市场上最广泛的服务范围。

截至 2019 年 12 月，Przelewy24 合作商户已达 100 000 个，与之合作的波兰银行主要有 BNP PARIBAS、Przelewy24、mTRANSFER、Bank Pekao、IdeaBank、DnBNORD 等。

Przelewy24 主要特点如下。

支付类型：网银转账。

支持币种：PLN、USD。

适合行业：游戏发行，虚拟产品，视频直播……

到账时间：实时到账。

是否支持拒付：不支持。

是否支持退款：支持。

（4）BLIK。BLIK 是一种带有移动前端的在线银行转账方式。它可以立即将资金转移到接收者的手机号码绑定的银行账户。许多波兰银行和其他付款提供商已将 BLIK 与他们的移动银行应用程序集成在一起。结账时，客户选择 BLIK，选择其银行，然后输入 BLIK 应用生成的 6 位代码。他们使用手机银行 PIN 确认购买。店内体验类似于客户在商户的 PIN 输入设备上输入 6 位数字 BLIK 码，然后在自己的手机上输入其移动银行 PIN 以确认购买。

BLIK 主要特点如下。

支付类型：网银转账。

支持币种：PLN、USD。

适合行业：游戏发行，虚拟产品，视频直播……

到账时间：实时到账。

是否支持拒付：不支持。

是否支持退款：支持。

2. 东南亚

1）新加坡

电商市场概况：据新加坡的统计数据，60% 的新加坡受访者表示非常喜欢在网上购物，新加坡也是东南亚地区消费最多的国家之一。Statista 数据显示，从 2019 年到 2021 年，新加坡电商市场从 33 亿美元增值到 51 亿美元，平均每年增长 11.2%，而网购人数也从 2017 年的 64.8% 增长到 2021 年的 80.9%。

主要支付方式：银行转账、E-Nets、Cherry Credits。

（1）E-Nets。E-Nets 是新加坡领先的在线支付服务商，通过 E-Nets，消费者可以选择 DBS、OCBC、UOB、CITI BANK、Standard Chartered 等多家银行在线完成付款，也可以通过手机扫描 E-Nets QR 码快速完成付款。

新加坡全国有 30 000 个销售点提供 E-Nets 付款服务，包括零售商店、餐馆、娱乐场所和出租车支付，从最小的邻里商店到最大的大型超市，均允许无现金交易。用户和商家们皆熟知 E-Nets 系统非常可靠，而且支付便捷。

E-Nets 主要特点如下。

支付类型：网银转账。

支持币种：新加坡元（SGD）、USD。

适合行业：外贸电商、游戏发行、视频直播……

到账时间：实时到账。

是否支持拒付：不支持。

是否支持退款：支持。

（2）Cherry Credits。Cherry Credits（CC）是新加坡的数字支付提供商，它提供一种虚拟信用卡，可以让所有年龄段的人都能实现在线安全付款，用户通过购买 Cherry Credits 并且充值到账户激活使用，1000cc 相当于 1 SGD。目前用户主要集中在在线游戏发行业务，其业务已经扩展到美洲、欧洲、中东、东南亚和大洋洲等超过 2000 家零售网点，包括便利店、网吧和报刊亭等。

Cherry Credits 主要特点如下。

支付类型：银行转账。

支持币种：SGD、USD。

适合行业：外贸电商、游戏发行、视频直播……

到账时间：实时到账。

是否支持拒付：不支持。

是否支持退款：支持。

2）菲律宾

菲律宾的互联网普及率达 46% 左右，菲律宾网民平均每天上网 6 小时，平均速度仅 2.5Mbps，仅高于印度。菲律宾年轻人对移动互联网的使用率偏高。在 18~24 岁，菲律宾的移动互联网用户占了 36%，比东南亚的平均数值高了 8 个百分点。在移动互联网用户中，倾向于英语的用户占 40%，而倾向于菲律宾语的用户占 60%。

菲律宾人口超过 1 亿人，使用信用卡的比例只停留在 5% 左右，据估计，菲律宾只有 20%~25% 的人拥有银行账户。

（1）Dragonpay（网上银行）。Dragonpay 成立于 2010 年，是菲律宾一种网上银行转账和现金付款方式。通过 Dragonpay，消费者可以在网上银行、银行柜台、ATM 转账或任何合作伙伴的分支机构完成付款。一旦收到付款，Dragonpay 将自动监视账户活动并向商家发送支付通知。Dragonpay 也支持移动支付，目前支持 Globe GCash 和 BPI BanKO。

Dragonpay 目前支持在线付款的银行包括 BDO、BPI、Metrobank、RCBC、RCBC Savings 等；支持的非银行网点有 Bayad Center、LBC 分支机构、SM 付款柜台、Robinsons 百货商店（Pobinsons department store，RDS），Cebuana Lhuillier 和 M.Lhuillier 全国分支机构。

Dragonpay 付款流程如下。

①消费者选择 Dragonpay 作为付款方式。

②选择网上银行、银行柜台或 ATM 其中一种付款方式。

③根据付款流程提示进行付款。

④返回商家指定页面，完成交易。

Dragonpay 主要特点如下。

支付类型：网银转账。

支持币种：菲律宾比索（PHP）。

适合行业：外贸电商，游戏发行，视频直播……

最小单笔限额：50 PHP。

到账时间：实时到账。

是否支持拒付：不支持。

是否支持退款：支持。

（2）GrabPay（电子钱包）。GrabPay 是东南亚最大的打车软件 Grab 旗下的一种电子钱包支付，拥有 1.15 亿名客户，可用于在线购物、支付打车费、手机充值等多种消费场景，用户可通过当地银行及线下网点充值 GrabPay 钱包。

GrabPay 付款流程如下。

①选择 GrabPay 作为支付方式。

②扫描接收人的 QR 码。

③确认支付，完成付款。

GrabPay 主要特点如下。

支付类型：电子钱包。

支持币种：PHP。

适合行业：外贸电商，游戏发行，视频直播……

最小单笔限额：18 PHP。

最大单笔限额：100 000 PHP。

到账时间：实时到账。

是否支持拒付：不支持。

是否支持退款：支持。

覆盖地区/国家：11 个国家，包括新加坡、马来西亚、印度尼西亚、菲律宾、泰国、越南、柬埔寨等。

（3）Globe GCash。Globe GCash（简称 GCash）是一种电子钱包，注册 GCash 的客户可轻松、方便地转账和付款。GCash 钱包是存储在 GCash 系统中的，存储菲律宾比索的电子钱包，功能包括但不限于资金转账、商品和服务的支付、通话时间的无线转载及余额查询。

GCash 可用于线下扫码消费、支付账单、买电影票、网购、转账、投资等。GCash 在菲律宾线下应用十分普遍，当地有超过 70 000 个合作商户支持 GCash 付款。此外，GCash 还有预付功能，若钱包余额不足，可先由 GCash 预付，消费者有 2 天的时间来偿还这笔款项，而且无须支付利息或服务费。GCash 钱包余额支持来自当地 30 多家银行的充值，如 BPI、BDO、Metrobank、Landbank、Unionbank、Chinabank 等。

GCash 主要特点如下。

支付类型：电子钱包。

支持币种：PHP。

适合行业：外贸电商、游戏发行、视频直播……

最小单笔限额：1 PHP。

最大单笔限额：100 000 PHP。

到账时间：实时到账。

是否支持拒付：不支持。

是否支持退款：支持。

3）马来西亚

在马来西亚的支付方式包括以下几种。

（1）Maybank2U（在线网银转账）。马来西亚银行（Maybank）成立于 1960 年，是马来西亚最大的银行和金融集团。Maybank2U 是由马来西亚银行开发的常用的在线支付方式，常用于在线购物，在 20 个国家拥有 2400 多家分支机构和办事处，拥有 45 000 名员工。Maybank 提供的服务包括：客户银行、商业和企业银行、私人银行等，在境内有 384 个分支机构和 2800 多个 ATM。

（2）Boost（电子钱包）。Boost 是马来西亚本土最受欢迎的一款电子钱包。自 2017 年以来，Boost 在马来西亚已被广泛接受，拥有超过 140 000 个接触点，涵盖在线商店和实体商店，提供购物、用餐、旅行、看电影等支付服务。其用户随时随地充值预付款，支付账单，还可以通过 Boost 的数字商店以优惠的价格购买各种数字凭证。

（3）DiGi（运营商计费）。DiGi 成立于 1995 年，是马来西亚的移动服务提供商。截至 2018 年第二季度，DiGi 拥有 1165.9 万名用户，移动互联网覆盖率高达 95%。提供的服务包括预付费、后付费计划、短信、数据计划和服务、国际漫游、国际电话卡和 WAP 服务。其中 DiGi 卡拨打卡片封面上的电话就可激活，网上也可以注册。除了 DiGi 外，在马来西亚还有两大移动通信服务商，分别为 Maxis、Celcom。

3. 南美洲

1）阿根廷

PagoFácil 是阿根廷的一种账单支付，它是阿根廷第一个收款网络，在其国内拥有广泛的商店网络，消费者可以在 3000 多个网点支付账单，无须支付额外费用。消费者还可以通过 PagoFácil 支付水电煤气费、手机/固定电话费、有线电视/卫星电视费，甚至还可以支付房租或子女的学费等。

如果消费者没有收到发票，或者丢失了发票，那么 PagoFácil 可以在没有凭证的情况下进行付款，但是消费者必须向收银员说明要付款的实体及该实体确定的标识号。

PagoFácil 付款流程如下。

①消费者结账时选择 PagoFácil 作为付款方式。

②输入 DNI（身份证号）、姓名和邮箱，选择"提交"。

③收到付款账单，到附近的 PagoFácil 网点支付现金。

④交易完成，付款成功。

PagoFácil 主要特点如下。

支付类型：账单支付/现金支付。

支持币种：阿根廷比索（ARS）、USD。

适合行业：外贸电商，游戏发行，视频直播……

最小单笔限额：10 ARS。

最大单笔限额：5000 USD。

到账时间：非实时到账。

是否支持拒付：不支持。

是否支持退款：不支持。

覆盖国家/地区：阿根廷。

2）秘鲁

秘鲁信贷银行（Banco de Crédito del Perú，BCP），是秘鲁最大的银行，也是秘鲁最大金融控股公司 Credicorp 的主要子公司。BCP 支持银行转账和现金支付两种付款方式，消费者可以登录自己的银行账户在线付款，也可以到附近的银行网点打印账单完成付款。

BCP 主要特点如下。

支付类型：账单支付。

支持币种：秘鲁索比（PEN）、USD。

适合行业：外贸电商，游戏发行，视频直播……

最小单笔限额：1 USD。

到账时间：1 个工作日。

是否支持拒付：不支持。

是否支持退款：不支持。

3）乌拉圭

Redpagos 成立于 2001 年，其提供了一种现金付款方式，消费者在线创建账单，然后通过 Redpagos 的线下网点用现金进行付款。Redpagos 账单其实就是付款清单（payment invoice），主要包含付款人 ID、付款金额、收款人账号等信息。

除了收款和付款，Redpagos 提供以下服务：发票收据、供应商付款、手机话费充值、支付养老保险、工资和退休金领取、税款、购买体育和艺术表演的门票等，其中一些服务与 Red UTS、MoneyGram、RedBrou、More 和 TickAntel 一起提供。

Redpagos 付款流程如下。

①消费者在结账时选择 Redpagos 作为付款方式。
②消费者输入 CI（身份证号）、姓名和邮箱，单击"支付"按钮。
③核对页面的付款金额，单击"确认转账"按钮。
④生成带有明细的凭证后，供消费者打印或截图保存。
⑤到 Redpagos 线下网点现金支付。
⑥交易完成，付款成功。

Redpagos 主要特点如下。

支付类型：账单支付。

支持币种：乌拉圭比索（UYU）、USD。

适合行业：外贸电商，游戏发行，视频直播……

最小单笔限额：1USD。

最大单笔限额：不限。

到账时间：实时到账。

是否支持拒付：不支持。

是否支持退款：不支持。

4. 东亚

1）韩国

市场概况：韩国拥有在全球具有市场影响力的两大智能手机制造商三星电子和 LG 电子。韩国移动端游戏占比 61%，发送信息及观看视频占比高达 77%、72%，而阅读书籍仅占比 10%，可以看出韩国移动端用户均泛娱乐化。

基于互联网普及率的高覆盖，韩国已成为世界第五大电子商务市场。2017 年，韩国总电商用户达 3253 万名，同比增长 4%，占人口比重 64%。电商营收总额达 406.8 亿美元，同比增长 13%，人均消费 1251 美元。

韩国早在 1969 年就发行了信用卡，接近 50 年的支付习惯养成，导致目前韩国消费者主要还是使用银行卡支付。韩国有超过 1 亿张银行卡，平均每个家庭有 4 张，银行转账和电子钱包转账很常见。

随着韩国移动电商的增长，三星的 Samsung Pay、新世界百货的 SSG Pay、乐天的 L Pay、韩国最大门户网站 Naver Pay、社交软件公司 KaKao Pay 和新进独角兽 Toss 相继推出无须数字证书或动态口令的移动快捷付款，使消费者网络购物更加便捷，线上付款的用户也逐步增加。在韩国，支付方式主要是 Toss。

Toss 电子钱包于 2013 年成立，支持韩国 29 家银行，覆盖韩国银行用户 98% 以上，是韩国最大的移动支付应用。Toss 把韩国烦琐的线上转账流程精简到 3 个步骤，缩减了支付流程，大幅提升了支付成功率。

截至 2019 年 11 月，Toss 累计下载量达 3600 万次，累计汇款金额为 64 万亿韩元，为其用户提供转账、贷款、保险、信用评分管理及线上支付等超 25 种业务。用户可在应用程序上汇总所有银行账户详细信息，全面了解其财务状况，还可以检查和管理他们的信用评分，购买各种储蓄产品或进行小额投资等。官网：https://toss.im/en/。

Toss 付款流程如下。

①消费者在结账时选择 Toss 作为付款方式。

②输入收款人姓名、银行账号等相关信息，单击"提交"按钮。

③输入银行账号和密码，登录银行账户。

④确认订单信息。

⑤完成付款，返回到商家网站。

Toss 主要特点如下。

支付类型：电子钱包。

支持币种：韩元（KRW）。

适合行业：外贸电商，游戏发行，视频直播……

最小单笔限额：900 KRW。

最大单笔限额：500 000 KRW。

支持银行：29 家。

用户覆盖率：>98%。

到账时间：实时到账。

是否支持拒付：不支持。

是否支持退款：支持。

2）日本

日本在数字创新方面处于领先地位，但因人口老龄化严重导致日本的电子商务增长放缓，自 2015 年以来一直以个位数的速度增长。

日本主要购物类别包括旅行（占 37%）、消费电子产品（占 20.7%）及家具和家庭用品（占 12.8%）。在日本最受欢迎的电商务网站是乐天株式会社（Rakuten）、日本雅虎购物（Yahoo Shopping）和亚马逊日本站。

跨境支出占电子商务总量的 18%，其中中国、美国和澳大利亚位居海外购物目的地前三名。目前卡（借记卡/信用卡/预付卡）是日本消费者在线支付的主要方式，占据了

65%的市场份额；排在第二位的则是网银转账，占比达14%；现金支付、电子钱包分别占比13%和2%。

Konbini是日本的一种便利店支付，在日本非常流行，其接受现金支付以进行在线交易，尤其受没有银行账户或无法获得信贷的青少年欢迎。

电子钱包仅占销售额的2%。在日本产生影响的电子钱包主要来自大型电子商务品牌的分支，分别如下。

（1）BitCash（预付卡）。BitCash是日本一种可以在便利店购买的预付费电子货币，主要用于在线支付各种服务，包括在线游戏、社交网络及电子书、视频和音乐下载。

因为它是预付费类型，以安全性和易用性著称，只需输入用户的平假名ID（预付款号码），无须输入个人信息。客户可以从日本35 000多家商店购买BitCash，即使没有信用卡的客户也可以轻松购买。

BitCash是以点数来计算的，1点等于1日元，没有使用期限。当BitCash卡内余额不足时，用户可以在其官网进行充值，也可在支持BitCash充值的便利店（如7-Eleven、全家、罗森、Welcia等）进行充值。

（2）Netcash（预付卡）。Netcash是日本最为普及的一种预付卡支付方式，主要用于支付各种在线服务，包括在线游戏计费和音乐下载，My GAMECITY、Crowd Gate等游戏网站都支持Netcash在线付款。购买和使用Netcash，无须注册个人信息，使用16位ID（Netcash ID）即可在线付款。

在日本，用户在全国约42 000家商店均可购买Netcash，也可以在日本的各大便利店（如7-Eleven、全家、罗森、Seicomart等）、网站、银行（支持Netcash购买）、Netcash经销店等处购买。

5. 南亚

Paytm（Pay Through Mobile）是印度最大的在线支付网关和充值门户之一，被称为"印度版支付宝"。它于2010年推出，拥有印度储备银行（Reserve Bank of India，RBI）批准的许可证，是印度建立的第一家支付银行。

Paytm还与Flipkart、Snapdeal和亚马逊等领先的在线购物商店合作，其中Paytm Wallet是印度最大的移动支付服务平台，截至2018年，该平台年交易总额已突破290亿美元（约合人民币1858.552亿元）的大关。

Paytm提供诸多在线服务，如话费充值、公用事业账单支付、旅行、电影和活动预订，以及杂货店、水果和蔬菜店、餐馆、停车场、药房和教育机构支付。

2015年阿里巴巴集团及蚂蚁金服向Paytm提供资金与技术支持，现今Paytm在印度第三方支付市场具有最大的市场份额、覆盖面最广的合作商户和合作渠道，用户数为1.22亿名，月交易单数为9000万单，每日交易额达到700万次。

6. 南非

南非的智能手机普及率很高，非接触式支付和电子钱包应用得越来越多。但由于互联网普及率仅为65%，一些农村地区即使有智能手机，也无法快速访问互联网。虽然目前信用卡和PayPal是南非跨境电子商务的主流模式，但占南非80%的中低收入人群没有信用卡或PayPal。

支付系统几乎是每个南非人每天都在使用的系统，它使消费者和企业可以在当今提供的各种媒体和渠道中进行无缝交易。南非人目前主要使用4种付款方式：现金、电子资金转账（electronic funds transfer，EFT）、卡和支票。

现金：现金目前在南非的支付文化中占主导地位，消费交易总价值的50%以上是用纸币和硬币完成的。

实时清算（real-time clearing，RTC）：RTC允许银行间实时清算，但仅占所有交易的2%。2018年，南非RTC量增长了61%以上，2018年交易额增长了32%以上。

电子转账：在南非电子转账仍然是一种流行的付款方式。南非地区处理的电子转账（借记和贷记）数量从2002年的5亿笔交易增加到2018年的10亿笔交易。

卡：卡支付主要用于频繁的小额购买。在南非卡使用率从2010年的零售量的45%增加到2016年的56%，但这仅占2016年零售额的7%。

支票：支票是南非最受欢迎的付款方式。但南非每年处理的支票数量，从2002年的1.87亿张减少到2018年的不足400万张。

借记单：借记单是南非增长最快的支付方式之一。借记单从2007年的3300万份增至2018年的2.12亿份。这包括NAEDO和AEDO。

（1）Capitec。Capitec（Capitec Bank）成立于2001年，位于南非，目前是南非第三大零售银行，每月拥有12万新客户账户。根据2015年度财务总监报告，Capitec在南非拥有500多家零售分行，拥有3418台自有或合伙自动柜员机和超过620万名客户。

（2）Absa。Absa成立于1991年，由金融服务提供商联合银行（南非）、Volkskas银行集团和Sage集团的某些权益合并而成。成立第二年，Absa收购了Bankorp集团的全部股权，其中包括Trustbank、Senbank和Bankfin。

（3）Nedbank。Nedbank Group成立于1888年，是南非的金融服务集团，提供批发和零售银行服务及保险、资产管理和财富管理。

Nedbank总部位于约翰内斯堡，主要市场是南非，通过位于莱索托、马拉维、莫桑比克、纳米比亚、斯威士兰和津巴布韦的子公司和银行及在安哥拉和肯尼亚的办事处，在南部非洲发展共同体（Southern African Development Community，SADC）的其他6个国家/地区开展业务。截至2018年6月，市值达到1250亿南非兰特（约合91亿美元）。

在非洲以外，Nedbank也设有办事处，为位于根西岛、马恩岛、泽西岛、英国和阿拉伯联合酋长国的非洲客户提供国际金融服务。

（4）Standar Bank。Standar Bank 成立于 1862 年，是南非的金融服务集团，也是非洲资产最大的贷方。该公司的总部位于约翰内斯堡的 Simmonds 街。

（5）天达（Investec）。Investec 是一家国际银行和财富管理集团。它为欧洲、南非和亚太地区的客户群提供一系列金融产品和服务。Investec 在全球拥有大约 8300 名员工，主要在南非、英国、澳大利亚和爱尔兰开展业务。它还在瑞士、毛里求斯、根西岛、印度、泽西岛和美国等国家和地区设有银行业务。

Investec 包括两个活动领域：财富投资和银行业务。其专业银行部门包括面向高资产净值和高收入个人的私人银行，以及提供贷款、交易银行、库存和贸易、咨询和投资服务的公司和投资银行。

7. 中东和北非

中东和北非的支付情况正处于"十字路口"。尽管电子支付的趋势越来越明显，但迄今为止还没有出现明显的赢家。以阿联酋为例，在高度分散的电商消费支出中，信用卡、借记卡、电子/移动钱包、货到付款和银行转账都占据了一定的份额。从沙特阿拉伯到阿联酋，监管工作不断取得进展，它们通过发展电子支付基础设施促进普惠金融。

（1）Onecard。Onecard 于 2004 年在沙特阿拉伯成立，是中东和北非地区非常流行的一种电子钱包支付，Onecard 类似于 PayPal 电子钱包，用户可以使用预付卡、信用卡或借记卡、银行转账、PayPal 和一系列本地支付方式进行充值。

用户可以通过购买预付卡、本地银行转账、礼品卡、Fawry、UAExchange、UKash、信用卡及 Masary 等方式完成支付。目前 Onecard 支付主要用于购买 VOIP、游戏充值、下载服务及在线网购等。

（2）Fawry。Fawry 由 Ashraf Sabry 和 Mohamed Okasha 在 2008 年创立，总部位于埃及开罗，是一家提供电子支付服务的金融科技公司，Fawry 通过超过 14 万个地点和多种渠道为消费者和企业提供金融服务。

通过 Fawry，即使没有银行账户或信用卡的用户也能在电子钱包、ATM、零售店等其他服务网点支付各种账单，如通信费、旅游门票、保险、教育费、银行费用等。Fawry 的零售网络包括小卖铺、药店、文具店和邮局，所有的店铺都配有跟信用卡支付相同的 POS 机。

Fawry 覆盖埃及 300 多个城市，拥有超过 2000 万名用户，每天处理超过 1.8 万笔交易，2018 年其总交易额超过 27 亿美元，目前已经成为埃及最大的金融科技公司。

中东和北非地区对现金非常依赖，接近 86% 的人口没有银行账户。同样，向埃及消费者普及电子支付概念并不是一件容易的事情，而 Fawry 成了第一个吃螃蟹的人。

（3）K-Net。共享电子银行服务公司（俗称 K-Net）成立于 1992 年，是一家由科威特11 家本地银行共同拥有的合资企业。K-Net 于 1992 年与本地银行建立合作关系，旨在连接科威特州的所有本地银行系统，并通过先进的网络提供各种银行服务。

K-Net 于 1994 年开始为科威特和海湾地区的银行业提供服务。服务范围有多个交付渠道，包括 ATM、POS、IPOS、信息亭、支付网关和支票簿印刷等，通过连接政府部门、私营部门、用户和银行来促进电子商务交易。

3.4.5 跨境电子商务支付风险分析

1. 第三方支付的信用风险

随着第三方支付平台的快速发展，相关信用风险也随之产生。由于大多数支付平台都采用二次清算的模式，导致客户资金在第三方支付账户中沉淀，随着用户数量的增加，这一沉淀的资金量变得巨大。第三方支付可以直接支配交易资金，甚至有发生越权调用资金的风险，一旦第三方支付携款潜逃，将对交易双方产生极大的损失。目前，有关监管机构没有明确相关的支付问题及处理手段，也没有通过对支付运营商实行准入和主体监管的方式来规范其支付能力。

当前，第三方支付平台既是跨境电子商务交易主体支付清算服务的提供者，也承担了一部分外汇银行的执行功能，即第三方支付平台并非金融机构却有外汇监督和执行的功能。国家外汇管理局还未对经济发展产生的跨境电子商务中的第三方支付平台给予明确定位和规定，所以也难以控制第三方支付的风险。如果不加以控制，那么非法资金流通渠道就可能快速形成。

2. 用户隐私监管风险

在当前互联网背景下，用户隐私监管风险是跨境电子商务支付的常见风险之一。由于我国跨境电子商务兴起时间不长，对于用户隐私方面监管的力度不足，很容易因为隐私被泄露而造成一系列风险的产生。

目前在我国，第三方跨境支付准入门槛相对较低，并且仍有许多企业会过度收集大量消费者的个人信息。在大数据杀熟这一趋势下，很多消费者的个人信息会被泄露。另外，在交易过程中也会存在许多细节，影响消费者的个人权益。若是某个小细节发生问题，就可能导致消费者信息被泄露的同时影响其消费安全。再加上部分企业忽视了保护消费者个人信息的意识，很容易出现为了个人利益而私自贩卖消费者个人信息，造成故意泄露等情况，对消费者的个人消费权益带来了巨大的影响。

除此之外，当第三方跨境支付准入门槛相对较低时，会造成市面上许多大小不一的支付平台企业资质的良莠不齐，甚至部分企业并不具备经营的资质和合法性。若是消费者没有能力去区分，很容易因为选择一些质量不高的跨境电子商务支付平台而被骗取个人信息。

用户隐私监管风险也存在于参与交易支付的过程中。第三方支付平台会随着用户信息与交易数据的累积而产生大量真实数据，在利用大数据提供基本金融服务的同时，也面临着信息服务的管理风险。我国现行的互联网金融法律法规还存在一定缺陷。例如，缺乏关于消费者个人信息安全的法律法规，缺乏对平台获取和使用用户敏感信息的有效监管，缺少对支付平台运营的合理规范。一旦第三方支付平台关闭退出或终止服务，消费者的个人信息、暂存资金处理等问题将都无法得到有效保障。

3. 物流风险

在跨境电子商务的发展中，物流起着重要作用。物流发生在买家支付之后，但实质上是卖家的商品到达买家手中并签收后，支付的货款才转给卖家，这样就发生了真正意义上的支付在物流之后的情况。在 B2C 交易中，多使用国际小包邮寄的方式，包裹没有被纳入海关登记。当跨境电子商务支付由于物流等原因使得货物没能到达买家手中时，货款不能按照既有的规定打给卖家。但这并不一定是卖家的问题，具体的原因十分复杂。这个风险就直接导致了支付的问题。

4. 法律风险

跨境电子商务业务的迅速发展带来了诸多法律上的难题，从而引发了一系列的法律风险。跨境电子商务在我国仍然属于新兴事物，并且相关配套的法律法规和其他设施建设尚未成熟，有着较大的改进和上升空间。跨境电子商务和跨境物流彼此之间的发展需要进一步改进，再加上相关法律法规的不成熟和不完善，无形中加剧了跨境电子商务支付方面的风险和交易审核的难度。甚至一些不法分子会钻法律的空子，出现一些欺诈等违法行为，利用法律在该领域的监管空白来肆意地达到自己违法目的的同时，也影响了跨境电子商务支付的有序性和可靠性。

中国人民银行总行虽然制定了一系列有关小额支付系统业务的管理规定和办法，规范了相关的业务处理和运行行为，明确了支付系统当事人和关系人的权利和义务，明确了造成资金损失的责任，但规定中未明确操作人员的岗位职责。对于产生时间较短、发展较迅速的速卖通和国际支付宝，应该及早明确国际支付宝在政府颁布的法律法规政策下，具有怎样的权利和义务。由于支付环节涉及不同的国家，国际法规的订立及法律冲突的解决也至关重要。总体来看，法律法规的制定必然滞后于跨境结算的发展，就算在发达国家，金融行业的立法也普遍滞后于电子商务及线上支付和结算的发展。

5. 支付技术风险

跨境电子商务结算的核心是提供支付服务，产业链中的任何一个环节出现安全隐患，都可能转移给支付服务供应商。随着网络技术的发展，对于提供支付服务的供应商而言，其安全级别不及银行的安全级别，需要不断地对技术进行升级，实时监控，对各种纠纷进行应急处理。从国外的实践来看，支付服务供应商的经营预算有相当一部分的收入比例用于解决安全性问题。国内的支付服务供应商对这种不确定的风险防御能力不足，经营压力较大。支付系统掌握了大量的用户数据，这些数据都属于用户的隐私，关系到用户的人身和财产安全。对数据的采集、加密、存储、查询、使用、备份等环节尚未出台严格的制度规范或行业标准，难以确保用户信息不被非授权收集和使用。

支付技术风险中十分重要的交易真实性识别风险,在跨境电子商务支付中关系到个人和企业交易的资金安全和信息安全,涉及金融稳定。相对于目前较为成熟的银行监管系统,通过支付机构进行支付的交易更难以保证其真实性。所以,需要特别关注跨境电子商务交易的真实性。交易的真实性是跨境电子商务运行和发展的生命线,是跨境电子商务平台必须守住的底线。同时,交易真实性也是国际收支申报、个人结售汇管理、反洗钱义务履行的前提和保证。交易真实性包括交易主体的真实性和交易内容或背景的真实性。与一般进出口贸易相比,跨境电子商务支付的真实性更加难以把握。

3.5 跨境电子商务物流运输模式

近几年跨境电子商务行业发展迅速,与之相关的物流产业链也得到了空前的发展,跨境物流也不再以小包直邮和国际快递为主,而是以多元化的形式为跨境卖家提供物流支持。现阶段,跨境电子商务物流运输模式主要类型有以下几个方面。

1. 按卖家出货量分

1)以小件为主的运输模式

该模式针对大部分刚起步的中小卖家。这部分卖家由于订单量不稳定,在市场上暂时还未站稳脚跟,主要是以小件运输模式为主。小件运输模式的优点是发货灵活,流程简单且不需要报关、清关,能够提供门到门服务。

跨境电子商务小件物流主要是快递报关途径,以空运方式为主,包括以下几种。

(1)国际邮政速递:如中国邮政 EMS、新加坡 EMS、美国邮政署(United States Postal Service,USPS)、英国邮政(Parcel Force)等。

(2)商业快递:TNT、UPS、DHL、联邦快递(Fedex),统称为四大快递。

(3)国际专线:通过航空包舱方式运输到国外,找到一家靠谱的物流合作公司进行目的地派送,直接送达买家。

2)以大件为主的运输模式

大件物流主要是针对成长型和发展型卖家而言的,这些卖家在市面上有稳定的市场份额,出货量较大,可以借助大件运输从而降低物流成本。这种模式也可以称为海外仓模式,由于出货量大所以需要借助海外仓服务商来协助卖家进行产品的统一调配和管理。

跨境电子商务大件物流由于涉及清关和报税,因此其流程较为复杂,时效相对较慢。其主要运输方式包括以下几种。

(1)国际平邮:国际小包、邮政大包。

（2）国际空运：走正式报关途径，通过空运方式运输。

（3）国际海运：走正式报关途径，通过海运方式运输。

（4）海外仓：以头程清关和当地仓储配送一体化的管理方式，实现产品的运输和派送。

综上所述，跨境电子商务物流的运输模式主要是依据卖家对于出货量的需求划分的。出货量大则运输方式相对繁杂，但可以节约成本，如海外仓模式；出货量小则相对灵活多变，可提供点对点的到门服务。

2. 按运输方式分

物流模式一般有：传统快递包裹模式、集中发货模式、国际快递模式、国内快递模式和海外仓储模式。

1）传统快递包裹模式

传统快递包裹即邮政包裹，又称邮政小包，邮政小包是目前我国跨境电子商务物流最主要的物流模式，其特点是覆盖面广，也是最贴合跨境电子商务的物流模式。邮政小包覆盖全球超过 230 个国家和地区，无论世界哪个角落都可以送货。据统计，我国跨境物流包裹有超过 70% 是通过传统快递包裹模式运送的。但是邮政小包因为其物流时效太慢，严重制约了其发展，越来越无法满足跨境电子商务的发展。

2）集中发货模式

集中发货模式也就是专线物流模式，一般是通过航空专线将众多同一地区买家的包裹集中由合作公司发往目的国或地区，再通过当地合作的物流分公司进行配送。因为其集中包裹这样的规模效应，同时又多是用空运的形式，因此其物流时效及运输成本会高于邮政小包，但低于国际快递。主要涵盖三类专线。

（1）空运专线。指从某国到另一国家的专用航空航线，是一种"门到门"的运输服务专线，是物流中成本最高的备货模式，适合快销快补。

（2）海运专线。承载能力大，成本最低，更适合大体积跨境运输，但运输时间较长，25~40 天不等。

（3）铁运专线。主要针对中欧之间的特定路线运输，成本和及时性在三者中最低。其优点是稳定安全，中转少，时间准确性高。但由于运输区域的严重限制，这种运输方式更适合一些大型货物运输。

集中发货模式更适合长期经营的中大卖家。当然，更成熟的卖家可以根据自己的产品属性（体积、数量、价值）和经营状况选择不同的补货方式。

3）国际快递模式

国际快递模式是时效最快、成本最高的运输方式。商品数量少，产品客户单价和利润相对较高。当客户要求及时性时，可以选择 UPS、DHL、FedEx 等国际快递，一般运输时间在 3~7 天。然而，这 3 个国际快递专注于不同的国家。UPS 的主要服务区域在美国、西欧、东南亚等地区。DHL 在西欧、美国、加拿大、亚洲等不发达地区的小件和大件运输方面有明显优势。这种物流方式更适合预售期不确定的小卖家和一些新卖家,资金回笼相对较快,或产品受淡季和旺季影响强烈,产品周期短。其最大的优势在于服务,客户体验极佳,不过因为其费用高昂,除非买家特别要求时效或运输的安全性,通常卖家不会主动选择国际快递模式发送商品。因此,国际快递模式在跨境电子商务市场份额相对较小。

传统的国际物流形式主要为邮政包裹与快递。邮政网络基本覆盖全球,比其他任何物流渠道都要广。这主要得益于万国邮政联盟和卡哈拉邮政组织(Kahala Postal Organization,KPG)。

万国邮政联盟是联合国下设的一个关于国际邮政事务的专门机构,通过一些公约法规来改善国际邮政业务,发展邮政方面的国际合作。万国邮政联盟由于会员众多,而且会员国之间的邮政系统发展很不平衡,因此很难促成会员国之间的深度邮政合作。

在2002年,邮政系统相对发达的5个国家(中国、美国、日本、澳大利亚、韩国)及中国香港的邮政部门在美国召开了邮政首席执行官(chief excutive offer,CEO)峰会,并成立了卡哈拉邮政组织,后来西班牙和英国也加入了该组织。卡哈拉邮政组织要求所有成员方的投递时限达到98%的质量标准。如果货物没能在指定日期投递给收件人,那么负责投递的运营商要按货物价格的100%赔付客户。这些严格的要求都促使成员方之间深化合作,努力提升服务水平。例如,从中国发往美国的邮政包裹,一般15天以内可以到达。据不完全统计,中国内地出口跨境电子商务70%的包裹都是通过邮政系统投递,其中中国邮政占据50%左右。中国内地卖家使用的其他邮政包括中国香港邮政、新加坡邮政等。

国际快递商通过自建的全球网络,利用强大的IT系统和遍布世界各地的本地化服务,为网购中国产品的海外用户带来极好的物流体验。例如,通过UPS寄送到美国的包裹,最快可在48小时内到达。然而,优质的服务总是伴随着昂贵的价格。一般商户只有在客户时效性要求很强的情况下,才使用国际商业快递来派送商品。

4)国内快递模式

国内快递主要指EMS、顺丰和"四通一达"。在跨境物流方面,"四通一达"中申通、圆通布局较早,但也是近期才发力拓展。比如,美国申通2014年3月才上线,圆通也是2014年4月才与希杰大韩通运展开合作,而中通、汇通、韵达则是刚刚开始启动跨境物流业务。顺丰的国际化业务则要成熟些,目前已经开通到美国、澳大利亚、韩国、日本、新加坡、马来西亚、泰国、越南等国家的快递服务,发往亚洲国家的快件一般2~3天可以送达。在国内快递中,EMS的国际化业务是最完善的。依托邮政渠道,EMS可以直达全球60多个国家,费用相对其他快递巨头要低,在中国境内的出关能力很强,到达亚洲国家需2~3天,到欧美国家则需5~7天。

5)海外仓储模式

海外仓储模式是跨境电子商务卖家先将商品提前备货到目的国的物流仓库中,待客户在卖家电子商务网站或第三方店铺下单后,直接从海外仓将商品发送给客户。这样可以提高物流时效,给客户带来优质的物流体验。不过,卖家通常只会选择热销商品进行海外仓备货并选择一些大、重、热的海外仓库库存,这样可以大大降低成本,提高物流及时性,给客户带来高质量的体验。

海外仓储服务指为卖家在销售目的地进行货物仓储、分拣、包装和派送的一站式控制与管理服务。确切来说,海外仓储服务应该包括头程运输、仓储管理和本地配送3个部分。

(1)头程运输:国内商家通过海运、空运、陆运或者联运将商品运送至海外仓库。

(2)仓储管理:国内商家通过物流信息系统,远程操作海外仓储货物,实时管理库存。

(3)本地配送:海外仓储中心根据订单信息,通过当地邮政或快递将商品配送给客户。

海外仓主要有3种类型:平台海外仓、第三方海外仓库、自建海外仓。

(1)平台海外仓:卖方将商品批量发送至官方平台运营中心,负责提供仓储、订单分拣、包装配送、收款、客服、退货等一系列服务。但其物流仓储成本相对较高,降低了卖方的利润。

(2)第三方海外仓库:主要由一些货运代理服务提供商提供。服务相对全面,收费低于亚马逊FBA仓库,可以在一定程度上最大化卖家的利润。因此,这对许多卖家来说是一个很好的选择。

(3)自建海外仓:自建仓库对卖家的财务实力有很高的要求,需要考虑软硬件、仓储管理系统、人员等一系列投资。一些海外信誉良好、有一定客户群的卖家可以通过自建海外仓节省物流成本、提高及时性、控制售后服务。但对一些卖家来说,缺乏经验、准备不足会导致远程管理差、仓库爆炸和低效率等问题和风险。

海外仓最大的优势是有利于品牌扩张和自建站运营,但投资大、风险高,更适合一些跨境经验丰富的自建站卖家或品牌销售。

对于跨境电子商务的卖家来说:首先,应该根据所售产品的特点(尺寸、安全性、通关便利性等)来选择合适物流模式。比如,大件产品(如家具)就不适合走邮政包裹渠道,而更适合海外仓模式。其次,在淡旺季要灵活使用不同物流方式。例如,在淡季时使用中邮小包降低物流成本,在旺季或大型促销活动时期采用中国香港邮政或者新加坡邮政甚至比利时邮政来保证时效。最后,售前要明确向买家列明不同物流方式的特点,为买家提供多样化的物流选择,买家应根据实际需求来选择物流方式。

3.6 跨境电子商务仓储管理方式

3.6.1 边境仓

边境仓是建在边境附近的仓库,依托边境口岸和跨境物流通道,针对跨境电子商务建立的具有多种服务功能的仓储配送系统，是跨境电子商务物流的升级版。边境仓可以提供产品的收货、分拣、质检、打码、仓储、发运等一系列服务，同时还提供多种增值服务：产品称重、产品拍照、包裹拍照、定制化包装等。将货物提前发往边境仓，能缩短在国内运输的时间，但货物实际上是从国内通过邮政小包发到海外。

存放在边境仓的商品多数是一些热销、爆款或当下流行的、市场需求比较强且稳定的产品。由于通过边境仓可以监控库存的实时变动，可以第一时间进行商品的补给，随时掌握库存现状，避免不必要缺货带来的损失，所以边境仓适用于就算遇到滞销也能通过平台的一些营销活动处理掉，从而避免造成不必要的物流成本支出的产品。

3.6.2 海外仓

海外仓指从事出口跨境电子商务的企业在国外自建或租用仓库，将货物批量发送至国外仓库，由网络外贸交易平台、物流服务商独立或共同为卖家在销售目标地提供货品仓储、分拣、包装、派送等一站式控制与管理服务，实现国外销售、配送的跨国物流形式。海外仓的本质就是将跨境贸易实现本地化，提升消费者购物体验，从而提高跨境卖家在出口目的地市场的竞争力。

海外仓常存放的货物种类有以下几种。

（1）质量好、价格与利润高的产品。虽然海外仓对产品种类没有太多限制，但是并不代表所有的产品都适合使用海外仓。不会因长途运输、多次周转而有所损耗或影响使用的，以及价格高、利润高的产品才适合使用海外仓。

（2）销售周期短的产品。产品销售好，库存周转才会快，这样才不会产生压仓或滞销，也有利于卖家回笼资金。

（3）库存充足、易补货的产品。使用海外仓之前，卖家最好先进行市场动态分析、货源分析与库存分析，除了要求产品质量好以外，也要求产品的货源充足、补给稳定。如果无法保证货源与补给，那么也不适合使用海外仓。

（4）尺寸、质量大的产品。如果使用国际快递运输尺寸、质量大的产品到海外，一来运费昂贵，二来会受到产品规格限制。如果以一般贸易的形式完成运输会方便很多，卖家可以使用空运或海运进行批量运输，这样可以有效降低物流成本。

3.6.3 保税仓

保税仓指由海关批准设立的供进口货物储存而不受关税法和进口管制条例管理的仓库。储存于保税仓库内的进口货物经批准可在仓库内进行改装、分级、抽样、混合和再加工等，这些货物如再出口则免缴关税，如进入国内市场则须缴关税。各国对保税仓库货物的堆存期限均有明确规定。设立保税仓库除为贸易商提供便利外，还可促进转口贸易。

保税仓按照使用对象不同分为公用型保税仓、自用型保税仓和专用型保税仓。

（1）公用型保税仓：由主营仓储业务的国内独立企业法人经营，专门向社会提供保税仓储服务。

（2）自用型保税仓：由特定的国内独立企业法人经营，仅存储供本企业自用的保税货物。

（3）专用型保税仓：保税仓库中专门用来存储具有特定用途或特殊种类商品的仓库。

保税仓存放货物范围：加工贸易进口货物；转口货物；供应国际航行船舶和航空器的油料、物料和维修用的零部件；供维修外国产品所进口寄售的零配件；外商暂存货物；未办结海关手续的一般贸易货物；经海关批准的其他未办结海关手续的货物，等等。

3.7 跨境电子商务配送业务方式

3.7.1 直邮

直邮模式指符合条件的电商平台与海关联网，境内消费者跨境网购后，电子订单、支付凭证、电子运单等由企业实时传输给海关，商品通过海关跨境电子商务专门监管场所入境，按照个人邮递物品征税。海外直邮即商家收到订单后在国外进行打包，直接从海外通过快递发货、清关、入境的消费形式。由于货物在国外发货，物流耗费时间较长，费用可能更高，但是可供选择的商品种类比较丰富。直邮模式主要流程如图3-10所示。

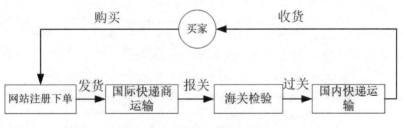

图3-10 直邮模式主要流程

3.7.2 集货

集货即收货，就是在外贸出单之前把不同来源的货物集中在一起。建立集货中心的目的是使原来分散的、小批量的、规格和质量混杂的、不容易进行批量运输和销售的货物，经过集货中心处理，形成批量运输的起点，从而实现大批量、高效率、低成本和快速的快递运作。这样的集货中心通常分布在小企业群、农业区、果业区、牧业区等地域。集货模式主要流程如图 3-11 所示。

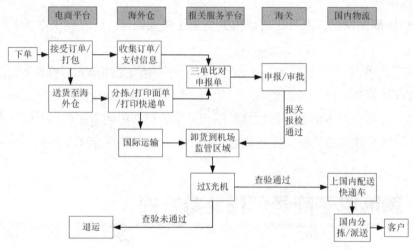

图 3-11　集货模式主要流程

3.7.3　备货

备货指企业重点开发垂直细分市场，深度整合供应链，提前准备一定数量的库存。企业完成备案及通关手续，电商货物批量入境，进入海关监管场所或保税监管区域。网上产生订单后，企业在区域内打包并申报清单，进行捆绑装车并配送出区，事后集中缴纳税款。备货模式主要流程如图 3-12 所示。

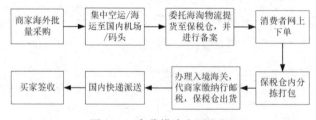

图 3-12　备货模式主要流程

3.7.4　海外仓

海外仓模式配送主要流程如图 3-13 所示。

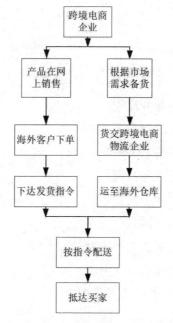

图 3-13　海外仓模式配送主要流程

3.7.5　保税仓

保税仓模式配送主要流程如图 3-14 所示。

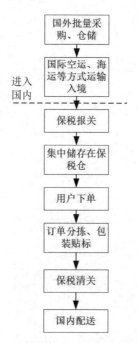

图 3-14　保税仓模式配送主要流程

思考题

1. 简述跨境电子商务的进口业务流程。
2. 简述跨境电子商务的出口业务流程。
3. 简述跨境电子商务综试区的概念及类别。
4. 简述跨境电子商务保税区的基本概念。
5. 简述跨境电子商务的支付业务流程。
6. 简述跨境电子商务的支付业务模式。
7. 分析跨境电子商务的支付风险。
8. 简述跨境电子商务物流运输的主要类型。
9. 简述跨境电子商务仓储管理的方式分类。
10. 简述跨境电子商务配送业务的方式类型。

案例分析

即测即练

第 4 章
跨境电子商务商业模式

1. 了解跨境电子商务的主要商业模式。
2. 理解跨境电子商务 B2B 的商业模式。
3. 理解跨境电子商务 B2C 的商业模式。
4. 理解跨境电子商务 C2C 的商业模式。

全球速卖通的每年三次大促活动

每个电商平台都有属于自己的大促活动时间,如京东有"6·18"店庆日,淘宝有"双十一""双十二"。通常,全球速卖通平台每年会有 3 次大促,分别是"3·28"大促、"8·28"大促和"双十一"大促,通常会提前一个月左右招商。

1. "3·28"大促

时间:每年的 3 月 28 日。

全球速卖通"3·28"大促是速卖通平台的周年庆活动,每年都会举行。作为仅次于"双十一"的大型促销活动,"3·28"大促能为卖家输送海量流量,帮助卖家显著提升订单量。

2. "8·28"年中大促

时间:每年的 8 月 28 日。

"8·28"年中大促是旺季来临的标志，衔接"双十一"大促。

3. "双十一"大促

时间：每年的 11 月 11 日。

参与速卖通活动的商家需要注意两个重点：选品和定价。还要熟悉平台规则，如优惠评价率、发布订单数量、店铺转换率、产品转换率、争议数量、报名折扣和促销数量。团购报上活动的产品属性和报价属性，选取店铺内有销量、转化有优势的产品。在定价方面，需要剖析平台活动的折扣请求，并在上传产品时确定利润率和折扣。

上传产品时设计产品图像和产品称号描述。平台活动的产品图像通常需求白色背景，尺寸建议为 400mm×400mm。至于产品标题，包括：主要中心关键词＋属性词、热卖＋抢手搜索和流量词。每一次大促活动都是商家提升流量的时机，因而商家需要提早选好产品，制定价格，制定好活动方案，为提升店铺流量做准备。

（资料来源：https://chuhaiyi.baidu.com/news/detail/57392283。）

4.1 跨境电子商务商业模式分类

跨境电子商务是通过电子商务平台进行交易，以跨境物流方式实现对外贸易的一种新型国际贸易方式，是通过电子商务平台达成交易，借助邮寄、快递等方式达到跨境物流送达商品、完成交易的商业活动。跨境电子商务的主要模式分类有以下几种。

4.1.1 按交易主体分类

1. B2B

B2B 模式指商业对商业或者说是企业间的电子商务，即企业与企业之间通过互联网进行产品、服务及信息的交换。

B2B 代表企业有敦煌网、中国制造、阿里巴巴国际站、环球资源网等。

2. B2C

B2C 模式指分属不同关境的企业直接面向消费者个人在线销售产品和服务。它面对的最终客户为个人消费者，针对最终客户以网上零售的方式，将产网品售卖给个人消费者。

B2C 代表企业有速卖通、亚马逊、帝科思（DealeXtreme，DX）、兰亭集势、米兰网、大龙网、天猫国际、京东全球购、网易考拉、洋码头等。

3. C2C

C2C 模式指面对的最终客户为个人消费者，商家也是个人卖方。由个人卖家发布售卖的产品和服务的信息、价格等内容，个人买方进行筛选，最终通过电商平台达成交易、进行支付结算,并通过跨境物流送达商品、完成交易。

C2C 代表企业有速卖通、美丽说、海蜜、易贝等。

其中,C2C 商业模式作为初期的电子商务模式,本意指消费者将商品卖给消费者,开始只是作为闲置物品的处理方式,但现在无论是易贝还是淘宝,基本都不是由消费者来开店,都是专业卖家在经营店铺。

此外,还有 B2B2C、企业对政府(business to government,B2G)、消费者对政府(consumer to government,C2G)等衍生模式。

4.1.2 按平台经营商品品类分类

按照跨境电子商务网站经营商品的品类进行划分,可将跨境电子商务分为垂直型跨境电商与综合型跨境电商两类。

1. 垂直型跨境电商

垂直型跨境电商专注于某些特定的领域或某种特定的需求,提供该领域或该需求全部的深度信息与服务,如定位母婴商品的红孩子(2012 年被苏宁收购,现全称为苏宁易购红孩子母婴用品商城)、专注于服装的凡客诚品、专注于女性用品特卖的唯品会等。

垂直型跨境电商是一种在某一行业或细分市场上深化经营的电子商务模式,网站所属商品属于同一类产品,多为 B2B 或 B2C 业务。它的优点是专注、专业,能提供更适合人群的特定类型的产品,满足特定领域的需求,更容易加深用户的信任,加深客户的印象,有利于品牌的推广。

2. 综合型跨境电商

综合型跨境电商是一个与垂直型电商相对应的概念,它不像垂直型电商那样专注于某些特定的领域或某种特定的需求,它所展示和销售的商品种类繁多,涉及多种行业。综合型跨境电商品类更加开放,强调的是用户选择性的优势,消费者有"一站式"购物的需求,更多的是面对丰富多样的商品,而非有限的几种选择,加上各种有效的商品组合的促销激励机制,更能刺激消费者在一个平台上完成所需商品的购买,如淘宝网、京东商城等。

4.1.3 按平台运营主体分类

按照平台运营主体划分,跨境电子商务商业模式可分为第三方平台跨境电商(或称为平台型电商)和自营型跨境电商两类。

1. 平台型跨境电商

平台型跨境电子商务网站通过吸引商品卖家入驻平台,由卖家负责商品的物流与客服并对买家负责,平台只负责提供商品交易的媒介或场所,如淘宝网、天猫商城等。

平台型跨境电商的主要特征：一是交易主体提供商品交易的跨境电子商务平台，并不参与商品购买、销售等相应的交易环节；二是国外品牌商、制造商、经销商、网店店主等入驻该平台，从事商品展示、销售等活动；三是商家云集，商品种类丰富。

平台型跨境电商的优势和劣势均比较鲜明。

其优势表现：一是商品货源广泛而充足；二是商品种类繁多；三是支付方式便捷；四是平台规模较大，网站流量较大。

其劣势表现：一是跨境物流、海关、商检等环节缺乏自有稳定渠道，服务质量不高；二是商品质量保障水平较低，容易出现各种类型的商品质量问题，导致消费者信任度偏低。

2. 自营型跨境电商

自营型跨境电商不仅自己开发和运营跨境电子商务网站，而且自己负责商品的选品、采购、销售、客服与物流，同时对买家负责，其代表性企业有京东商城（其在发展初期为自营型电商，后来开始向综合型电商发展）、凡客诚品、1号店、海尔商城、亚马逊、当当网（亚马逊与当当网也已向综合型电商转型）等。

自营型跨境电商的主要特征：一是开发和运营跨境电子商务平台，并作为商品购买主体从海外采购商品与备货；二是涉及从商品供应、销售到售后的整条供应链。

自营型跨境电商的主要优势：一是跨境电商平台与商品都是自营的，掌控能力较强；二是商品质量保障水平高，商家信誉度好，消费者信任度高；三是货源较为稳定；四是跨境物流、海关与商检等环节资源稳定；五是跨境支付便捷。

自营型跨境电商的主要劣势：一是整体运营成本高；二是资源需求多；三是运营风险高；四是资金压力大；五是商品滞销、退换货等问题显著。

如图4-1所示，综合上述两种分类方法，将现有常见的几个跨境电商分为综合平台型、综合自营型、垂直平台型、垂直自营型四类。其中，综合平台型跨境电商的代表性企业有京东全球购、天猫国际、淘宝全球购、洋码头等；综合自营型跨境电商的代表性企业有亚马逊海外购、沃尔玛全球e购、网易考拉海购、小红书、兰亭集势等；垂直平台型跨境电商的参与者比较有限，主要集中于服饰、美妆等垂直类商品，代表性企业有美丽说、海蜜等；垂直自营型跨境电商也比较少见，代表性企业有我买网跨境购、蜜芽、聚美优品、唯品会等。

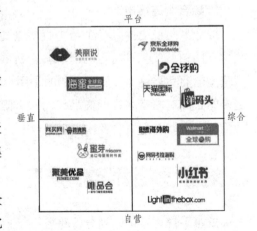

图4-1 跨境电商分类

4.1.4 按商品流动方向分类

跨境电子商务的商品流动跨越了国家地理空间范畴。按照商品流动方向划分,其主要商业模式可分为跨境进口电商、跨境出口电商两类。我国跨境电子商务交易以跨境出口为主,其中又以跨境 B2B 出口为主要形式。

1. 跨境进口电商

跨境进口电商指从事商品进口业务的跨境电商,具体指国外商品通过电子商务渠道销售到国内市场,通过电子商务平台完成商品的展示、交易、支付,并通过线下的跨境物流送达商品、完成商品交易的电商企业,其代表性企业有天猫国际、京东全球购、洋码头、小红书等。

2. 跨境出口电商

跨境出口电商指从事商品出口业务的跨境电商,具体指将本国商品通过电子商务渠道销售到国外市场,通过电子商务平台完成商品的展示、交易、支付,并通过线下的跨境物流送达商品、完成商品交易的电商企业,其代表性企业有亚马逊海外购、易贝、全球速卖通、环球资源、大龙网、兰亭集势、敦煌网等。

4.2　B2B

4.2.1　B2B 的基本概念

B2B,指企业与企业之间通过专用网络或互联网,进行数据信息的交换、传递,开展交易活动的商业模式。从广义来看,跨境电商 B2B 指互联网化的企业对企业跨境贸易活动,即"互联网+传统国际贸易"。从狭义来看,跨境电商 B2B 指基于电子商务信息平台或交易平台的企业对企业跨境贸易活动。B2B 和 B2C 的区别本质上可以简单地理解为批发与零售,针对的客户群体不一样。目前从出口规模上来看的话,B2B 模式是我国跨境电商出口的主要形式。

跨境 B2B 出口模式主要分为两种类型:信息服务平台和交易服务平台。

信息服务平台,是通过第三方平台进行信息发布或信息搜索完成交易撮合的服务。从信息展示开始,让贸易双方能通过跨境电商平台获取对方的信息,随后是撮合交易。而现在,更多的是提供数据服务,即能覆盖整个贸易链条的全方位服务。代表企业有阿里巴巴国际站、生意宝国际站、环球资源。

交易服务平台,是构建能够实现供需双方之间网上交易和支付的平台商业模式。代表企业有敦煌网、大龙网等。

4.2.2 B2B 的主要模式

1. 垂直模式

面向制造业或面向商业的垂直 B2B 模式。可以分为两个方向，即上游和下游。生产商或商业零售商可以与上游的供应商之间形成供货关系；生产商与下游的经销商可以形成销货关系。这种模式下的 B2B 网站类似于在线商店，这一类网站其实就是企业网站，就是企业直接在网上开设的虚拟商店，通过网站可以大力宣传自己的产品，用更快捷、更全面的手段让更多的客户了解自己的产品，促进交易。也可以是商家开设的网站，这些商家在自己的网站上宣传自己经营的商品，目的也是用更加直观便利的方法促进、扩大商业交易。

2. 综合模式

综合模式是面向中间交易市场的 B2B 模式。这种交易模式是水平 B2B 模式，它是将各个行业中相近的交易过程集中到一个场所，为企业的采购方和供应方提供交易的机会。这一类网站自己既不是拥有产品的企业，也不是经营商品的商家，它只提供一个平台，在网上将销售商和采购商汇集一起，采购商可以在其网上查到销售商及其所销售商品的有关信息。

3. 自建模式

行业龙头企业自建 B2B 模式，是大型行业龙头企业基于自身的信息化建设程度，搭建以自身产品供应链为核心的行业化电子商务平台。行业龙头企业通过自身的电子商务平台，串联起行业整条产业链，供应链上下游企业通过该平台实现资讯、沟通、交易。但此类电子商务平台过于封闭，缺少产业链的深度整合。

4. 关联模式

关联模式是行业为了提升电子商务交易平台信息的广泛程度和准确性，整合 B2B 模式和垂直 B2B 模式而建立起来的跨行业电子商务平台。

4.2.3 B2B 的代表性网站

1. 敦煌网

敦煌网是全球领先的在线外贸交易平台，是国内首个为中小企业提供 B2B 网上交易的网站。它采取佣金制，2019 年 2 月 20 日起新卖家注册开始收取费用，在买卖双方交易成功后收取费用。CEO 王树彤是我国最早的电子商务行动者之一，1999 年参与创立卓越网并出任第一任 CEO，2004 年创立敦煌网。

敦煌网致力于帮助我国中小企业通过跨境电子商务平台走向全球市场。PayPal 交易平台数据显示，敦煌网是在线外贸交易额中亚太排名第一、全球排名第六的电子商务网站，其在 2011 年的交易规模达到 100 亿元人民币。

作为中小额 B2B 海外电子商务的创新者，敦煌网采用电子邮件营销（E-mail direct marketing，EDM）这种低成本、高效率的营销模式来拓展海外市场。自建的 DHgate 平台，为海外用户提供了高质量的商品信息，用户可以自由订阅英文 EDM 商品信息，第一时间了解市场最新供应情况。

一个标准的卖家交易流程是：把自己产品的特性、报价、图像上传到平台，接到海外买家的订单后备货和发货；买家收到货后付款，双方通过多种方式进行贸易结算。整个周期 5~10 个工作日。

在敦煌网，买家可以根据卖家提供的信息来生成订单，可以选择直接批量采购，也可以选择先小量购买样品，再大量采购。这种线上小额批发一般使用快递，快递公司一般在一定金额范围会代理报关。举例来说，敦煌网与 DHL、联邦快递等国际物流巨头保持密切合作，以网络庞大的业务量为基础，可使中小企业的同等物流成本至少下降 50%。一般情况下，这类订单的数量不会太大，有些可以省去报关手续。以普通的数码产品为例，买家一次的订单量在十几个到几十个不等。这种小额交易比较频繁，不像传统的外贸订单，可能是半年下一次订单，一个订单几乎就是卖家一年的收入。"用淘宝的方式卖阿里巴巴 B2B 上的货物"是对敦煌网交易模式的一个有趣概括。

2. 阿里巴巴国际站

阿里巴巴国际站是帮助中小企业拓展国际贸易的出口营销推广服务平台，它基于全球领先的企业间电子商务网站，通过向海外买家展示、推广供应商的企业和产品，进而获得贸易商机和订单，是出口企业拓展国际贸易的首选网络平台之一。

2020 年 9 月，阿里巴巴国际站在外滩大会透露目标：3 年后，国际站货运网络将服务 100 万吨（空运）和 100 万标箱（海运）的增量交易商品。"双百万"的规模，相当于全球货运行业前三。

作为全球最大的 B2B 跨境电商平台，阿里巴巴国际站物流已覆盖全球 200 多个国家和地区，与生态合作伙伴融合共振，通过数字化重新定义全球货运标准。"门到门"服务能力是其重点发展方向之一：货物从工厂拉到境内港口、报关，通过海陆空进入境外港口、清关、完税，最后完成末端配送。

阿里巴巴国际站提供一站式的店铺装修、产品展示、营销推广、生意洽谈及店铺管理等全系列线上服务和工具，帮助企业降低成本、高效率地开拓外贸大市场。

3. 环球资源

环球资源是一家多渠道 B2B 媒体公司，致力于促进大中华地区的对外贸易。环球资源于 1995 年率先推出全球首个 B2B 在线电子商务跨境贸易站点。公司目前拥有超过 1000 万家来自全球各地的注册买家和用户。

该公司的核心业务是通过一系列英文媒体，包括环球资源网站、印刷及电子杂志、采购资讯报告、买家专场采购会、贸易展览会等形式促进亚洲各国的出口贸易。

一方面，在超过100万家国际买家中有95家来自全球百强零售商，使用环球资源提供的服务了解供应商及产品的资料，帮助他们在复杂的供应市场进行高效采购。另一方面，供应商借助环球资源提供的整合出口推广服务，提升公司形象，获得销售查询，赢得来自240个国家和地区的买家订单。

4. 中国制造网

焦点科技股份有限公司（原南京焦点科技开发有限公司）成立于1996年1月9日，是国内领先的综合型第三方B2B电子商务平台运营商，专注服务于全球贸易领域，在帮助我国中小企业应用互联网络开展国际营销、产品推广方面拥有超过20年的经验。

焦点科技始终致力于将传统行业与互联网深度融合，先后将互联网引入外贸、保险、企业采购、教育、医疗等多个领域，研发并运营了中国制造网、开锣网、百卓采购网、新一站保险网等电子商务平台，以及智慧教育、移动医疗等互联网项目。凭借多年来的不断积累，旗下中国制造网已成为全球采购商寻找中国供应商及贸易伙伴的重要网络渠道。

中国制造网作为全链路外贸服务综合平台，致力于为我国供应商和海外采购商挖掘全球商机，为双方国际贸易的达成提供一站式外贸服务。

开锣网是焦点科技于2017年在美国建立的专业跨境B2B在线批发交易平台，旨在帮助中国优质供应商的优质产品跨过海外进口商、分销商、批发商等中间环节，分销给海外本土以零售商为主的线下小买家，提升中国供应商销售额和利润。

百卓采购网是百卓网络科技有限公司旗下一站式综合采购与供应链服务平台，于2011年开始运营，旨在通过采购管理云平台、供应商寻源服务、工业品采购服务、供应链金融服务及网络营销推广服务，全面助力企业采购降本增效。

新一站保险网于2011年9月正式上线，是致力于为广大中小企业及个人提供保险产品的咨询、购买、理赔、保全等一站式服务的网购保险商城。

中国制造网内贸站（Mode in China，MIC）为内贸B2B信息平台，该业务与主站相协同，正逐步优化。

中国制造网的业务逻辑是中国供应商在网站发布产品信息，供海外采购商挑选，选中后双方可以直接联系确定更多细节。网站为付费会员制，向供应商收费，会员分为免费、黄金、钻石三档，差异性体现在展示数量、内容丰富度等方面。网站提供多种增值服务，如TOP Rank、供应商认证、广告展位出租等。MIC在海外知名度仅次于阿里巴巴国际站，市占率约10%。在全球新冠肺炎疫情背景下，国内供应商产品展示线上化进程将加速，MIC业务动力更加强劲。

4.3 B2C

4.3.1 B2C 的基本概念

B2C 是电子商务按交易对象分类中的一种，表示商业机构对消费者的电子商务。

B2C 模式下，我国企业直接面对国外消费者，以销售个人消费品为主，物流方面主要采用航空小包、邮寄、快递等方式，其报关主体是邮政或快递公司，目前大多未纳入海关登记。

B2B 和 B2C 两种模式的主要区别为：B2B 模式是将企业的内部网络通过 B2B 跨境电商平台与客户紧密地联系起来，通过互联网快速响应的优势为顾客提供更加快速、方便、准确的服务，从而促进企业的快速发展，B2B 模式的发展逐渐成熟；B2C 是直接面向消费者进行商业活动的模式，也就是我们常说的零售，这种模式主要借助互联网进行在线销售活动。例如，天猫、京东等大家非常熟悉的平台，而 B2C 就是消费者可以直接在网上进行购物、支付的网上商店。

对于新手卖家而言，B2C 模式能更方便地得到客户的反馈，从而可以使企业借助这些数据进行新产品的研发与改进，并且还能通过数据找到效率最高的营销方式，所以 B2C 模式比较适合对相关商业嗅觉不敏感的卖家。B2B 模式下企业面对的客户不属于终端客户，所以相对可能让人感到轻松一些，在销售成本的投入上也比较少，能帮助企业快速扩大客户群。但是这种模式的竞争非常激烈，比较适合有一定商业基础的卖家。

综上所述，目前在大数据时代背景下的跨境电子商务模式已经几乎替代了传统模式，企业可以根据自身的不同情况来选择符合自身条件的 B2B 跨境电商平台或 B2C 跨境电商平台。

4.3.2 B2C 的代表性网站

1. 易贝

易贝跨境电商网站由皮埃尔·奥米迪严（Pierre Omidyar）在 1995 年 9 月创立于加利福尼亚州，是一个可让全球民众上网买卖物品的线上拍卖及购物网站。人们可以在易贝上通过网络出售商品。易贝为第三方平台，采用入股第三方物流服务商及整合其他服务商的模式轻资产运营；物流方面主要以专线、小包、海外仓发货为主，平台主要面向品牌中端市场，商品品类丰富，有大量中国卖家入驻。在易贝上热销品类有：数码产品、时尚服饰、家居及园艺品类、汽配、商业和工业品类。平台优势具有对卖家友好、拥有专业客服支持、定价方式多样化、排名相对公平，卖家可以通过拍卖获取曝光等众多优势。

2. 亚马逊

亚马逊在创始期主要经营模式是与图书出版商的合作进行网上销售。亚马逊不是产品的生产者，只是一个媒介，一个平台，在图书商与消费者之间架构一个平台、一个渠道通过强大的互联网来展示商品。亚马逊的 B2C 经营模式建立在互联网的基础上，与传统的价值链经营模式有很大的不同。它从单一的图书，以及与图书有关的音像、唱片等商品，逐渐扩宽自己的经营范围，到如今涉足多个领域，包括摄影、家居、食品、体育用品等。

亚马逊的线上销售模式，直接面对消费者，少了中间商的利润留存，价格低于传统商店的商品价格。而且成熟的物流管理使得体系更为高效，成本降低。亚马逊将自己的经营范围不断扩大，对自己的商品提供价格折扣，强有力地吸引了顾客，维护了客户群体，提升了同行业的竞争力。

1999 年亚马逊走出美国，进入欧洲市场，在英国、德国等建立分公司。2000 年来到日本，迈出了在亚洲市场的第一步。离开本土的亚马逊继承了原有的网站优势与特点，不同国家的网站都是当地国家的文字，方便本地消费者的使用。2003 年，亚马逊将目标投向中国地区，于 2004 年 8 月宣布收购当时中国最大的网上图书音像零售商卓越网，从此打开中国市场，2007 年正式收购卓越网，改名为"卓越亚马逊"。2021 年美国包裹量达到创纪录的 215 亿件，人均包裹量 65 个。USPS、UPS、联邦快递、亚马逊物流这四大承运商运送了美国 98% 的包裹。2014 年亚马逊与推特（Twitter）开展了合作，允许用户以 Twitter 消息的形式将喜欢的商品发送到购物篮中，这一功能旨在将 Twitter 转变为亚马逊新的购物窗口。

3. Wish

Wish 是 2011 年成立的一家高科技"独角兽"公司，有 90% 的卖家来自中国，也是北美和欧洲最大的移动电商平台。它使用一种优化算法大规模获取数据，并快速了解如何为每个客户提供最相关的商品。Wish 旗下共拥有 6 个垂直的 App：Wish、Geek、Mama、Cute、Home、Wish for Merchants。2017 年 9 月，Wish 进行了一轮 2.5 亿美元融资，估值超过 80 亿美元。截至 2017 年 8 月，Wish 平台有 33.8 万的独立注册账号（商户）。Wish 平台有 4.2 亿名注册用户，日活跃用户超过 1000 万名，月活跃用户为 7000 万名。

Wish 的销售模式和易贝、亚马逊一样都是 B2C，但是 Wish 的模式和其他跨境 B2C 平台有所不同。Wish 不同于传统跨境电商平台，它是一个移动端平台。Wish 的价格、品类、产品定位都侧重于欧美的年轻人。Wish 这个平台最大的特征就是，不是目的性消费，而是基于商品标签的捕捉推送你可能会喜欢的产品，因为系统会积累用户浏览和消费习惯，Wish 是瀑布流推送，用户每次看到的商品都不一样。Wish 目前正在打造移动 C2C 电商平台，尝试利用推荐算法为用户提供个性化商品推荐。

早在 2019 年，Wish 推出的 FBS Wish Local 项目，实现从 Wish App 端到自提实体店中商品展示，从线上线下双向"互通"，助力年度"黑色星期五"旺季。该项目支持本地取件，借助本地取件业务，Wish 用户可以在应用程序上购买 Wish 产品，并当天在附近的零售店取回 Wish 产品。同时，合作伙伴商店可以在 Wish 上出售其库存以获取额外的现金流量，可以访问 Wish 的最新销售趋势和产品采购，还可以在应用程序上宣传其服务或商店促销活动。

卖家的产品一旦被选中参与该项目，除了能够实现产品上架并展示于自提实体店中，拉近产品与消费者之间的距离以外，他们的产品还将在 Wish App 中的"Same Day Pickup"（即"当天自提"）的标签页中显示，突出 Wish Local 标识，扩大产品线上线下的曝光度。

值得一提的是，Wish Local 正在成为 Wish 业务中迅速扩张的一部分。目前，全球已经有超过 53 000 家线下合作门店，这个数字还在快速增长。2020 年，全球电商因全球新冠肺炎疫情客观情况而实现爆发式增长，移动跨境电商平台 Wish 也成为受益者之一，已成为世界上最大、发展最快的移动电子商务平台之一，全球约有 1.07 亿名月活用户。

2021 年第一季度，寄往 Wish Local 合作线下门店的订单已经占订单总量的 7.2%，在墨西哥、意大利和西班牙等重点市场，Wish Local 的订单数量分别达到了当地市场订单总量的 39%、30% 和 22%。随着英国、德国和荷兰等国家逐渐放宽居家限制政策，Wish Local 商店在这些国家的订单也出现强劲增长。

4. 兰亭集势

兰亭集势是以技术驱动、大数据为贯穿点，整合供应链生态圈服务的在线 B2C 跨境电商公司。兰亭集势成立于 2007 年，注册资金 300 万美元，总部设在上海。

兰亭集势的目标是为全世界中小零售商提供一个基于互联网的全球整合供应链。通过其创新的商业模式、领先的精准网络营销技术、世界一流的供应链体系，依托包括谷歌、易贝、UPS 在内的全球合作伙伴，它已迅速拥有来自 100 多个国家数以千万计的访问者和以万计的个人消费者与企业客户。

兰亭集势如同一个在线零售大超市，旗下主营网站业务涵盖了服装鞋包、珠宝手表、电子及配件、运动户外、玩具宠物、家居假发、文身美甲、婚纱礼服及配件等近百万种商品。同时，兰亭集势支持遍布全球的 20 多种支付方式，如 PayPal、VISA、EBANX 等。

4.4 C2C

4.4.1 C2C 的基本概念

C2C，指个人对个人的交易形式，是个人与个人之间的电子商务，是消费者对消费者的交易模式，其特点类似于现实商务世界中的"跳蚤市场"。C2C 是消费者个人间的电子商务行为。比如，一个消费者有一台计算机，通过互联网进行交易，把它出售给另外一个消费者，此种交易类型就是 C2C 电子商务。其构成要素除了包括买卖双方外，还包括电子交易平台供应商，类似于现实中的跳蚤市场场地提供者和管理员。

C2C 模式主要是通过电子商务网站为买卖用户双方提供一个在线交易平台，使卖方可以在上面发布待出售物品的信息，而买方可以从中选择进行购买。同时，平台为便于买卖双方交易，提供交易所需的一系列配套服务，如协调市场信息汇集、建立信用评价制度、多种付款方式。

在 C2C 模式中，电子商务网站（电子交易平台供应商）起到了重要的作用。首先，由于网络范围大，买卖双方在网络上漫无目的的搜索是很难发现彼此的，并且也会失去很多的机会。因此，需要一个知名的、受买卖双方信任的供应商提供平台，将买卖双方聚集在一起。其次，电子交易平台提供商往往还扮演监督和管理的职责，负责对买卖双方的诚信进行监督和管理，负责对交易行为进行监控，最大限度地避免欺诈等行为的发生，保障买卖双方的权益。再次，电子交易平台提供商还能够为买卖双方提供技术支持服务，包括：帮助卖方建立个人店铺、发布产品信息、制定定价策略等；帮助买方比较和选择产品及电子支付方式等。正是由于有了这样的技术支持，C2C 的模式才能够在短时间内迅速为广大普通用户所接受。最后，随着 C2C 模式的不断成熟发展，电子交易平台供应商还能够为买卖双方提供保险、借贷等金融类服务，更好地为买卖双方服务。

C2C 网站赢利模式有以下几种。

1. 会员费

会员费就是会员制服务收费，指 C2C 网站为会员提供网上店铺出租、公司认证、产品信息推荐等多种服务组合而收取的费用。由于提供的是多种服务的有效组合，比较适应会员的需求，因此这种模式的收费比较稳定。费用在第一年交纳，第二年到期时需要客户续费，续费后再进行下一年的服务，不续费的会员将恢复为免费会员，不再享受多种服务。

2. 交易提成

交易提成不论什么时候都是 C2C 网站的主要利润来源。因为 C2C 网站是一个交易平台，它为交易双方提供机会，就相当于现实生活中的交易所、大卖场，从交易中收取提成是其市场本性的体现。

3. 广告费

企业将网站上有价值的位置用于放置各类型广告，根据网站流量和网站人群精度标定广告位价格，然后再通过各种形式向客户出售。如果 C2C 网站具有充足的访问量和用户黏性，广告业务会非常大。但是 C2C 网站出于对用户体验的考虑，没有完全开放此业务，只有个别广告位不定期开放。

4. 排名竞价

C2C 网站商品的丰富性决定了购买者搜索行为的频繁性，搜索的大量应用就决定了商品信息在搜索结果中排名的重要性。由此便引出了根据搜索关键字竞价的业务。用户可以为某关键字提出自己认为合适的价格，最终由出价最高者竞得，在有效时间内该用户的商品可获得所竞得的排位。只有卖家认识到竞价能为他们带来潜在的收益，才愿意花钱使用这一方法。

5. 支付收费

支付问题一向都是制约电子商务发展的瓶颈，直到阿里巴巴推出了支付宝才在一定程度上促进了网上在线支付业务的开展。买家可以先把预付款通过网上银行打到支付公司的个人专用账户，待收到卖家发出的货物后，再通知支付公司把货款打入卖家账户，这样买家不用担心收不到货还要付款，卖家也不用担心发了货而收不到款。而支付公司则按成交额的一定比例收取手续费。

4.4.2 C2C 的代表性网站

C2C 网站具有交易成本较低、经营规模不受限制、信息收集便捷、销售范围和销售力度较大等特点。国内常见的 C2C 平台有：淘宝网（集市店，不包含天猫）、易趣网、雅宝网、嘉德在线、大中华拍卖网、易必得拍卖网。

1. 淘宝网

淘宝网现在业务跨越 C2C、B2C 两大部分。淘宝网有 5 亿名左右的注册用户，在线商品总数超过 8 亿件左右，每天有超过 6 千万名的固定访客，是亚太地区比较大的网络零售商圈。

智研咨询发布的《2020—2026 年中国网购产业运营现状及发展前景分析报告》数据显示：2015—2020 年 8 月手机淘宝活跃用户数总体呈上升趋势，2020 年 8 月，手机淘宝活跃用户数为 76 149.7 万人，较 2020 年 1 月增加了 5521.7 万人。2020 年第二季度，手机天猫日均活跃用户数为 994 万人，较 2020 年第一季度增加了 140.5 万人，手机淘宝日均活跃用户数为 31 219.3 万人，较 2020 年第一季度增加了 3651.8 万人。

随着淘宝网规模的扩大和用户数量的增加，淘宝从单一的 C2C 网络集市变成了包括 C2C、团购、分销、拍卖等多种电子商务模式在内的综合性零售商圈，成为我国最大的 C2C 交易网站。淘宝网的业务分类非常细化，如天猫、聚划算、跳蚤街等，就是典型的 B2C 交易网站。淘宝网集市店则是 C2C 交易网站。淘宝网的主要产品有阿里旺旺、淘宝店铺（集市店）、淘宝指数。

阿里旺旺是一种即时通信软件，供网上注册的用户之间通信，是淘宝网官方推荐的沟通工具。淘宝网同时支持用户以网站聊天室的形式通信，淘宝网交易认可阿里旺旺交易聊天内容保存为电子证据。

淘宝店铺指所有淘宝卖家在淘宝网所使用的旺铺或店铺，淘宝旺铺相对普通店铺有更多功能。每个在淘宝网新开的店都是系统默认产生的店铺界面，就是常说的普通店铺。而淘宝旺铺（个性化店铺）服务是由淘宝网提供给淘宝卖家，允许卖家使用淘宝网提供的计算机和网络技术，实现区别于淘宝网一般店铺展现形式的个性化店铺页面展现功能的服务。

淘宝指数，是一款基于淘宝网的免费数据查询平台，可通过输入关键词搜索的方式，查看淘宝市场搜索热点、成交走势、定位消费人群在细分市场的趋势变化的工具。

2. 易贝

易贝算是 C2C 电商模式的鼻祖。易贝拥有 3.8 亿名海外买家客户资源，范围包括欧美等发达国家消费市场和新兴经济体市场。

易贝作为一个全球性的用户交易平台，它开创了 C2C 模式。在易贝上，消费者和卖家所扮演的角色是可以相互转换的，易贝不直接参加商品的买卖，它只是给买卖双方提供一个平台。买卖双方各自在这个平台上进行交流，选择各自满意的商品进行交易，毕竟每个人都想买到物美价廉的东西。一方物品闲置；另一方想买，这样他们就可以在平台上进行协商，互惠互利，易贝就靠着这样的模式吸引越来越多的用户注册易贝平台。

每天都有数以百万的家具、收藏品、计算机、车辆在易贝上被刊登、贩售、卖出。有些物品稀有且珍贵，然而大部分的物品可能只是个满布灰尘、看起来毫不起眼的小玩意。这些物品常被他人忽略，但如果能在全球性的大市场上贩售，那么其售价就有可能水涨船高。只要物品不违反法律或不在易贝的禁止贩售清单之内，即可在易贝刊登贩售。服务及虚拟物品也在可贩售物品的范围内。

目前，易贝是全世界的网上购物胜地之一，也是美国访问量第二的电商网站。易贝推翻了以往那种规模较小的跳蚤市场，将买家与卖家聚在一起，创造了一个永不休息的市场。

3. 易必得拍卖网

易必得是上海的一家电子商务网站，主营拍卖业务，网站商品都是新品，有精品拍卖、低价拍卖和集体议价竞拍。易必得推出的是 C2C 业务收费服务，其收费服务呈现两个重要特征：一是交易的真实性，采用提交身份证复印件或交纳一定数额保证金的会员制，提高了个人电子商务的可信度；二是 C2C 业务引入 B2C 交易信用。易必得原来的重点是 B2C，之后转移到 C2C，其将以往会员在网站进行 B2C 拍卖交易的信用记录转化成 C2C 交易中的初始信用度，所以过去诚信交易的个人信用得到了累积。

新的服务带来了新的收费体制，易必得开始将对会员在"跳蚤市场"中提交产品或使用广告位收取一定的费用。它成为国内首家在 C2C 业务中进行收费的网站。

易必得相当于网络销售的二级代理，因为商品都不是网站所有的，它减少了物流和仓储的问题，依靠时髦新品拍卖获得利润。

4.5 M2C

M2C即生产厂家对消费者（manufacturers to consumer），生产厂家直接对消费者提供自己生产的产品或服务的一种商业模式，特点是流通环节减少至一对一，销售成本降低，从而保障了产品品质和售后服务质量。

M2C电子商务营销平台，是以互联网络和地面渠道的优势互补为基础，通过共享各地的终端推广渠道和售后服务网点，达成活化终端、减少商品流通环节，让产品从生产商（manufacturers）直接到消费者（consumers），并由生产商为消费者提供配送服务和售后服务的商业模式。

M2C供销平台、出口易M2C、M2C商城、M2C分销都指的是M2C供销平台，该类平台提供从货源开发、采购、质检、库存管理、仓储管理、订单处理到全球物流配送的一站式服务。

M2C模式建站必须遵循的以下四大标准。

1. 网页审美（website aesthetics）

不以炫目、怪异来引人关注，而是以专业的方式来展示独特的商品信息和服务，符合大众审美，并有艺术感的亮点存在，能在第一时间给潜在客户留下印象。

2. 可用性（usability）

专注于怎样让用户搜索、比较、购买的流程更便捷，获得良好的用户体验。

3. 内容为王（content）

探寻客户的潜在需求，为客户提供最有价值的信息，引导和告知客户怎样去选择和鉴定商品，并且让客户相信这些信息及服务值得让他们购买，提供最具商业价值的网站结构布局。

4. SEO

SEO即网站优化，指正确运用各种设计元素，让搜索引擎更易抓取，提升网站的营销价值。

综上所述，网站建设对于M2C电子商务企业有着举足轻重的作用，是客户了解企业最方便最直观的途径，一个集审美、内容、实用且具营销价值的企业网站，在以用户体验为关注点的电子商务、网络购物的互联网经济中更具有战略意义，B2M企业一定要选择合适的网站建设服务商，量身打造适合自己行业、产品及品牌风格的个性化营销型站点。

M2C主要特点和优势如下。

（1）同样的产品在M2C运营模式下能够给消费者带来更实惠的价格。M2C流通环节少，销售成本低，没有商家与厂家交易的差价，消费者所购买产品的提供者就是生产厂家，故购买商品的价格更低。

（2）消费者可在M2C平台上自定义所需要的产品，满足消费者的DIY欲望，增加产品的附加价值。同时商家还可根据消费者的定制产品对自身产品进行优化，达到双赢的目的。

（3）消费者在 M2C 平台购买产品后，直接享受厂家提供的各项售后服务，缩短了中间的交涉环节，能以最快速度为消费者解决问题，让消费者无后顾之忧。

（4）由于减少了中间销售的环节，厂商研发的最新技术能够快速地呈现给消费者，使消费者更方便快捷地感受到企业创新的魅力。同时，消费者通过售后渠道将自己的使用体验反馈给厂商，也有利于厂商根据市场的需求来研发新的产品，在厂商与消费者之间形成良好的互动。

4.5.1　M2C 的代表性网站

1. 天猫国际

天猫国际（Tmall Global）是阿里巴巴旗下的进口零售平台，致力于为中国消费者提供全球的进口好物、直达海外生活方式，同时也是帮助海外品牌直接触达中国消费者、建立品牌认知和消费者洞察的首选平台。截至 2021 年 5 月，全球共有 87 个国家和地区的 29 000 多个海外品牌入驻天猫国际，覆盖了 5800 多个品类。入驻天猫国际的商家均具有海外零售资质；销售的商品均原产于或销售于海外，通过国际物流经中国海关正规入关。所有天猫国际入驻商家将为其店铺配备旺旺中文咨询，并提供国内的售后服务，消费者可以像在淘宝购物一样使用支付宝买到海外进口商品。而在物流方面，天猫国际要求商家在 120 小时内完成发货，14 个工作日内到达，并保证物流信息全程可跟踪。

2022 年 5 月 31 日，天猫国际在淘宝的频道页面全新改版上线。最显著的变化是，频道上方新增了"探物""品牌发现号""全球开眼"等周更内容栏目，为用户发掘海外小众尖货，以及更多海外趋势生活方式、小众品牌的故事。为了让消费者海淘最新、最"潮"的国外商品，天猫国际还新上线了"Pick 新品""全球新趋势指数"栏目。在 2022 年"6·18"期间，每天会上线全球首发或限量款新品，并根据用户偏好推荐最值得买的进口好物。海外品牌积极参与"6·18"，共有来自全球 87 个国家和地区的 29 000 多个海外品牌来"赶集"，其中 3000 多个海外新品牌、近百万款进口新品首次参加"6·18"。

2. 洋码头

"洋码头"成立于 2009 年，是中国海外购物平台，满足了中国消费者不出国门就能购买到全球商品的需求。洋码头移动端 App 内拥有首创的"扫货直播"频道；而另一特色频道"聚洋货"，则汇集全球各地知名品牌供应商，提供团购项目，认证商家一站式购物，保证海外商品现货库存，全球物流护航直邮。

为保证海外商品能安全、快速地运送到中国消费者手上，洋码头自建立以来就打造跨境物流体系——贝海国际。洋码头全球化布局已经完成，在海外建成了 10 大国际物流仓储中心（纽约、旧金山、洛杉矶、芝加哥、墨尔本、法兰克福、东京、伦敦、悉尼、巴黎），并且与多家国际航空公司合作实施国际航班包机运输，每周40多条全球班次航线入境，大大缩短了国内用户收到国际包裹的时间。洋码头甚至有自己的转运公司。

在消费不断升级的大背景下，洋码头的新零售战略正全力加速。洋码头通过在全国各地落地可快速复制的、具有丰富购物场景的线下实体体验店，来提升个性化时代更加场景化、多元化的用户体验。目前，洋码头新零售战略已陆续覆盖了社区店、文旅店、超市店等场景。

截至2022年6月，洋码头已经开设6家线下免税直购店，分布于上海、重庆等地，并已逐一开展由点到面、覆盖区域城市的合作路径。随着新零售战略的进一步推进，"线上+线下"的双渠道商业模式将全面释放洋码头沉淀十余年的产品供应链，在满足用户消费需求的同时，为建设新零售超级生态圈赋能。2022年，洋码头在国内第六家线下免税直购店（下称"洋码头星光店"）亮相重庆协信星光广场。洋码头星光店由洋码头与协信集团共同出资联营，是洋码头在国内首次与商业地产联营合作的"形象店"。洋码头星光店实现了洋码头对新零售战略的新设想，通过落地"跨境电商+商业地产"新场景，为行业带来了无限的延展思路。

公开数据显示，自成立至今，洋码头已拥有8万名买手商家，覆盖全球83国，同时拥有1.16亿名忠实用户及5.6亿名的潜在消费人群。同时，洋码头免税新零售"百城千店计划"也在高速布局中，已在重庆、上海等城市开设了5家线下免税直购店。相信未来洋码头在全力推进免税新零售业务发展的同时，将助力更多消费者转变为消费商，实现消费创富。

3. 淘特网

淘特网的前身是淘宝特价网，也称淘宝特价导购网，是一家专业为淘宝客户服务的大型综合网站，是淘宝指定合作网站。目前淘特网本着以服务为标准努力让更多的人得到实惠。

2020年，淘宝特价版作为阿里巴巴旗下主打性价比市场的综合电商购物平台上线，主要通过M2C源头直供模式，直连工厂、产地和品牌，让厂家直接面向消费者，商品实现最短链路流通。淘宝特价版对商品销售深层次产生影响（满足消费者定制与需求），2021年5月20日，"淘宝特价版"正式宣布品牌升级，更名为"淘特"。目前，淘特网正处于平台的扩张期，入驻的商家比较少，处于供不应求的状态，同时也在流量的红利期。

淘特网的M2C模式已成为工厂连接性价比消费者的加速器。数据显示，淘特网在产业端已经吸引了超200万厂商入驻。阿里巴巴2022财年第二季度财报显示，淘特网来自工厂的M2C订单同比增长达到了400%，直连工厂模式已全面开跑。

4.6 其他商业模式

1. M2M

M2M（mobile to mobile）模式，指用户通过移动端获取商家在移动端提供的服务，用户在移动端进行消费、支付和社交，商家在移动端完成经营、收费和管理。M2M 模式的核心就是未来商家、企业对大众提供私人订制且移动的服务。大龙网是数字贸易时代下我国最大的实业互联服务平台、最大的跨境 M2M 全球本土化服务平台。

大龙网成立于 2010 年，全球总部在中国香港，行政总部位于北京，运营和研发基地在重庆，并在多个国家设立有分支机构。

2. B2B2C

B2B2C 是一种新的网络通信销售方式，是英文 business to business to customer 的简称。第一个 B 指广义的卖方商品或服务的供应商（即成品、半成品、材料提供商等），第二个 B 指从事电子商务的企业交易平台，即提供卖方与买方的联系平台，同时提供优质的附加服务，C 指买方。卖方不仅仅是公司，也包括个人，即一种逻辑上买卖关系中的卖方。平台绝非简单的中介，而是提供高附加值服务的渠道机构，拥有客户管理、信息反馈、数据库管理、决策支持等功能的服务平台。买方同样是逻辑上的关系，可以是内部的也可以是外部的。B2B2C 定义包括了现存的 B2C 和 B2B 平台的商业模式，更加综合化，可以提供更优质的服务。

B2B2C 把"供应商→生产商→经销商→消费者"各个产业链紧密连接在一起。整个供应链是一个从创造增值到价值变现的过程，把从生产、分销到终端零售的资源进行全面整合，不仅大大增强了网商的服务能力，更有利于客户获得增加价值的机会。该类型平台将帮助商家直接充当卖方角色，把商家直接推到与消费者面对面的前台，让生产商获得更多的利润，使更多的资金投入技术和产品创新上，最终让广大消费者获益。这是一类新型电子商务模式的网站，它的创新性在于为所有的消费者提供了新的电子交易规则。该类型平台颠覆了传统的电子商务模式，将企业与单个客户的不同需求完全地整合在一个平台上。B2B2C 既省去了当当卓越式 B2C 的库存和物流，又拥有淘宝式 B2B 欠缺的盈利能力。

3. 垂直电子商务

垂直电子商务指在某个行业或细分市场深化运营的电子商务模式，网站旗下商品是同一类型产品，大多为 B2B 或者 B2C 业务。垂直电子商务的优势在于专注和专业，能够提供更加符合人群的特定类型产品，满足某个领域的需求，更容易加深用户信任和印象，利于品牌传播。具有代表性的垂直电子商务平台，如苏宁易购网上商城、唯品会。

苏宁易购网上商城作为全场景苏宁易购线下网络覆盖全国，拥有苏宁广场、苏宁易购广场、家乐福社区中心、苏宁百货、苏宁小店、苏宁零售云、苏宁极物、苏宁红孩子、苏宁体育、苏宁影城、苏宁汽车超市等"一大两小多专"各类创新互联网门店 13 000 多家，稳居国内线下网络前列。苏宁易购线上通过自营、开放和跨平台运营，跻身中国 B2C 行业前列。通过线上线下的融合发展引领零售发展新趋势。苏宁易购的特色服务是正品行货、品质服务、便捷购物、舒适体验。

苏宁易购主要以销售家用电器为主，拥有自己建立的全国一体化的物流配送体系、售后服务体系、客户服务体系，全方位提升为消费者服务的能力。苏宁易购通过在杭州、北京建立物流基地，实现了信息化购物、科技化管理、数字化配送等内容在内的我国第二代家电物流模式并获得成功。

唯品会成立于 2008 年，在中国开创了"名牌折扣＋限时抢购＋正品保障"的创新电商模式，并持续深化为"精选品牌＋深度折扣＋限时抢购"的正品时尚特卖模式，在线销售服饰鞋包、美妆、母婴、居家等各类名品。唯品会每天准点上线数百个正品品牌特卖，通过深度折扣、最高性价比，为用户创造最大的价值。唯品会率先在国内开创了"特卖"这一独特的商业模式，加上其"零库存"的物流管理及与电子商务的无缝对接模式，唯品会得以在短时间内在电子商务领域生根发芽。

在 2021 年，唯品会营业收入达到了 1171 亿元，比 2020 年同比增长了 15%。在各大电商平台都在比拼的活跃用户上，唯品会同样保持了 12% 的同比增长，达到了 9390 万名。也就是说，2020 年的 1 年时间，唯品会活跃用户增长超过了 1100 万名。2021 年，唯品会核心 SVIP 活跃用户同比增长了 50%。值得注意的是，唯品会 SVIP 用户的交易额占据了总交易额的 36% 以上。可以说，唯品会 SVIP 用户是唯品会的消费主力军。

当其他电商平台下沉市场时，唯品会一直在做"正品特卖"；当其他电商平台尝试跨行业时，唯品会还在专注于"正品特卖"。在供应链上，唯品会通过全球超过 2000 名专业买手，只和品牌方或一级经销商直接合作，省掉了中间商环节，大幅降低了供应端的成本。在配送上，唯品会使用顺丰物流来配送快递。为了解决网购的退换货痛点，唯品会还和顺丰推出了上门退换货服务，让消费者在家门口就能完成商品退换。看似"亏本"的买卖，其实收获了消费者的满意度。无论是买手制度，还是上门换货服务，都是唯品会专注于服务的缩影，也是唯品会保持 SVIP 用户高速增长的秘诀。

1. 简述跨境电子商务商业模式的种类。
2. 试描述并比较跨境电子商务商业模式类型 B2B、B2C、C2C 的特点及三者的区别。
3. 简述跨境电子商务不同商业模式对应下现有运营中的代表性平台。

第 5 章 全球速卖通

1. 了解跨境电子商务平台速卖通的平台特色。
2. 理解速卖通的商业模式。
3. 理解速卖通的物流模式。
4. 了解速卖通的平台规则。

全球速卖通建设最新进展

在 2022 年 4 月 19 日召开的阿里巴巴 2022 全球速卖通年度商家峰会上,速卖通公开了战略方向,其最终目标是"做到全球最大的跨境电商平台,做最懂中国商家的跨境平台"。

在峰会上,速卖通俄罗斯国家站负责人刘威表示,在俄罗斯市场会有两类仓,包括海外仓和优选仓,平台将保证这两类仓的时效,争取在俄罗斯的海外仓能够在重点城市实现 3~5 日达,而优选仓能在核心城市做到 7 日达。物流端的保障是今年俄罗斯站的一个核心策略。速卖通俄罗斯站自 2021 年开始发展自己的物流基础设施,并在契诃夫(位于俄罗斯莫斯科州的一个行政区)开设了第一家自己的物流设施,面积达 55 000 平方米。

在 2022 年,速卖通俄罗斯站还计划将喀山、圣彼得堡、叶卡捷琳堡、顿河畔罗斯托夫等城市的自营配送面积增加到 20 万平方米以上。速卖通斥资 60 亿卢布在俄罗斯叶卡捷琳堡建造了一个大型配送中心,于 2022 年 8 月投入运营。速卖通俄罗斯站物流总监格里高利·奥尔洛夫（Grigory Orlov）表示，新配送中心还将作为中俄跨境货物中转站，每天可处理超40吨货物，这将使中国货物的交货时间缩短至7天。除了扩建和打造新配送中心，速卖通俄罗斯站还会免费提升中国商品配送等级。

自2022年1月起，速卖通俄罗斯站开始自动将来自中国的订单从超级经济舱免费升级到经济舱，以消除无法追踪的流通货物，并加快中国货物到俄罗斯的交付速度。在全球供应链受阻的背景下，跨境电商均大范围面临成本上升的压力，速卖通此举无疑在一定程度上减轻了中国卖家的后顾之忧。

速卖通于2010年正式上线，它是阿里巴巴旗下唯一一个面向全球市场打造的B2C跨境电子商务平台，也被称为"国际版淘宝"。其业务覆盖全球230个国家和地区，经营服装鞋帽、3C电子产品、家居食品等22个一级品类，支持世界18种语言站点。2017年，全球买家数首次突破1亿名，是全球第三大英文在线零售网站，我国最大的跨境电商交易平台。目前速卖通是中国最大、全球第三大B2C跨境电商平台。速卖通平台上新兴市场国家消费者比例较大，在俄罗斯、巴西、印度等新兴市场占有巨大的市场份额。

（资料来源：https://baijiahao.baidu.com/s?id=1731228551561865086&wfr=spider&for=pc。）

5.1 速卖通平台特色

速卖通作为一个开放式的B2C跨境电商平台，不同于自营平台，平台经营服装鞋帽、3C电子产品、家居食品、美容美发、汽车配件等20多个一级类目。由于国内轻工业比较发达，平台售卖的商品多为体积小且易于通过航空运输的标准化产品，符合C端消费者小批量多频次的采购需求。只要满足平台要求的卖家都可以申请入驻，平台商品的种类和数量都十分丰富。速卖通覆盖了全球230个国家和地区，交易额排名前五的分别是俄罗斯、美国、西班牙、巴西和法国。速卖通在海外市场的品牌知晓度及影响力非常高，消费者认可度高。例如，其在俄罗斯当地的品牌知晓度达到98%。通过速卖通平台出海，商家可以一键卖向全球，有机会触达海外的1.5亿名巨量用户。

速卖通是阿里系列的平台产品，整个页面操作简单整洁，适合初级卖家上手。速卖通平台上对价格比较敏感，低价策略比较明显。

速卖通利用沉淀在平台上的海量数据，为商家准确分析消费者的购买频次及消费偏好，进行精准营销，更有针对性地服务消费者。

渠道通路是企业沟通和接触客户群体并传递价值主张的一种方式。它在客户认知企业，企业协助客户购买特定产品和服务、提供售后服务等方面扮演着重要的角色。目前的商业模式是关注客户体验，做到线上、线下相结合。速卖通的渠道便是速卖通平台及平台为消费者提供的沟通渠道。

速卖通的核心资源就是跨境电商平台本身，这个平台聚集了买卖双方，通过与菜鸟网络、国际版支付宝深度合作，完善了其服务体系。速卖通的收入主要来自商家的交易佣金，消费者可以免费使用平台。

由于速卖通的跨境电商平台属性，其价值主张是通过其产品和服务来传递的，所以用产品服务体系来表示。速卖通的客户包含两类群体：一是供应链上游的中小企业，二是海外消费者。

速卖通依托我国成熟的制造业，平台主打高性价比商品，很多商品0.99美元包邮。由于近年俄罗斯卢布贬值、巴西国内物价水平高昂等原因，这些商品在此类目标国家受到消费者的广泛好评。为了更加精准地满足海外消费者的需求，目前，速卖通在俄罗斯、西班牙还与当地的品牌商合作，推出部分自营业务。不过，未来平台依旧会继续扶持中国商家的发展，提升其品牌竞争力，引进当地品牌商的目的是与中国商家的商品形成补充，更好地服务消费者，二者并不是替代竞争关系。

平台主推国际版支付宝，卖家在注册平台时只要绑定支付宝账户，就可以进行后续交易的一切支付活动。如果买家使用美元进行支付，卖家直接提现的话，银行每笔会收取15美元的手续费，货款以美元的形式直接进入卖家的银行账户中；如果卖家绑定了企业或法人支付宝账户，便可以通过国际版支付宝进行结汇，美元会由国际版支付宝按照当日汇率转换为人民币，打到卖家的支付宝账户中，美元结汇正常5个工作日到账，不收取手续费，美元结汇单次上限限额为20万元。虽然开通美元结汇可以节省手续费，但是由于跨境商品物流运输、通关的时间较长，从买家支付资金到卖家收到资金存在较长的时间差，如果人民币汇率波动剧烈就可能产生汇率风险，给卖家造成一定的经济损失。

针对不同地区消费者支付习惯的不同，速卖通因地制宜，在支付方式上实行本土化策略。在印度提供"印度版支付宝"Paytm进行支付；在俄罗斯提供Qiwi Wallet和Web Money进行支付；在欧美地区提供PayPal进行支付。PayPal是一家成立于美国的第三方在线支付平台，在全球的用户超过两亿，具有非常大的国际影响力，引进PayPal进行支付不仅增加了消费者对平台的信任，也提升了速卖通的品牌影响力。同时速卖通也与世界各大银行合作，速卖通上的消费也可以通过信用卡进行支付，包括VISA、MasterCard等。支付环节至关重要，如果当买家在选好商品准备付款时，需要绑定陌生的银行卡，经过一系列不熟悉的操作步骤才能下单，会大大增加消费者的不信任感，多元化、本土化的支付选择使得消费者获得更多的方便，同时也提高了下单率。

5.2 物流模式

速卖通联合菜鸟网络和国际上优质的第三方物流企业为商家和消费者提供高效的跨境物

流服务。一方面,速卖通与 UPS、DHL 等国际知名物流企业积极展开合作,满足平台消费者对于时效要求较高的商品的运输;另一方面,速卖通与同为阿里巴巴旗下的菜鸟网络展开深度合作,开辟出具有特色的物流服务体系,包括无忧物流、海外仓和专线物流,如图 5-1 所示。

图 5-1　速卖通物流服务

资料来源:速卖通官网。

5.2.1　无忧物流

无忧物流是菜鸟网络推出的优质物流服务,为速卖通商家提供一站式的物流解决方案,如图 5-2 所示。无忧物流最大的特点就是方便有保障,对于在揽收区域内的商家来说,可以享受上门揽收服务,而且遇到因物流导致的丢件、少件、破损等情况,商家还可以享受相应的赔偿。无忧物流按照运输范围、赔付标准的不同可以分为无忧简易、无忧标准、无忧自提和无忧优先 4 种。无忧简易的运送范围仅在俄罗斯、西班牙、乌克兰等国家;无忧标准支持全球 254 个国家和地区的运输服务;无忧自提由于需要在当地建立自提柜,对于基础设施的要求较高;无忧优先属于快速类物流,对时效的要求较高,所以仅为全球 176 个国家和地区的消费者提供服务。无忧物流 4 种方式的赔付标准由低到高依次为无忧简易、无忧自提、无忧标准、无忧优先。

图 5-2　速卖通跨境直发物流

资料来源:速卖通官网。

5.2.2 海外仓

为了帮助消费者获得更好的购物体验，缩短跨境物流运输时间，提升物流的运输效率，速卖通在2015年推出海外仓服务。海外仓是商家通过传统运输方式提前把货物运送到目的国的仓库，后期消费者下单，海外仓的物流工作人员就直接可以通过国内物流将货物运送至消费者手中，大大提升了货物运输的效率。同时，如果货物有任何质量问题需要退货或换货，不必将货物运送至母国，在目的国即可完成一整套的售后服务（图5-3）。海外仓最大的特点就是能够保障物流时效并且解决售后服务问题，给消费者提供了与国内网购同样高水平的服务。

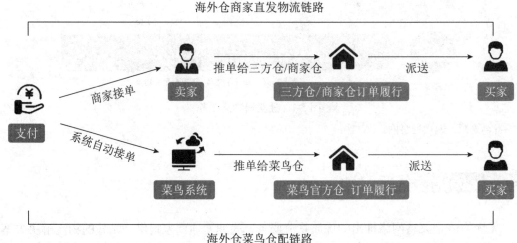

图 5-3 速卖通海外仓物流链路

资料来源：速卖通官网。

目前，速卖通已经在美国、俄罗斯、英国、智利等13个国家开通了海外仓服务，在越南、匈牙利、波兰等8个国家针对部分商品开通了海外仓服务。对于加入海外仓的商家，速卖通平台还会提供相关资源倾斜。例如，俄罗斯海外仓的商家可以参加海外仓专属主题活动，通过海外仓专区活动曝光，可以为自己的店铺引流，有利于商家打造"爆品"。如果商家的海外仓商品达到了速卖通平台设置的相关标准（如物流纠纷率低于海外仓平均水平），平台还会对商品进行"打标"，即在商品主页标注"Domestic Delivery"。一方面表明购买此类商品的消费者可以获得更优质的物流服务；另一方面有利于增加商家的品牌竞争力和影响力，这对于想要深耕某一市场的商家来说是十分有利的。在2019年的"双十一"购物节中，货物数量暴增，速卖通联合平台商家通过预售活动、大数据测算工具，充分利用海外仓的优势，让消费者体验到了"小时级"的物流速度，海外仓的物流服务能力完全可以与国内物流服务能力相媲美。

5.2.3 专线物流

速卖通主要的业务是面向美国、俄罗斯、巴西等国家，平台商家对这些国家的出货量比较大。速卖通整合相关资源，推出专线物流服务，通过扩大规模来降低成本，实现规模经济。专线物流是速卖通联合不同目的国优质的物流企业搭建的一个物流平台，完成物流的本地配送服务。专线物流与无忧物流的运作流程大体相似，都是卖家完成国内段头程运输，将货物送至就近的物流仓库，然后仓库进行智能匹配，选择合适的物流运输路线，将货物运抵至目的国消费者手中。速卖通针对俄罗斯的消费者推出了燕文航空专线物流服务，该专线最大的特点就是通关便利，通常25天商品就可以到达消费者的手中。在"一带一路"倡议背景下，中俄双边关系不断加强，中国通过跨境电商平台出口的商品通关更加便利，大大提高了整体物流环节的效率。未来速卖通将会与更多物流伙伴合作，推出更多的服务有质量、时效有保障的物流专线，更好地满足消费者的需求。

菜鸟网络作为速卖通的最重要物流服务商，提供线上发货、线上生成物流单号、运费在平台直接扣除等便捷服务。其为中国发货的商家提供4个等级的物流线路，包括经济类线路、简易类线路、标准性线路和快速类线路，具体情况如图5-4所示。

物流等级	说明	物流商情况	适合商品	适用国家	平均妥投时效（因国家/地区而异，特殊时期除外）
经济	物流运费低，时效较慢，货物仅到达目的国有物流信息	经济类线路为菜鸟无忧物流，部分特殊类目可以使用线下其他物流服务商	5美元以下的轻小件商品	菜鸟线路仅支持物流政策规定的国家可用；其他部分国家（特殊类目）可使用线下线路	45~60天
简易	相对经济类线路，简易型线路可查询包含妥投或买家签收在内的关键环节物流追踪信息，且时效比经济型物流略快	简易类线路全部由菜鸟网络提供	5美元以下的轻小件商品	俄罗斯、西班牙、智利、白俄罗斯、乌克兰	20~45天
标准	物流成本适中，时效较快，全程物流追踪信息可查询	标准类线路绝大部分由菜鸟网络提供，部分由其他线下物流服务商提供	5美元以上的中等货值商品	菜鸟线路仅支持物流政策规定的国家可用；其他部分国家（特殊类目）可使用线下线路	10~35天
快速	包含商业快递、专线、邮政速递提供的快递服务，时效快，全程物流追踪信息可查询	快速类线路的无忧优先是菜鸟网络提供，其他由线下物流服务商提供	高货值商品	全平台所有国家可用	7~30天

图5-4 物流等级分类

资料来源：速卖通官网。

菜鸟网络、第三方物流、商家自定义物流类型对比，如图5-5所示，商家可根据自身实际情况酌情选择物流方案（表5-1）。

物流类型	价格	服务保障	运费结算方式	消费者差评处理	消费者NR处理
菜鸟无忧线路	线上报价，价格透明，没有任何隐性成本	平台官方物流商，风险低；卖家因物流服务不满意可在速卖通平台线上诉讼	商家可用速卖通收款账号与菜鸟网络结算运费	因物流原因导致的纠纷、DSR低分不计入卖家账号考核	物流原因导致的纠纷退款由平台承担
菜鸟非无忧线路	线上报价，价格透明，没有任何隐性成本	平台官方物流商，风险低；卖家因物流服务不满意可在速卖通平台线上诉讼	商家可用速卖通收款账号与菜鸟网络结算运费	因物流原因导致的纠纷、DSR低分不计入卖家账号考核	无特殊政策
第三方物流线路	需商家线下和物流商谈	速卖通推荐的物流商，风险比较可控；买家对物流服务不满意需和物流商线下沟通	商家和物流商线下结算运费	无特殊政策	无特殊政策
商家自定义物流线路	需商家线下和物流商谈	需商家自行甄别优质物流商，风险不可控；买家对物流服务不满意需和物流商线下沟通	商家和物流商线下结算运费	无特殊政策	无特殊政策

图 5-5　物流类型对比

资料来源：速卖通官网。

表 5-1　速卖通物流提速方案

物流提速方案	简　介	适合商品	商家权益	消费者权益	对商家的要求
西法十日达	从中国发货到西班牙/法国，无忧标准线路可在10天内送达	5~20美元的商品	1. 零成本下的物流升级提速；2. 消费者购买全链路透标，流量大幅提升	零成本下的物流提速	72小时物流上网
"满升级"合单	同一消费者在不同店铺购买的经济物流商品，由菜鸟合包并用标准线路发出	5美元以下的轻小件	1. 零成本下的物流升级提速；2. 消费者购买全链路透标，流量大幅提升	1. 零成本下的物流升级提速；2. 包裹一次性签收	72小时物流上网
海外仓	商家将货备到海外合进行履单，大幅缩短支付妥投时效	20美元以上的重（抛）物	1. 平台补贴运费；2. 前台流量加权；3. 物流售后保障	零成本下的物流提速	把货备到海外仓

1. 跨境西法十日达

为提升消费者购物的物流体验并促进回购，速卖通联合菜鸟网络推出"跨境西法十日达"计划，首期针对西班牙、法国推出。针对报名参与"跨境西法十日达"项目的商家系统将自动圈中其店铺中历史发货记录优秀的跨境直发商品，提供给买家前台透标、额外流量曝光等权益，菜鸟网络免费提升无忧标准线路物流时效（支付到送达10个工作日，具体以商品详情页展示的预计送达时效为准）。

2. 跨境"满升级"合单

"满升级"合单计划是由速卖通联合菜鸟网络推出的确定性物流升级服务，买家可跨店铺购买多个合单商品后，在满足合单门槛的情况下，买卖双方均无须支付额外物流费用即可免费享受平邮渠道（经济、简易线路）升级至挂号渠道的物流服务。实现缩短物流派送时效，减少丢包问题，提升买家购物及物流体验。

3. 跨境海外仓

1）菜鸟官方仓

菜鸟官方海外仓服务是速卖通及菜鸟网络联合海外仓优势仓储资源及本地配送资源共同推出的速卖通官方配套物流服务，专为速卖通商家提供海外仓仓储管理、仓发、本地配送、物流纠纷处理、售后赔付等一站式物流解决方案。其中，结合欧洲当地优质仓配资源，可以实现欧洲他国至本国"三日达"，极大地提升了消费者的购买体验，有效地帮助卖家提升店铺销量。

2）三方仓/商家仓

除了菜鸟官方海外仓之外，速卖通也鼓励商家把货备到海外三方仓/商家仓并自行选择优质线路把货发给消费者。商家使用三方仓/商家仓且开通"承诺达"服务，通过"承诺达"考核后即可上标"X 日达"，享有"X 日达"所带来的全部权益，包含搜索扶持、全链路透标和营销流量扶持。

5.3 速卖通商业模式

平台型商业模式具有典型的双边市场特征，其目标客户既包括入驻平台的卖家，也包括在平台消费的买家。平台一方面为商家提供了直接接触终端消费者的渠道，另一方面为消费者提供了便捷的购物渠道。平台存在的意义在于降低买卖双方的交易成本，吸引双方在平台上进行交易。

作为我国最大的跨境 B2C 电商平台，速卖通平台的卖家多来自我国长江三角洲、珠江三角洲地区，如广东、深圳、温州、义乌等地区。随着速卖通国际布局的深入，速卖通利用其在国内拥有的优势资源，同时也为了提高平台商品的质量，增强商品的品牌竞争力，速卖通开始引入天猫系卖家，将天猫平台上的优质商家引入速卖通，不仅丰富了商品的品类，提升消费者的购物体验，也推进了速卖通品牌国际化的进程。速卖通的定位属于 B2C 跨境电子商务平台，B2C 跨境电商商业模式的优势就是可以帮助中小卖家直接接触海外买家。为了提高买卖双方沟通的效率，买卖双方除了可以用传统邮件、微软网络服务（Micrsoft Service Network，MSN）等方式传递信息，平台还特意开发了即时通信软件"麦通"（Trade Message），其提供 18 种语言翻译，交易和磋商环节都在同一平台上进行，在提升效率的同时也增加了用户黏性。

不同于传统的商业模式，速卖通旨在建立一个以跨境电商平台为中心的生态系统，整合产业链上下游的交易服务商，将供应商和消费者连接起来，进而实现其价值创造。速卖通作为一个开放的第三方平台，其赢利主要来自对卖方收取的佣金和广告费。相对于卖方而言，买方的选择更多，其价格弹性也较大，而且只有平台聚集了一定数量的买方，卖方看到其商业价值才愿意作为"补贴方"入驻平台，而买方作为"被补贴方"可以免费使用平台。佣金是平台最主要的收入来源，按照商品品类的不同，通常一笔交易的佣金在5%~8%不等，电话通信、家具类佣金一般为5%，美容保健、服装服饰类佣金一般为8%。

不同于传统的广告营销方式，速卖通提供的广告服务效果可以通过大数据工具直接查看，广告费用也与成交量挂钩。速卖通的广告费收入主要来自于直通车服务和联盟服务。直通车服务利用站内流量帮助商家引流，即消费者进入速卖通平台后，商家使用直通车服务，其商品将会被优先推送给消费者，适合想要打造爆款的商家，为了增加交易的成交率，直通车按照点击量收费，即消费者每查看一次商品就需要收一次费用，创新了收费模式。联盟服务是帮助商家获得站外流量，优势在于无上限，联盟会持续拓展各种海外渠道，按照订单量进行付费，即推广后每成交一次支付一次使用联盟的佣金，提升了商品的转化率。

年费是平台最基本的收入，但是此项收入并不是为了赢利，主要是为了淘汰一些劣质商家，防止商家在其他同类型平台上开店，因为当商家进入平台的转换成本很低时，商家便不能专心经营某一平台的店铺，影响其服务质量。2018年，速卖通对销售额达到一定规模的商家实行"年费返还"，"年费返还"包括两部分：一部分是退还年费，即商家没有使用平台月份的年费；另一部分是奖励年费，奖励年销售额达标的商家，最高返还可达100%，以此来鼓励商家销售。近年来，速卖通的年费返还标准越来越低。2020年年初，平台进一步扩大开放，为了增加平台商家入驻的数量，丰富平台商品品类，速卖通决定启动新的招商规则，取消年费销售额考核制度，引入保证金制度，当卖家退出经营且不存在成交不卖、虚假发货、知识产权侵权等违规行为时，保证金将会被全额释放，也就是说无论是使用平台的商家还是消费者，都不需要交纳任何平台使用费。

对于在北京时间2019年11月27日后申请入驻的新商家，商家无须向平台交纳年费，仅按照新的招商规则提供保证金即可，保证金同样按照店铺入驻的经营大类收取，对于在2019年11月27日之前入驻的商家于2020年1月1日正式启动保证金制度。保证金的范围从1~5万元不等，一般来说，商品单价越高则收取的保证金也越高。

5.4 平台规则

5.4.1 知识产权规则

速卖通平台不断加强对知识产权的保护，对平台商品展开随机抽查，若发现有侵犯知识产权的商品，该商品会面临被下架的风险。同时在速卖通的招商规则中明确表明，对于发生严重侵权行为的商家，平台发现3次便会关闭其账号，对于其他未经权利人许可使用他人商标的一般侵权行为，每被平台发现一次扣6分，累计满48分则会被关闭账号。

目前速卖通也在积极地进行转型，鼓励品牌商家入驻，并在平台上设立品牌专区，提供资源扶持。

处罚规则：如果卖家发生侵权，要分具体情况进行处罚。

（1）商标侵权。比如，随意销售国际大牌，尤其是迪士尼、宝可梦等品牌，包括其设计图案、动漫形象都属于侵权。这种类型的侵权行为一般都按次计数，所以后果比较严重。

（2）图像著作权侵权。一般前几次触发不会被扣分，平台会给出警告。若跟卖的产品明显有独特的个人设计风格，很可能触发此类侵权。

（3）专利侵权。一般一些家电、成人用品会涉及该侵权行为，它们不了解这个行业，盲目采集商品，容易触发专利侵权。

5.4.2 禁限售规则

禁售产品：指因涉嫌违法、违背社会道德或违背平台发展原则等原因，而禁止发布和交易的产品。

限售产品：指信息发布前需要取得商品销售的前置审批、凭证经营或授权经营等许可证明，否则不允许发布的产品。

需要重视以下这些禁售、限售产品：毒品、枪支、军警用品、各类药品、超长刀具、汽车安全气囊、音像制品、钱币、香烟、邮票、间谍用品、酒类、赌博用品、机票及航空制服、卫星接收设备、医学美容仪器、管制刀具等。

除了禁售产品外，卖家还需要了解限售产品，如电子烟等。有的限售产品无论是否涉及品牌，都需要经过前置审批才能发布。一旦未经审批发布，店铺会面临处罚。

5.4.3 营销规则

卖家在速卖通平台的交易情况需满足以下条件，才有权申请加入平台组织的促销活动［如"双十一"、俄罗斯爆品团、闪购（flash deals，FD）］等。

（1）有交易记录的卖家及商品，需满足如下条件：店铺好评率≥92%；店铺里商品的店铺动态评分（detail seller rating，DSR）描述分≥4.5；店铺货不对版纠纷率≤8%；店铺7天上网率＜60%将被限制进入平台各类活动会场；速卖通平台对特定促销活动设定的其他条件（如包邮国家）。

（2）无交易记录的卖家：由速卖通平台根据实际活动需求和商品特征制定具体卖家准入标准，如各大促销活动的新品招商。

1. 商品发布数量的实施细则

为了保障买家高效购买的体验，速卖通以有限的资源最大限度满足卖家经营的需求，所以对卖家发布商品的数量进行限制。

速卖通根据数据统计和运营经验，对不同类目、等级的卖家设置了不同的可发布商品数量。具体如下。

（1）无类目、行业的特殊规定，商家的商品发布数量限制3000条内，店铺经营表现获得评估后商家方可提升商品发布数量。

（2）接发与发套行业对产品发布上限要求：金银牌店铺发品数量上限300条，普通店铺上限200条。

（3）男装–上衣，T恤–T恤类目对产品发布上限要求：发品数量上限1000条。

如果商品发布数量超过限制数量，速卖通将下架超限商品。下架商品是按货品上架时间来确定，最后上架的所超数量的商品将最先下架。

2. 商品发布规则

1）类目

根据商品品类范畴选择类目。

2）标题

标题必含内容：核心词（提升相关性）+属性词（影响排名和精准流量）+流量词（引流）。

标题通用公式：核心词1（精准）+属性词+核心词2（相似）+属性词+核心词3（热门）+属性词/流量词。

标题内容与建议如下。

- 核心词，热搜属性，亮点放至标题前半部分。
- 同质化产品标题设置以长尾词为主。
- 个性化产品标题设置以核心词引流。
- 每个单词的首字母要大写。
- 数量尽量用阿拉伯数字。比如，尽量使用3而不是Three。
- 单位用单词表达，而不用符号。比如，表达英寸时用inch而不是符号。
- 只写与标题相关的信息，避免写无用信息。
- 促销信息，尽量排除产品库存量和产品无关的信息。
- 避免使用无搜索热度的营销词：Free Dhipping，New Arrival，Sale，Best Seller，Great Deal，Hot Item等。
- 不要包含一些卖家自己才知道的信息，如产品编号等。

- 128字符全填满，可以获得更多搜索流量。
- 避免表面单词拼写错误。

3）主图与辅图

（1）主图建议如下。

- 纯白色背景，可适当加镜像或阴影做卖点突出或质感升级，与同行差异化。
- 主图不要出现容易引起买家误会的赠品或者配件照片。
- 结合手机端买家体验，产品在图像中的比例最好在85%左右。
- 不同的产品用不同的场景去衬托（而不是所有产品都要使用白底，除报活动外）。
- 必须要进行后期处理，凸显产品的质感，提高点击率。
- 主图中展示的产品最好要使用完整全局图，避免显示不全或后期处理后出现缺陷。
- 背景色与产品颜色要有反差，形成对比。
- 多备用创意图，进行微调测试。

（2）辅图建议如下。

- 辅图会直接影响无线端的转化率，尽量与主图风格一致。
- 辅图中要注明产品功能、场景、配件、服务优势（海外仓库退货，海外仓库交货等）、客户的问答或评价，如尺寸、颜色差异、尺寸图表/尺寸对等，来增强卖点。

4）营销图

（1）1∶1白底图基本规范如下。

- 图像背景纯白色/全透明。
- 尺寸不小于800px×800px。
- 允许表达多SKU、套装、配件等产品属性信息，需保证产品主体清晰可识别。
- 不允许出现品牌商标、水印、任何形式的边框及促销"牛皮癣"等信息。
- 不允许出现敏感类目、违禁商品、政治敏感、宗教敏感等产品信息。

（2）3∶4场景图基本规范如下。

- 图像背景纯色或实拍图。
- 尺寸不小于750px×1000px。
- 允许背景为实物场景、模特演示，用于辅助说明商品的使用方式、使用效果、使用场景、品牌调性等。
- 允许表达多SKU、套装、配件等产品属性信息，需保证产品主体清晰可识别。
- 不允许出现品牌商标、水印、任何形式的边框及促销"牛皮癣"等信息。
- 不允许出现敏感类目、违禁商品、政治敏感、宗教敏感等产品信息。

5）视频

- 建议视频画面比例为1∶1、3∶4、9∶16，时长30秒内，大小2GB内。
- 内容包含商品主题，非PPT，无黑边、无水印、无中文等。

6）属性
- 产品属性关乎商品在搜索和推荐中的曝光。
- 热搜及热销属性。

7）定价及库存
- 成本（产品成本＋物流成本＋佣金）＋预期利润＝价格。
- 可以参考竞争对手和类似产品的价格区间。
- 要为后续营销成本留下价格空间。
- 活用 9.98 VS 10 法则。

8）详情页

（1）详情页结构布局内容如下。
- 店铺公告。
- 相关营销。
- 产品介绍（图文并茂）。
- 产品尺寸。
- 产品的真实拍摄。
- 产品细节。
- 产品（或尺寸图）的建议测量方法。
- 客户反馈。
- 物流优势和实效评估。
- 产品包装。
- 购物流程。
- 付款方式。
- 退款政策。
- 维修/维护方式。
- 品牌故事。

（2）详情页设计原则如下。
- 主图、标题和详情页页面必须相互匹配。
- 设计前做好市场调研，分析客户的消费能力、消费偏好和需求痛点。
- 给产品一个明确的定位，并针对相应的消费者群体设计详情页。
- 充分挖掘产品卖点。

9）包装及物流
物流模板。

3. 速卖通产品上新的展示规则

速卖通产品上新时，会有专门的展示位置，一般有如下 3 个位置。

1）搜索引擎或者类目搜索的新品版块

新品版块（new arrivals）：近7天内新发布的产品（不包括产品下架后又上架的、编辑后再发布的），通过审核的24小时后，会展示在新品版块。

2）搜索引擎或者类目搜索的最新排序

按最新排序（sort by newest）：这个是按照产品发布的时间来看的，就是最新发布的是排在前面的。

3）每个店铺买家页面的新品版块

近7天内发布的产品（不包括产品下架后又上架的、编辑后再发布的），通过审核24小时之后，会展示在新品版块。

4. 商品发布常见错误

（1）没有具体的联系方式。根据速卖通的条款和规则，不能在描述或图像上留下任何联系方式。此外，卖家也不能在速卖通的网页上留下包括网址在内的任何链接。然而，卖家仍然可以在信息中心或阿里旺旺留下联系方式，以便与买家沟通。

（2）错误的分类。一些卖家会把他们的产品放在错误的类别中，以便在他们的网上商店获得更多的流量或销售。例如，卖家把手机配件放在包和支架的类别下，这可能会增加更多的流量，因为手机配件的价格要比包和支架低得多。如果买家用价格为基础从低到高筛选，那么手机配件可能排在最前面。如果卖家这么做，速卖通将会对其进行惩罚，因为这会影响到顾客的购买体验和消费率。

（3）错误的产品属性描述。例如，卖家出售一件U领T恤，但在出售前产品属性选择成V领T恤了。因为它的属性描述错误，速卖通是不允许发布的。这里有一些如何避免上传错误的产品属性描述的建议。首先，卖家应该把注意力集中在他们销售的产品的每一个细节上，包括物理属性和市场属性、颜色、尺寸和材料。其次，他们还需要对相关类别有一个清晰的了解。

（4）堆砌关键词。有些卖家总是把很多关键词放在一起，以便在搜索引擎上获得更高的排名，甚至这些关键词的含义都是相同的。一旦被系统发现，速卖通会立即惩罚这些卖家。此外，那些具有单数和复数形式的关键词，实际上在速卖通系统中变成了相同的词语。因此，不管是单数还是复数，卖家只会将其中一个关键词放在主题上。

（5）错误的主题描述。卖家上传的产品图像与主题描述不一样，就会误导买家去错误的网页，卖家如果这样做了就会被速卖通处罚。商品主题是吸引客户打开产品页面的关键因素，为了避免在描述主题时出现错误，销售者应该尝试用一个简单、完整的句子来描述主题，包括它的产品属性。例如，卖假发的人需要把注意力集中在假发的颜色、原材料、头发长度等方面，在句子的末尾再加上"假发"这个关键词。

5. 速卖通评价规则

（1）所有卖家全部发货的订单，在交易结束30天内买卖双方均可评价。

（2）对于信用评价，买家评价即生效，若双方都未给出评价，则该订单不会有任何记录。

（3）商品/商家好评率（positive feedback ratings）和商家信用积分（feedback score）的计算方法如下。

①相同买家在同一个自然旬（自然旬即为每月1—10日，11—20日，21—31日）内对同一个卖家只做出一个评价的，该买家订单的评价星级则为当笔评价的星级（自然旬统计的是美国时间）。

②相同买家在同一个自然旬内对同一个卖家做出多个评价，按照评价类型（好评、中评、差评）分别汇总计算，即好中差评数都只各计一次（包括1个订单里有多个产品的情况）。

③在卖家分项评分中，同一买家在一个自然旬内对同一卖家的商品描述的准确性、沟通质量及回应速度、物品运送时间合理性三项中某一项的多次评分只算一个，该买家在该自然旬对某一项的评分计算方法如下：平均评分=买家对该分项评分总和/评价次数（四舍五入）。

④以下3种情况不论买家留差评或好评，仅展示留评内容，都不计算好评率及评价积分：成交金额低于5美元的订单（成交金额明确为买家支付金额减去售中的退款金额，不包括售后退款情况）；买家提起未收到货纠纷，或纠纷中包含退货情况，且买家在纠纷上升到仲裁前未主动取消；运费补差价、赠品、定金、结账专用链、预售品等特殊商品的评价。除以上情况之外的评价，都会正常计算商品/商家好评率和商家信用积分。不论订单金额，都统一为：好评+1，中评0，差评–1。

卖家所得到的信用评价积分决定了卖家店铺的信用等级标志，具体标志及对应的积分如下：评价档案，包括近期评价摘要（会员公司名、近6个月好评率、近6个月评价数量、信用度和会员起始日期），评价历史（过去1个月、3个月、6个月、12个月及历史累计的时间跨度内的好评率、中评率、差评率、评价数量和平均星级等指标）和评价记录（会员得到的所有评价记录、给出的所有评价记录及在指定时间段内的指定评价记录）；好评率=6个月内好评数量/（6个月内好评数量+6个月内差评数量）；差评率=6个月内差评数量/（6个月内好评数量+6个月内差评数量）；平均星级=所有评价的星级总分/评价数量；卖家分项评分中各单项平均评分=买家对该分项评分总和/评价次数（四舍五入）。

⑤对于信用评价，买卖双方可以针对自己收到的差评进行回复解释。

⑥速卖通有权删除评价内容中包括人身攻击或其他不适当言论的评价。若买家信用评价被删除，则对应的卖家分项评分也随之被删除。

⑦速卖通有保留变更信用评价体系（包括评价方法、评价率计算方法、各种评价率等）的权利。

事实上，速卖通的评分机制与淘宝门店类似，即综合评分、服务评分、产品评分和物流评分。提高分数并不难，只要卖家把以上几点做好，就更容易得到高分。

6. 限制操作规则

限制操作规则如下。

（1）在交易过程中，严禁卖方通过诱使买方违反相关规定，获得任何不正当的利润。

①卖家在发布商品时，标题、图像与描述必须与实际商品的属性相符，而不能作假、不一致，标题、图像、描述不一致会影响买家的购物体验，对买家产生误导，从而影响平台的安全性与公平性。

②禁止滥用关键词指在商品的标题或描述中使用了与商品属性不相符或没有直接关联的关键词"牛头不对马嘴"，在商品的标题、关键词、简要描述、详细描述等处设置与商品本身不相关的品牌名称和描述用语，这是平台不允许的。

③将商品发布在不合适的类目中或设置错误的属性会影响网站产品类目列表的准确性，进而影响到买家的购物体验；同时，也会影响其余正确设置类目属性的商品的曝光率，破坏公平原则。

（2）严禁卖方通过发布和提供任何伪造、服务或物流信息获得任何不正当的利润。

（3）以前的账户因违规而关闭后，不允许卖家重新注册卖家账户。

（4）如果卖家以前的账户因违规而被关闭，则严禁卖家直接或间接使用、管理任何其他账户，从其他方面获得不正当的利润。

5.5 售后退换货管理

速卖通的售后退换货管理规则如下。

（1）卖家发货并填写发货通知后，买家如果没有收到货物或对收到的货物不满意，可以在卖家全部发货5天后申请退款（若卖家设置的限时达时间小于5天则买家可以在卖家全部发货后立即申请退款），买家提交退款申请时纠纷即生成。

（2）当买家提交或修改纠纷后，卖家必须在5天内"接受"或"拒绝"买家的退款申请，否则订单将根据买家提出的退款金额执行。

（3）如果买卖双方协商达成一致，则按照双方达成的退款协议进行操作；如果无法达成一致，则提交至速卖通进行裁决。

①买家可以在卖家拒绝退款申请后提交至速卖通进行裁决。

②若买家第一次提起退款申请后15天内未能与卖家协商致达成退款协议，买家也未取消纠纷，第16天系统会自动提交速卖通进行纠纷裁决。

③若实家提起的退款申请原因是"货物在途"则系统会根据限时达时间自动提交速卖通进行裁决。

（4）对于纠纷，为提高买家体验和对全球速卖通平台及平台卖家的信心，全球速卖通鼓励卖家积极与买家协商，尽早达成协议，尽量减少全球速卖通的介入；如果纠纷提交至速卖通，速卖通会根据双方提供的证据进行一次性裁决；并且，如果速卖通发现卖家有违规行为，会同时对卖家给予处罚。

（5）纠纷提交速卖通进行纠纷裁决后的 2 个工作日内，速卖通会介入处理。

（6）若买卖双方达成退款协议且买家同意退货的，买家应在达成退款协议后 10 天内完成退货发货并填写发货通知，全球速卖通将按以下情形处理。

①买家未在 10 天内填写发货通知，则结束退款流程并交易完成。

②买家在 10 天内填写发货通知且卖家 30 天内确认收货，速卖通根据退款协议执行。

③买家在 10 天内填写发货通知，30 天内卖家未确认收货且卖家未提出纠纷的，速卖通根据退款协议执行。

④在买家退货并填写退货信息后的 30 天内，若卖家未收到退货或收到的货物货不对版，卖家也可以提交到速卖通进行纠纷裁决。

无忧退货（free return）是阿里巴巴联合保险机构为速卖通平台商家推出的全线上保险服务，旨在解决跨境商家因物流问题无法提供本地退货的问题，通过提供买家国本地仓为退货地址，实现商品本地免费退，提升买家购买体验，降低商家售后成本。

参加无忧退货保障计划的商家和产品均有"Free Return"服务标识，当买家购买带有该服务标识的商品时，易贝为买家提供收货后 15 天的无理由本地退货服务。

无忧退货参与范围，如表 5-2 所示。无忧退货收费标准，如表 5-3 所示。

表 5-2 无忧退货保障计划参与范围

参与内容	具体信息
覆盖商家	自主报名参加
覆盖类目	定制类、贴身内衣类、食品类、成人用品、虚拟类、二手商品等除外
覆盖国家（*后为新增国家）	俄罗斯、美国、西班牙、法国、巴西、荷兰、以色列、波兰、英国、韩国、德国、意大利、加拿大、澳大利亚、沙特阿拉伯、阿联酋 *智利、乌克兰、日本、墨西哥、比利时、捷克、瑞士、葡萄牙

表 5-3 无忧退货保障计划收费标准

	收费标准：订单实付金额 × 保费费率	
理赔金额	订单实付金额	不含任何形式的店铺优惠、运费和税费，建议商家设置包邮（即包邮，则运费已参与保障，发生退货则一起赔付）
保费费率	暂按 1.3% 收费	后续将于每个季度根据商家的交易表现调整费率，调整后的费率将于 0.6%~2.6% 区间浮动。具体以速卖通页面显示为准
赔付上限	1000 美元 /6000 元人民币	1000 美元 /6000 元人民币及以下按实际金额进行保障，1000 美元 /6000 元人民币以上按 1000 美元 /6000 元人民币进行保障。投保上限 1000 美元，超过 1000 美元的商品也按 1000 美元投保收费（例如，商家投保商品金额为 2000 美元，保费金额 =1000 美元 × 保费费率）

1. 简述速卖通平台的特色。
2. 简述速卖通物流的 3 种模式。
3. 简述速卖通商业模式的生态系统。
4. 简述速卖通平台上架商品的知识产权保护规则。

案例分析

即测即练

第6章 亚马逊

学习目标

1. 了解跨境电子商务平台亚马逊的平台特色。
2. 理解亚马逊的商业模式。
3. 理解亚马逊的供应链管理模式。
4. 了解亚马逊的平台规则。

导入案例

亚马逊全球发展现状

2021年,亚马逊先后推出了波兰站(3月2日)、埃及站(9月1日)。至此,亚马逊的站点数量达到了20个,包括美国、日本、德国、英国、印度、意大利、法国、加拿大、西班牙、巴西、墨西哥、澳大利亚、土耳其、荷兰、阿联酋、沙特阿拉伯、瑞典、波兰、埃及、新加坡。其中有17个站点对中国卖家开放注册。

根据这20个站点2021年12月的访问量数据显示,美国站的访问量,占其全球20个市场总访问量的近47%。接下来的3个市场:日本、德国和英国流量相当,各占10%左右。其他站点对整体商品总交易额(gross merchandise volume,GMV)的增长贡献甚微。2020—2021两年间各站点的流量变化不大,但流量依旧可观。

英国站卖家和加拿大站卖家的平均流量只有美国站卖家的1/2和1/4。亚马逊全球市场的总销售额连续5年保持增长,2021年总销售额达到4698亿美元,增长超600亿美元,相比 2020 年增长了 22%。经营利润增至 249 亿美元，2020 年为 229 亿美元；净利润增长至 334 亿美元，2020 年为 213 亿美元。这表明亚马逊市场规模仍在不断扩大。其中，以美国为主的北美站销售额 2021 年达到 2798.4 亿美元，仍然是国际站销售额的 2 倍以上。

（资料来源：https://www.amzcfo.com/article/257。）

6.1 亚马逊平台特色

作为全球最大的跨境电子商务平台，亚马逊已成为许多新手卖家入驻的第一选择。本节总结了亚马逊平台的如下几大特点。

1. 重视产品，轻店铺

在亚马逊平台上，强调产品而非店铺或卖家，买家在亚马逊页面上搜索产品，不会出现店铺，而是以统一的陈列标准展现产品。甚至同一个 SKU 有不同的卖家来销售，因为亚马逊会确保最好的卖家提供最好的服务和价格给消费者，从而提升客户的体验度。实际上亚马逊是有店铺的，能找到卖家店铺，只是路径比较长。在亚马逊平台上，产品的质量及品牌授权是最重要的。在亚马逊，只要产品质量足够好，符合顾客需求，就会得到很大的流量支持，曝光度也会提高。

2. 重视产品展示，轻服务

亚马逊平台要求商家在产品的介绍页详细地展示产品的特性、材料等各种特征，方便顾客充分了解商品，筛选自己所需要的产品。在这种机制下，商家不需要花费大量的精力来维护客户，节省了大量人力和物力。

3. 重视推荐，轻广告

如果卖家在亚马逊平台开店，前 3 个月将会得到平台大力的支持，不需要使用大量的资金进行广告推广，只要销售的产品足够好，就可得到足够的曝光量，成交率也会提高。亚马逊有一个使用 A9 算法的大数据公司，A9 算法会将最正确的商品推荐给有需要的买家，它会根据买家的历史消费行为、搜索行为、购物车行为、心愿单行为来进行分析判断买家需要什么产品，这一切都基于后台数据的关联推荐、排行推荐及跟点击率、转化和历史浏览有关系的计算机算法来计算得到。亚马逊非常重视大数据管理，作为卖家要充分考虑关联的流量和亚马逊建议的流量，契合亚马逊的算法才能被亚马逊推荐。

4. 重视消费者，轻卖家

对于亚马逊平台的消费者而言，购物体验及产品质量是最重要的。平台也作出过明确的规定，要求商家所展示的图像与实际情况要求一致，不允许夸大宣传及过度美化。亚马逊区别于国内电商平台，鼓励消费者自助购物，亚马逊没有即时沟通工具，买卖双方如需要沟通，则用邮件沟通，卖方会在 24 小时之内回复消费者。

亚马逊对于每一个商品的页面都十分注重，从产品的主图到五点描述、A+页面、质量保证（quality assurance）、留评（review），都有严格的要求，由此增加消费者的信任度，鼓励消费者自主购物。留评是针对商品的评分，和卖家和店铺没有关系，一切对产品有关的评价会留在详情页上，会直接影响卖家的产品销售。

平台对于新手卖家而言非常友好，在亚马逊卖家能获得比较高的利润，即使店铺等级不高，也不会影响到商品的销售，因为亚马逊的消费者大多数来自中产阶级，具有一定的消费水平。

5. 独有的FBA服务

自营与FBA：亚马逊自己也是卖家，目前有49%的商品都是亚马逊自营，由亚马逊销售并发货（ships from and sold by amazon）；亚马逊最大的特色就是亚马逊的仓储物流服务，如果卖家将商品放到亚马逊仓库，亚马逊的工作人员会帮助卖家对商品进行入仓、分拣、包装、配送、退换货等，这些工作是需要交纳费用的。在亚马逊，平台能为消费者提供更加良好的服务，保证用户体验。

2007年亚马逊引入了FBA服务，将自身平台开放给第三方卖家，将其库存纳入亚马逊全球的物流网络，为其提供拣货、包装及终端配送的服务，亚马逊则收取服务费用。在亚马逊，FBA的主要目的是提升亚马逊的用户体验，提高用户黏性，而非一项重要的财务收入来源。

FBA能够高效、快速、简便地帮助无论大小规模的跨境电商卖家做当地市场的物流管理，同时能有效提升卖家商品在亚马逊搜寻的排名，而且FBA提供的服务不局限于在亚马逊卖的商品，卖家也可以在自家的电商网站（如Shopify）上使用FBA的服务。

亚马逊自发货（fulfillment by merchant，FBM），亚马逊仅作为销售平台，卖家需借助第三方快递服务将订单派送至买家。卖家自己配送在亚马逊销售的订单，从库存、包装、配送、客户服务等一系列流程需要卖家自行负责。当消费者拍下产品后，卖家通过头程服务把产品放在第三方海外仓，第三方海外仓服务商帮助卖家完成尾程配送等系列流程，这是大多数卖家都会选择的亚马逊FBM的方式。

亚马逊FBA头程服务：国内的物流服务商负责把卖家的商品运送至亚马逊FBA仓库，并提供清关、代缴税等一系列服务，即帮助使用亚马逊全球开店项目FBA服务的卖家，通过空运/陆运/海运等运输方式将卖家的货物从国内转运到国外指定的亚马逊仓库，并提供相应增值服务。

亚马逊FBM模式是一种低风险的跨境电商运营模式，刚刚加入跨境行业的新手卖家非常适合这种模式，卖家可以将库存、包装、配送、客户服务全部交接给第三方海外仓完成，以解决运营成本的压力。因此，FBM的销售和配送方式成为绝大多数卖家的首要选择。

6. 允许跟卖

跟卖就是在别人的产品页面上，如果卖家的产品和这个产品是一模一样的，亚马逊会允许卖家在这个页面直接挂上卖家的价格、售卖方式和库存,卖家就可以销售,可以和别人同享一个页面了。比如,在某商场里面的耐克店里,卖家有一款同样的耐克鞋库存产品,就可以在耐克店里摆一个摊位,销售卖家的产品,免费共享这家耐克店的流量和客户。

7. 亚马逊主要(Prime)会员

亚马逊Prime是一种收费的会员制度,成为付费会员,就会享受会员特有的特色服务,Prime会员制度针对亚马逊的全球所有用户,不止美国有Prime会员,其他国家也有Prime会员。

Prime会员有30天的免费试用期,免费试用期结束之后,会自动升成季度或者年度会员,季度会员收费是79元人民币,年度会员收费是288元人民币,如果不想升级成付费会员,需要用户申请及时停止,否则会自动续费。

拥有亚马逊Prime会员,可以全年无限制地全球购物,不限次数,还有2日达服务及会员专享的折扣、会员专属的优惠券,会员日一般在星期三,如果卖家觉得费用比较高的话,还可以选择几个人平摊,Prime会员可以分享给5个人使用,大家可以共同承担费用。

亚马逊Prime的特权包括以下几种。

1)可以免运费,快递2日达运送

开通亚马逊Prime,可以享受免运费,在亚马逊Prime会员有效期内,可以无限制地购买海外产品,享受免运费服务(注意:是全年无限制)。

开通亚马逊Prime还可以享受快递2日达服务,以更优质的服务、更快的速度来服务客户,因为美国的快递周末不上班,Prime会员享受VIP快递服务,下单之后的2个工作日就能送到亚马逊仓库,需要注意,亚马逊2日达服务只适用于亚马逊自营的商品。

2)无限存储照片

开通亚马逊Prime会员之后,可以享受无限存储照片特权,通过主要会员相册(Prime Photos)服务,照片无限存储。

3)无限阅读电子书

可以免费查看成千上万种电子书、漫画书及杂志等,没有限制。

4)无限串流电影,电视及串流音乐

免费观看Prime Video上的电影和电视内容;可以在Prime Music随意听音乐,且没有广告打扰,数据库中有超过200万首的音乐。

5)享受特卖优惠,提前30分钟进入秒杀

亚马逊在每年的7月会举办Prime Day,即会员日,当天的折扣非常大;当亚马逊有快闪折扣时,Prime会员还可以提前30分钟进行抢购。

6)享受会员厨房服务

厨房的家居用品一般都比较重且体积大,亚马逊Prime会员的物品可能需要4个工作日才能送达,如果订单价格低于35美元,需要收取5.99美元运费;如果买家庭用品和杂货之类的商品,低于35美元也可以免费送货。

7）每个月获得免费游戏内容，独家折扣

如果是当月订购的 Prime 会员，那么当月就可以享受 6 款免费的游戏，还有免费的计算机游戏和独家游戏中的战利品，对于爱好游戏的卖家来说可谓十分诱人。

丰富多彩的亚马逊 Prime 会员特权，让用户享受全球无限制购物，给买家增添了更多的便利，买家可以根据自己的需求选择是否开通。

2022 年年初，亚马逊宣布将把美国 Prime 会员服务年费从 4 年前规定的 119 美元提高到 139 美元。价格调整于 2022 年 2 月 18 日开始对新会员生效，3 月 25 日之后对现有会员生效。Prime 会员月费也从每月 12.99 美元涨到了 14.99 美元。亚马逊承诺 Prime 会员福利会持续扩大。

6.2 亚马逊商业模式

1. 产品服务

亚马逊的商品定位为中高端品牌商品，而且还有自己研发的电子阅读器——金读（Kindle）（注：2023 年 6 月 30 日，亚马逊正式关闭中国 Kindle 电子书的服务）。

亚马逊在初创期的定位是建立全球最大的网络零售书店，销售的商品主要为纸质图书，商品种类比较单一。亚马逊在成功上市后，通过横向收购同类企业，加快了平台向第三方卖家开放。目前亚马逊的商品种类十分丰富，有超过 600 万商家在亚马逊平台销售产品。浏览亚马逊官网，在其左侧导航栏可以看到亚马逊有 Kindle 电子书阅读器、Kindle 电子书、服装/鞋靴/箱包、美妆/个护/健康、厨具/家具/玩具/母婴等 14 个一级类目，一级类目下有近百个二级类目，涵盖近千万种商品，商品不局限于美国本土品牌，而且还有阿玛尼（Armani）、冠军（Champion）、厚本（ATSUGI）等众多国际知名品牌。以女装一级类目为例，其中卫衣二级类目有 14 640 多个，且价格多集中在 100~500 元范围内，面向具有一定购买能力的消费者。

2. 赢利模式

亚马逊的赢利模式相较于速卖通而言更为丰富，其亚马逊云服务（Amazon Web Service，AWS）收入占总收入的一半以上，并且增长十分迅速。亚马逊的业务赢利主要来自两方面：一是自营业务的销售收入；二是亚马逊作为一个开放性平台，收取第三方商家的交易佣金、租金、广告费和附加服务费。

目前亚马逊的自营业务主要是一些电子产品，如 Kindle 电子书、Echo 智能音箱等，自营业务的销售收入是其收入来源的一部分。另外，亚马逊作为一个开放的第三方平台，平台 50% 以上的商品都来自第三方商家，亚马逊会向入驻商家收取租金，商家可以选择在北美站、欧洲站、日本站、澳大利亚站、印度站、中东站、新加坡站 7 个站点 13 个国家开立店铺，每个站点由于当地的收入水平不同，收取的租金费用也不同。如果商家在欧洲站开店则每月收取25英镑或39欧元的租金；如果在日本站开店，则每个月需要收取租金4900日元。以中国商家在北美站开店为例，如果注册为个人卖家，每件商品需要支付0.99美元。每月销售数量小于40单的卖家适合注册成为个人卖家，虽然个人卖家的费用较少，但是相对来说也会受到比较多的限制。比如，不能用单个账号控制销售地点，商品不能享受到特殊的礼品包装等。如果注册为专业卖家，每月则需要支付39.99美元，用一个账号就可以同时管理美国、加拿大和墨西哥3个国家的商品销售情况，可同时享受亚马逊更加多元化的服务。

除了月租金外，佣金是亚马逊最主要的收入来源，按照销售商品的不同类别会收取不同比例的佣金，销售佣金以下2种方式中较高者收取：一是单价 × 销售佣金；二是按件最低销售佣金，佣金比例大概在5%~15%，分别如表6-1和表6-2所示。

表6-1 亚马逊北美站部分商品销售佣金

分 类	销售佣金比例/%	适用的最低佣金/美元（除非另有规定，否则按件收费）
母婴（婴儿服饰除外）	15	1.0
图书	15	
摄像摄影	8	1.0
手机设备	8	1.0
电视/音响	8	1.0
DVD	15	
家具和装饰	15	1.0
家具与园艺（包括宠物用品）	15	1.0
厨具	15	1.0
音乐	15	
乐器	15	1.0
办公用品	15	1.0

表6-2 亚马逊北美站部分商品销售佣金

分 类	销售佣金比例/%	适用的最低佣金/美元（除非另有规定，否则按件收费）
户外	15	1.0
个人计算机	6	1.0
软件和计算机/视频游戏	15	1.0
运动（运动收藏品除外）	15	1.0
工具和家居装修	15	1.0
玩具	15	1.0
视频游戏机	8	
解锁手机	8	1.0
影视	15	
所有其他分类	15	

亚马逊的赢利模式还包括附加服务收入。附加服务收入比较灵活，第三方商家如果使用 FBA 仓库则需要交纳相应的仓储物流费用，如果不使用则可以不用交纳。另外，亚马逊在我国每个月都会在北京、深圳、上海等城市为商家举办线下课程，指导商家进行选品、运营店铺、拉新留存等，该课程可以提前进行预约，这个课程是收费的，课程不同收费标准也不同。附加服务一方面能够为商家提供更加优质贴心的服务，使商家专注于店铺运营，避免分散精力；另一方面也增加了亚马逊的收入来源。

3. 物流

亚马逊采用了与第三方物流合作和自建海外仓的方式，主要通过自建仓储为第三方商家提供物流代发货服务，即 FBA。

亚马逊的物流体系较为发达。亚马逊将 FBA 服务开放给第三方商家，商家只需要将商品发到亚马逊的运营中心，由亚马逊储存保管商品，当顾客下单订购商品时，亚马逊的工作人员会对商品进行拣货包装并提供快捷的配送服务，如果顾客对商品不满意，亚马逊当地的客服会全天 24 小时在线为客户提供退换货服务。目前亚马逊在全球有 120 多个配送中心，横跨亚洲、北美洲、欧洲，给客户提供了高效的物流服务和完美的购物体验。FBA 是亚马逊斥巨资打造的物流仓储平台，该平台的发展融入了最顶尖的物流技术，亚马逊基于大数据和物联网技术对其 FBA 仓库实行智能化管理，利用 Kiva 机器人技术和"八爪鱼"技术优化操作流程，实现高效分拣和运输，FBA 成为很多用户信赖和喜爱的物流运输方式。

对于使用 FBA 仓储的商家，平台还会提供资源扶持，特别是将商品信息推送给 Prime 会员，因为 Prime 会员可以享受 FBA 仓库商品的包邮权，这可以刺激消费者下单购物。同时，亚马逊也会对使用 FBA 服务的第三方商家收取一定的费用，包括仓储费和配送费两部分，仓储费用有淡旺季之分，一般 10—12 月西方的节日比较多，消费者的网上购物频率、数量也会增加，所以对仓库的资源调配能力要求相应提高，对商家收取的费用也较高。以欧洲站为例，除服装、鞋靴和箱包标准化程度较高且易于保管的商品外，其他所有类别商品每月每立方英尺（1 英尺 =30.48 厘米）需支付 0.91 英镑。1—9 月费用较低，每月每立方英尺为 0.65 英镑，而且此项费用并不包含卖家必须支付的增值税，如表 6-3 所示。配送费用视商品的尺寸和质量而定，一般尺寸越大、质量越重费用也就越高，由于不同国家的人力成本不同，即便相同的尺寸和质量，各国的配送费用也不同。

表 6-3　亚马逊欧洲站 FBA 物流仓储费（英镑 / 每立方英尺）

类别	1—9 月	10—12 月
服装、鞋靴和箱包	0.39	0.55
所有其他类别	0.65	0.91

4. 多渠道配送（multi-channal fulfillment，MCF）

亚马逊的 MCF 让用户可以访问亚马逊世界一流的配送网络、运营专业知识和可信赖的所有订单配送选项,无论订单来自何处——无论是在亚马逊上,还是在亚马逊上的其他销售渠道。

其工作原理为:将卖家的全部或部分库存直接发送到亚马逊运营中心,当客户在卖家的网站或其他第三方销售渠道购买产品时,亚马逊会收到卖家的订单并直接挑选、包装和运送给卖家的客户。

对于针对现有库存(即收到并存放在运营中心的库存)提交的订单,标准订单和加急订单最迟将在1个工作日内发货。

MCF可用于FBA。如果卖家使用FBA在亚马逊上销售,卖家现有的库存将为亚马逊客户和来自卖家其他销售渠道的客户提供服务。

5. FBA轻小商品计划

轻小商品计划可降低合格商品的履行成本,将节省的成本转嫁给客户。注册轻小商品计划很容易,一旦注册,客户将获得以下好处。

(1)Prime客户免运费。Prime客户免费送货,并可以接触数百万活跃的亚马逊购物者。

(2)降低履行成本。通过轻小商品计划进行销售,卖家可以提高利润率,并将节省的成本转嫁给客户。

6.3 平台规则

6.3.1 入驻亚马逊平台需要准备的材料

在正式注册亚马逊店铺之前,卖家需要提前准备好以下这些注册材料。

(1)一台有网络的计算机,需要确保没有登录或注册过亚马逊。

(2)一个电子邮箱,如果注册多个站点需要准备多个电子邮箱。

(3)一张双币信用卡(VISA或MasterCard卡)和此卡的纸质账单,也就是国际信用卡,用于支付店铺月租。

(4)收款账户(万里汇、派安盈、连连支付、PingPong、网易支付任选其一)。

(5)公司营业执照。亚马逊全球开店需要准备一份公司营业执照的拍照件或扫描件。建议无码高清大图,如果没有公司的营业执照,个体的执照也可以(公司营业执照必须网站可查,营业执照不能是纯服务的,要具有一定的销售性质,有效期不能低于45天)。

(6)法人身份证和股东身份证。注册亚马逊需要提供身份证正反面彩色照片,要求高清无码大图,拍照件要看上去自然,不得有图像处理(photoshop,PS)过的痕迹。(美国亚马逊现在可能需要提供手持身份证拍照,也要求高清无码大图,放大后可以看清身份证上的信息。）

欧洲地区，由于有"了解客户"（know-your-customer rules，KYC）规则（欧洲反洗钱组织的要求），要提供公司股份大于25%的资料，资料作用同法人一样。

（7）需要一个手机号（最好是刚开户的手机号）。

注册时需要给卖家手机发送验证码，后期可能国内客服还会给卖家打电话，一定要保证手机号长期有效。

（8）公司账单（电子发票也可以，但支付宝账单不可以）。

亚马逊现在需要提供法人或者股份大于25%法人账单一份。具体要求如下。

在欧洲地区，亚马逊接受信用卡账单、银行账单、水费账单、煤气账单、宽带账单、手机费账单、电话费账单、电费账单等（只要是公共事业账单均可）。账单要求：必须3个月内开具，账单上必须包含法人或股东的地址、姓名，且有公共事业部门的公章。若为电子版发票，一般联系公共事业部门直接发送到户主的手机，下载PDF文件即可。账单建议无码高清大图。如果股东的股份大于25%，同样需要提供账单，和法人要求一样。

在北美、澳大利亚、日本地区，亚马逊只接受水、电、煤气账单，以及信用卡消费账单（开户申请寄过来的不可以）。

（9）收款账户。收款账户用于店铺结算，不适用国内银行直接汇款。卖家需要注册一个第三方的收款账户，亚马逊汇款给第三方，第三方再转为人民币汇款至卖家的账户。亚马逊认可的第三方收款账户有：派安盈、万里汇、连连支付、网易支付等。新手卖家可选择使用万里汇，因为费率低。

收款第三方会收取手续费，万里汇的费率0.3%封顶，其他的普遍在1%。

（10）需要一个稳定的网络：①使用谷歌或者火狐浏览器，一般打开的速度会更快；②注册前清理一下浏览器的cookie；③使用更稳定、更快的网络进行注册［注册过程中最好不要更换网络，也不要登录虚拟专用网络（virtual private network，VPN）注册账号］。

6.3.2 注册规则

亚马逊的最新规则规定，在注册新账号时，会收到审核邮件，并要求提供营业执照，但目前之前的老账号还没有收到相关的审核。

1. 注册地址

在注册店铺时建议使用办公的地址，如果无法提供办公楼的地址，提供租房的地址或者住宅的地址也可以。如果实际的办公地址与注册时的办公地址有所差别，有可能被工商局收入至经营异常的名录之中。

2. 法人的信息

亚马逊规定一个卖家只能注册一个账号，并且在注册账号时要确保信息的准确无误，一定要保持注册信息和注册环境的独立性,以免出现关联,否则账号就会被封锁。法人的姓名、身份证号码、身份证地址、固定电话、信用卡等都需要是同一个人的,若平台检查时发现这些信息不一致,也可能存在账号被封锁的风险。

3. 监事信息

监事信息包括姓名、身份证号码、身份证地址、手机号码。监事可以不占公司的股份,不用是实质性的,也就是不用特意聘请一个监事,只需要其名义上属于公司就可以。

在注册公司时所需要的资料并不是特别复杂,但是关于信息方面的问题,要保持绝对干净以防被关联,也不可以随意更改公司的信息,以防止亚马逊平台的审核不通过。

4. 注册公司与亚马逊的相关问题

(1)需要开户证明。

(2)KYC 审核要求提供对公账单。

欧洲站在后期 KYC 审核时必须要提供公司的对公账单证明,这项资料没有或无法开出的,可以用 WorldFirst 的开户证明来代替。

首先,百度搜索"亚马逊全球开店"或复制链接 http://gs.anazon.cn/home 去浏览器打开即可进入官网。选择卖家需要入驻的站点,即可开始注册。

以北美站站点注册为例。单击站点"注册"按钮后,进入如图 6-1 所示的这个页面,单击下方的"创建您的 Amazon 账户"按钮,即可正式开始注册店铺,如图 6-2 所示。

图 6-1 亚马逊"全球开店"页面

图 6-2　创建卖家的亚马逊账户

注册第一步，卖家需要先创建卖家的账户。有 3 点需要卖家填写，卖家的姓名拼音、电子邮箱号、密码，如图 6-3 所示。

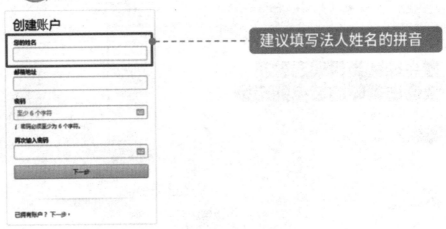

图 6-3　填写卖家信息

完成上述步骤，单击"下一步"按钮之后，亚马逊会验证卖家的电子邮箱，如图 6-4 所示。

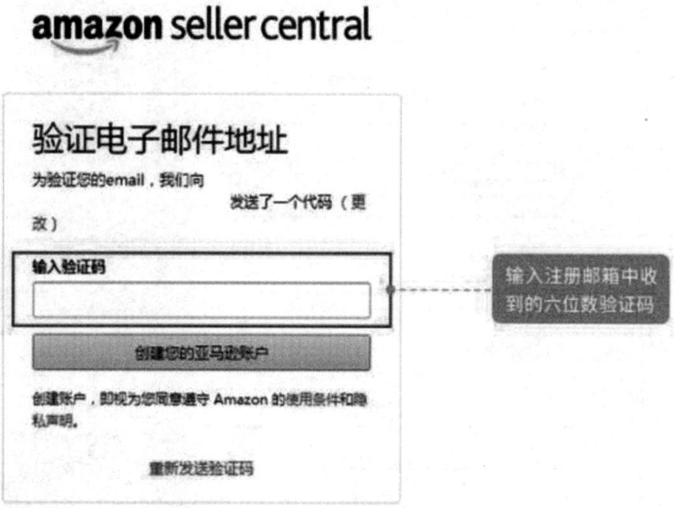

图 6-4　验证邮件地址

验证完成之后，卖家需要开始提交资料。接下来卖家需要填写公司地址（选中国）、业务类型、营业执照上公司名称的中英文，如图 6-5 所示。注意仔细看亚马逊的要求，没有要求卖家用中文的统一用汉语拼音。

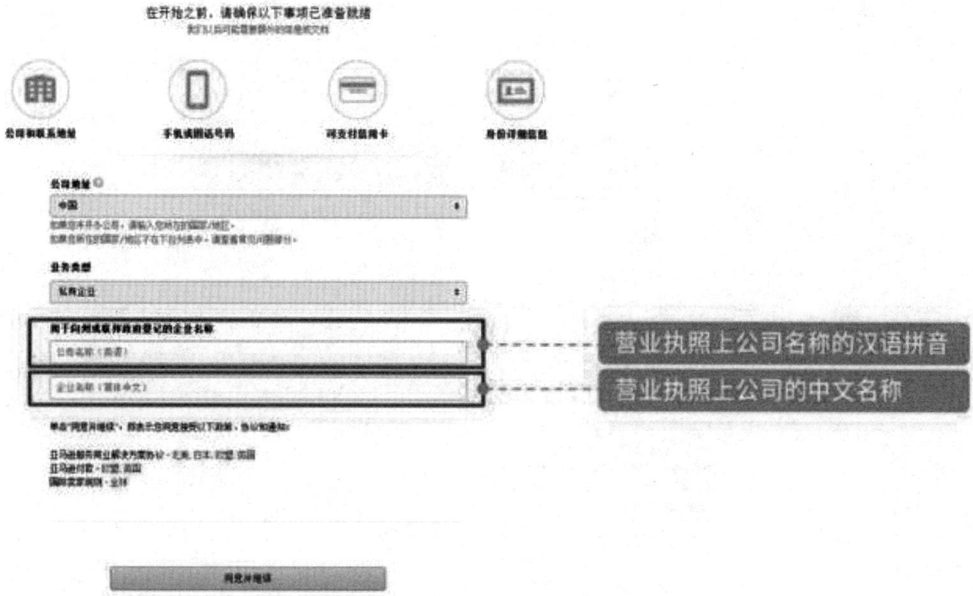

图 6-5　填写公司信息

接下来卖家还需要进一步填写公司的信息。公司注册号码（即统一社会信用代码）、实际经营地址、法人姓名（用拼音写，中间名可不填写），如图 6-6 所示。

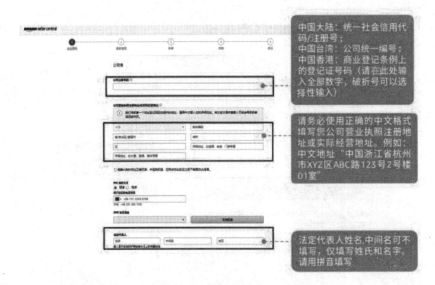

图 6-6 进一步填写公司信息

接下来，卖家需要完善营业执照上面的法人信息。需要填写的信息有：身份信息、居住地址、手机号码。还需要确认该法人是否为公司的收益所有人，简单来说，如果卖家的公司有股东，并且股份大于25%，卖家还需要添加股东的信息，如图 6-7 所示。

图 6-7 填写身份信息

接下来，卖家就需要填写收款账户信息。可以选择派安盈、万里汇、连连支付、网易支付、PingPong 等，如图 6-8 所示。

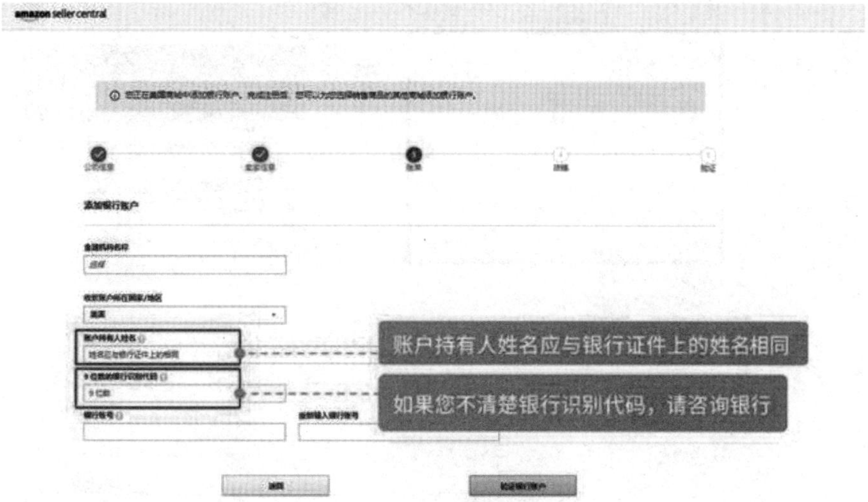

图 6-8 填写收款账户信息

完成收款账户的绑定后，卖家还需要填写双币信用卡信息。这个信用卡可以用于国际付款，主要用于支付店铺月租，一个月 39.99 美元。VISA、MasterCard 卡均可。

完善账单信息后，卖家需要设置店铺信息。店铺名称用英文填写，其他的信息卖家全部单击"是"单选按钮即可，店铺注册后亚马逊不会审查这些，如图 6-9 所示。

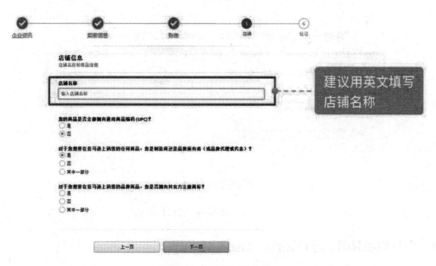

图 6-9 填写店铺名称

完善店铺信息之后就是最后一步：验证身份。卖家需要上传法人身份证的正反面及公司营业执照的照片，必须为彩色照片，并且文件大小小于 10MB，如图 6-10 所示。

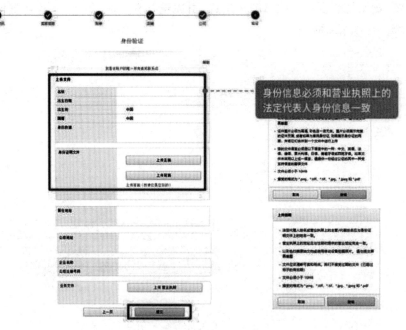

图 6-10　上传法人身份证及营业执照

提交成功之后,卖家还需要进行视频通话验证,如图 6-11 所示。

图 6-11　视频通话验证

选择一个日期和时间,进行预约,如图 6-12 所示。

图 6-12　视频通话验证时间预约

再次检查预约时间，并准备好图 6-13 所示的所需文件。卖家会在 24 小时之内收到一封电子邮件，可以取消或修改预约。之后，准备好材料，按照卖家预约的时间进行视频通话验证即可。

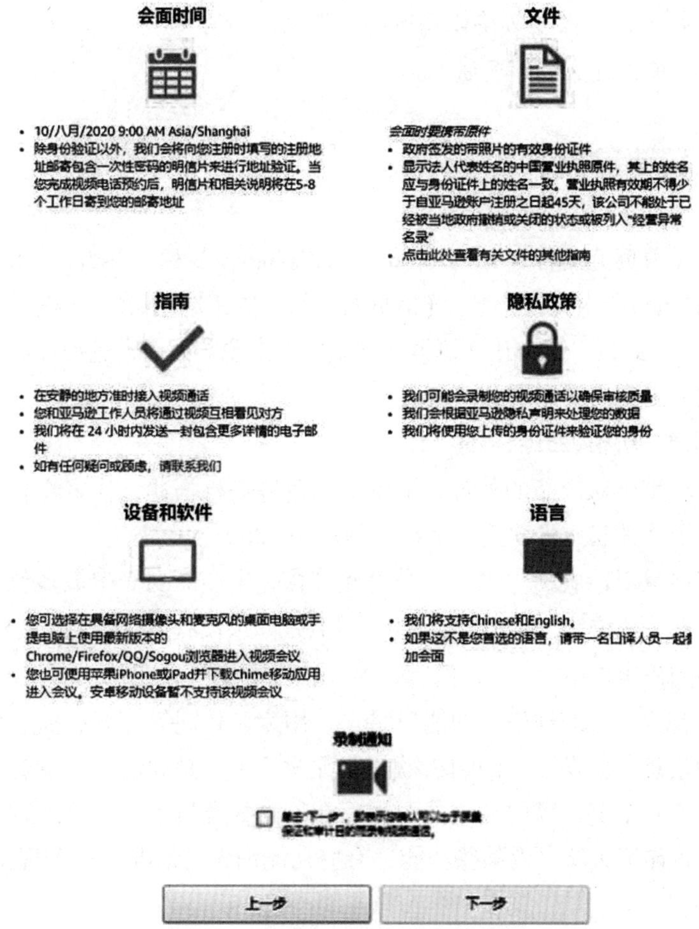

图 6-13　视频通话验证的准备内容

完成视频验证后，亚马逊会给卖家邮寄一张含地址验证码的明信片，如图 6-14 所示。

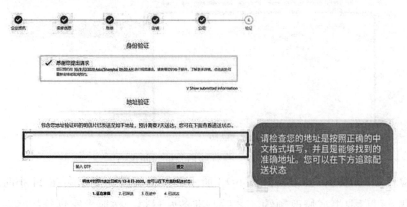

图 6-14　视频通话验证完成

如果视频通话卖家没有准时出席，或者地址填写错误没有收到明信片，都可以再次修改。地址验证之后，卖家只需要等待亚马逊的审核结果即可。亚马逊会以邮件告知审核结果，在结果没有出来之前，什么都不要做。

6.3.3　详情页页面规则

亚马逊产品详情页英文名为 Amazon product listings，简称为 listing。由于亚马逊是做精品模式，所以对详情页要求比较严格。详情页的产品图像、文字排版、正确语法、阅读流畅度、语言本地化、亮点等到位，才会让详情页在同质产品中脱颖而出，进而让客户完成购物。

详情页页面的主要构成如下。

1. 标题、图像、价格、五点描述

标题：主要着重于对产品的外观、形状、颜色等进行描述，让客户看到标题就立刻能想象到产品的样子，激起购买欲望。字符限制在 50~200 个字符。

图像：主图尽量以白底图为主。亚马逊允许在一个产品列表中最多包含 9 张图像，由于主图视频会占据一个位置，所以会显示 6 张主图，如果没有主图视频，最好放置 7 张主图。

价格：产品的销售价格。

五点描述：包含产品的规格、功能、特点、用途、外观等。五点描述是否能够提供足够和有吸引力的信息，激发顾客的购买欲望而促成下单，是详情页销量能否提升的重要一环。字符限制在 500 个字符以内。详情页页面在不同的类目下，以及有时候系统更新等情况下，可能会导致详情页新出现某些功能、有些功能消失的情况，这个现象很正常。

2. 虚拟捆绑

通过虚拟捆绑商品工具，可以创建由 2~5 个互补亚马逊标准识别号码（Amazon

stardard identification nunber，ASIN）组成的"虚拟"捆绑商品，这样买家就可以从一个商品详细信息页一起购买这些商品。这样操作可以无须将商品打包在一起或更改 FBA 入库库存。虚拟捆绑需要注册亚马逊品牌功能才有权限进行操作。

3. 经常一起购买

亚马逊会对用户的购买行为进行分析，找到经常一起购买或同一个人购买的物品集，进行捆绑销售。通常产品和配件一起出现得比较多。

4. 伴随购买

伴随购买指顾客买了 A 产品，又一起买了 B 产品。

5. 同类商品比较

同类商品比较由亚马逊随机抓取，卖家无法操作，根据详情页的相似度、类目、产品材质、颜色等判断，可能产品上架一段时间会出现，也可能不出现或出现过再消失，这几种情况都有可能。

6. 付费广告

详情页内出现的"sponsored"标志的广告主要是亚马逊的商品推广、品牌广告及展示型广告。

7. 产品资料

产品资料可以显示一些产品的基本信息及卖方填写过的产品信息。有些信息可能会出现在五点描述和标题之间那个位置，可以参考同行详情页进行操作。

8. 产品描述

产品描述也叫长描述，可以让潜在客户了解产品的优势及其与他们可能考虑的类似产品相比的优势。这里如果上传了 A+ 页面的话，在大多数情况下会显示 A+ 页面，纯文本的描述会被覆盖，在少数情况下两个都会显示。A+ 页面就是图文并茂的商品详情页面，卖家可以使用额外的图像和文本进一步完善商品描述的部分。字符限制在 2500 个字符以内。A+ 页面也需要注册亚马逊品牌功能才有权限进行操作。

9. 客户问答

亚马逊的客户问答主要用来解答用户对产品的一些疑惑。

10. 来自制造商

这个是供应商中心（vendor central，VC）账号专属的 A+ 页面，比普通账号高级，但需要成为亚马逊供应商并拥有供应商销售账户才可以进行操作。

VC 也是亚马逊自营的供应商。亚马逊的所有自营商品几乎都来自这个平台的供应商，该系统整合了电子数据交换（electronic date interchange，EDI）的功能，用户可以直接在系统里面自助配置，所以 VC 账号具有很大的权限。

11. 视频

亚马逊的关联视频，可以出现详情页的主图视频，也可以出现卖家账号上传的视频和亚马逊系统抓取的关联视频。

12. 顾客评论

通过显示顾客的图像和纯文字评价，可以很清楚地知道客户对产品的意见。

13. 国际评论

国际评论也可以把其他站点的评论同步过来，可使用"系统抓取"功能同步国际评论。

6.3.4　知识产权政策

亚马逊致力于为买家提供全球最广泛的商品选择，打造出色的买家体验。亚马逊不允许发布侵犯品牌或其他权利所有者的知识产权的商品。

1. 版权

1）什么是版权

版权旨在保护原创作品，如视频、电影、歌曲、书籍、音乐作品、视频游戏和绘画等。通常，版权法旨在激励为了公众利益而创作原创作品。要获得版权保护，作品必须是由作者创作的，且必须具有一定程度的创新性。如果卖家是原创作品的作者，那么卖家通常拥有该作品的版权。

2）卖家如何获知是否拥有详情页面所用一个或多个图像的版权

原创作品的作者通常都拥有该作品的版权。如果卖家为自己的商品拍摄照片，通常可获得所拍照片的版权保护，并可在商品详情页面使用该照片销售该商品。但是，如果卖家的照片是从他人网站获取的，则在没有取得该网站所有者许可的情况下，不得将此照片上传至商品详情页面。

当卖家将版权图像添加到商品详情页面时，便授予了亚马逊及其附属公司使用该材料的许可。即使卖家不再销售该商品，其他卖家也可以在卖家已添加版权图像的页面发布商品进行销售。要确保不侵犯他人的版权，确保仅上传卖家自己创作的图像或文本，或者已获得版权持有者上传许可的图像或文本。

3）如何获知是否拥有所售商品的版权

卖家要确保正在销售的商品没有侵犯他人的版权，否则可能会失去销售权限，并面临可能发生的法律后果。

如果卖家已获得版权所有者的许可，或者使用行为受到"首次销售"原则保护，就能够在亚马逊上销售其他人的版权作品。首次销售原则通常允许转售合法购买的正品实物（如书籍或CD），无须获得版权所有者许可。

例如，如果卖家决定在亚马逊销售他人的二手图书，便是在销售他人的版权作品。首次销售原则可为转售合法购买的正品行为提供保护，因此通常允许卖家销售自己的特定图书副本，无须进一步获得版权所有者的许可。

2. 商标

1）什么是商标

商标指公司用来识别其商品或服务并将其与其他公司的商品和服务区分开来的文字、符号、设计或其组合（如品牌名称或徽标）。商标表示了商品或服务的来源。一般来说，商标法旨在防止买家对商品或服务的来源产生混淆。

例如，"亚马逊"是卖家的许多商品和服务所使用的商标。其他的亚马逊商标包含图片和文字，如"Available at Amazon"商标（图 6-15）。

图 6-15 亚马逊的商标

商标所有者通常会在特定国家/地区的商标局（如美国专利和商标局）进行注册来保护商标。在某些情况下，即使某标志从未在特定国家的商标局注册，个人或公司也可能仅根据该标志在商业中的使用获得商标权。这些权利称为"普通法"商标权利，可能受到更多限制。

2）商标保护包括哪些方面

一般来说，商标法保护商品和服务的卖家免于买家对特定商品或服务的提供方、认可方或从属方造成混淆。如果他人使用某种特定标志或易混淆的近似标志，可能导致买家受骗或对所售商品是否是商标所有者的商品产生混淆，那么商标所有者有权阻止他人使用该标志。

3）亚马逊上显示哪些类型的商标

商标通常以商品详情页面发布的商品和品牌名称的形式显示。美国专利和商标局提供资源，以了解关于商标的更多信息。

4）卖家是否始终需要权利所有者的许可才能在创建详情页面时使用商标

不是商标所有者不一定意味着卖家不能销售其公司的商品。通常来讲，如果卖家在创建详情页面时未经授权使用商标，则仅当这一行为可能导致商品的来源、认可或归属发生混淆时，才会构成侵权。

例如，如果卖家正在销售正品 Pinzon 床单套装，且将商品作为 Pinzon 床单套装进行广告宣传，卖家可能不会对商品的来源或从属关系（即 Pinzon）造成混淆，若确实如此，则并未对 Pinzon 商标造成侵权。

5）作为卖家，什么时候可以在创建详情页面时使用其他人的商标

通常，卖家可以在以下情况下使用他人的商标。

（1）如果销售正品，卖家可以使用商标名发布这些商品。例如，发布 Pinzon 正品的

卖家不一定侵犯 Pinzon 商标的所有权，因为该卖家仅使用该商标来识别正品。

（2）当使用商标文字的普通字典含义时。

（3）当卖家真实地陈述某商品与商标商品兼容时。例如，如果卖家提供与 Kindle 电子阅读器兼容的专用线，并说明它"与 Kindle 兼容"，只要陈述真实且不造成混淆，则通常不构成商标侵权。但要注意，某些带有"类似"字眼的陈述（如称商品"与 Kindle 类似"或"优于 Kindle"）则违反亚马逊商品发布政策。

6）如何确保在亚马逊开店时不违反商标法

卖家要务必确保正在销售的商品，以及商品信息的内容没有侵犯他人商标，否则卖家可能会失去销售权限，并面临可能发生的法律后果。如果卖家决定在亚马逊上销售商品，要先考虑以下问题。

（1）销售的商品是否来自知名的经销商？

（2）这些商品是如何获得的？如果出现问题，能否证明它们为正品？

（3）描述这些商品的方式是否会给买家造成混淆（例如，详情页面对普通床单套装的某些描述是否会使买家认为他们购买的是 Pinzon 床单套装）？

（4）是否以不会造成混淆且真实的方式（通常允许）而非相似的方式（不允许）使用品牌名称或商标来描述兼容性？

以上问题如果卖家不确定，可咨询专业律师。

7）什么是假冒

假冒是商标侵权的一种特定类型。假冒指非法全部或部分仿制注册商标或与注册商标极其类似的标志，以销售非商标持有者的商品。

假冒需要在商品或包装上使用注册商标。在不同的商品详情页面出售的相似商品，即使商品可能与商标商品相似或相同，如果未不当使用注册商标，也不属于假冒商品。

3. 专利

1）什么是专利

专利是针对发明的一种法律保护形式。亚马逊已公布的专利可授予其所有者禁止他人在固定年限内制造、使用、提供销售、销售或将发明进口到美国的权利。

2）专利是否有不同的类型

在美国，专利有两种主要类型：实用新型专利和外观设计专利。

实用新型专利是最常见的专利类型，新机器、制造物品、物质组成、工艺或对任意这些内容的改进可获得此专利，通常为商品的结构和功能提供保护，而不是商品外观。

外观设计专利（但不包括商品的结构或功能）可获得工业产品设计专利。

3）专利、商标和版权有什么区别

专利与商标的不同之处在于，它为发明（如新机器）而不是为用于识别商品来源（如商品的品牌名称）的文字或徽标提供保护。专利与版权的不同之处在于，它不为图书或照片等创造性作品的表现内容提供保护,而是保护某种特定的发明,如新的图书印刷方法或新的相机类型。

4)如何确保在亚马逊开店时不侵犯他人的专利

商品的制造商或经销商可能能够帮助卖家解决专利的相关问题。如果卖家不确定自己的内容或商品是否侵犯了他人的专利,应该先咨询律师,再将商品发布到亚马逊。

如果卖家的账户收到警告或暂令停售,该怎么办?

如果卖家收到警告称,自己的商品信息由于收到知识产权侵权举报而被删除,会怎么样?如果持有知识产权,该怎么办?

如果卖家收到侵权警告,可以选择以下几种方式提出申诉或异议。

(1)如果卖家所收警告涉及的商品从未在亚马逊上销售,可以回复收到的通知,并告知网站方从未出售过被举报的商品。官方服务公司将进行调查以确定这其中是否出现差错。

(2)如果卖家与提交投诉的权利所有者建立过某种关系(许可、制造或经销协议等),建议卖家联系权利所有者,并请求撤回投诉。如果官方服务公司收到权利所有者的撤回请求,卖家的内容可能会被恢复。卖家收到的警告中含有权利所有者的联系信息。

(3)商标回复:如果卖家认为权利所有者或亚马逊因假冒或商标侵权而删除卖家商品信息的处理中存在错误,可以回复收到的通知,并说明卖家认为处理有误的具体原因。卖家提供可证明商品真伪的任意发票或订单编号。然后,官方服务公司将重新评估此通知,卖家的内容也可能会恢复。

(4)专利回复:如果卖家认为权利所有者或亚马逊因专利侵权而删除卖家商品信息的处理中存在错误,可以回复收到的通知,并说明卖家认为处理有误的具体原因。

(5)版权回复:如果卖家收到了侵犯版权的警告,但认为有误,则可以根据《数字千年版权法》提交反驳通知。将反驳通知发送至版权警告中提供的电子邮件地址。有效的反驳通知必须包括以下信息。

①卖家的手写签名或电子签名。卖家可以通过输入姓名以电子方式签名,并注明其用作签名:"/s/ 卖家名称"。

②识别已移除的材料或已禁用的材料,以及材料在移除或禁用之前所在的具体位置。通常,一个 ASIN 即可。

③根据伪证处罚声明,卖家有充分的理由相信要移除或禁用的材料是因错误或误识别移除或禁用的。

④卖家的姓名、地址和电话号码,以及卖家同意联邦地区法院对地址所在司法区管辖权的声明;或者,如果卖家位于美国境外,在美国华盛顿西区地方法院的管辖范围,还要声明卖家将接受提供涉嫌侵犯版权通知的人或其代理人的流程服务。

5）如果已经收到多个知识产权侵权警告，该怎么办

如果卖家已经收到多个知识产权侵权警告，但认为自己所售商品为正品，可以通过卖家平台账户提出申诉，并提供以下信息。

涉嫌侵权的 ASIN 列表和以下至少一项：①证明卖家商品真伪的发票；②证明商品真伪的订单编号；③权利所有者提供的授权书（非转发电子邮件）。

6）如果账户被暂停，该怎么办

如果卖家的账户因权利所有者针对卖家的商品或内容提交知识产权侵权通知而被暂停，卖家可以向官方服务公司提供可行的行动计划，并包含以下信息：①卖家销售涉嫌侵权商品或上传涉嫌侵权内容的原因；②为确保自己不再侵权已经采取的措施；③未来如何避免侵权；④任何其他相关信息。

卖家应该通过账户控制面板发送行动计划，或者回复收到的账户暂停通知。官方服务公司将评估卖家的行动计划，并确定卖家的账户是否可以恢复。要注意，亚马逊在适当的情况下可终止重复侵权者的账户。

7）如果不知道自己侵犯了他人的知识产权，该怎么办

卖家应该遵循相关法律和亚马逊的政策。亚马逊非常重视知识产权侵权问题。即使卖家在不知情的情况下侵犯了他人的知识产权，网站仍然会采取措施，卖家账户可能会收到警告或被暂停。卖家应该咨询律师寻求帮助，以确保卖家的企业具有适当的程序来防止知识产权侵权。

亚马逊平台常见的 3 种侵权方式如下。

专利侵权（patent infringement），专利包括 3 个类型：外观设计专利、实用专利、发明专利。

版权侵权（copyright），版权侵权一般涉及一些经典形象的版权侵权（这些一般是机器人检测），盗用他人的图像。

商标侵权（trademark），主要是商品或服务的标志。

可以通过以下方式预防侵权问题。

（1）保证供货渠道的正规性，在进行选品之时，就要从货源供应链上防止产品可能存在的侵权问题。了解生产商/供货商的生产能力、生产资质，杜绝仿品、假货。如果发现某个产品上面印有别人家的商标，最好先在商标网站进行查询，一旦发现商标有效，而同时商标主体并不是卖家的供应商，供应商也无法给卖家提供授权书，此时，建议不要销售该产品。

（2）卖家作为代理商，在亚马逊销售某个品牌的产品，在刊登详情页之前就需要先取得品牌商标的正规授权。需要注意，只有商标持有人才有资格进行品牌授权，一些代理商是没有资质给其他在亚马逊开店的卖家授权的，只有取得了商标持有者的正规授权，卖家才可以合法使用商标权。

（3）刊登详情页时，建议使用原创类图像、文字描述。详情页的标题，还有检索词里面的关键词，也不能带有他人的品牌名称。

（4）设置店铺名时，需要注意店铺名中是否有涉及他人注册的商标。不能复制其他知名品牌名称，也不能"打擦边球"使用容易误导买家的品牌名称。

4. 亚马逊全球收款条款和条件

亚马逊全球收款的使用受卖家与亚马逊服务有限责任公司（Amazon Services LLC）或其附属公司之一（以下简称"官方服务公司"）签订的亚马逊卖家服务协议（如《亚马逊服务商业解决方案协议》《Merchants@Amazon.com 计划协议》或《商城参与协议》）的约束，且具有以下增补条款和条件。除了亚马逊全球收款，亚马逊卖家服务协议还约束卖家通过 Amazon.com（以下简称"亚马逊网站"）提供待售商品及官方服务公司为卖家配送商品的行为，包括官方服务公司向卖家在亚马逊卖家账户中指定的银行账户（以下简称"卖家的银行账户"）支付任何款项（以下简称"付款"），以及卖家向官方服务公司支付任何应付的退款、费用、成本和赔偿款项（以下简称"反向交易"）。

当卖家选择使用亚马逊全球收款时，卖家仅要求官方服务公司将支付的每笔付款（及任何必要的反向交易）转换为卖家的银行账户所在国家/地区的货币（以下简称"卖家的银行所在地货币"），而不是买家在亚马逊网站付款所用的货币。卖家不会以一种货币向官方服务公司付款，却会以另一种货币收到官方服务公司的付款。

当官方服务公司发起付款或反向交易时，亚马逊全球收款会按照第三方服务提供商应用的汇率将货币转换为卖家的银行所在地货币，或者从卖家的银行所在地货币转换为其他货币，其中包含并反映以卖家选择的货币支付的所有费用和收费（以下简称"适用汇率"）。然后，此类第三方服务提供商将协助把每笔付款或反向交易的货币转换为卖家的银行所在地货币，或者从卖家的银行所在地货币转换为其他货币。官方服务公司可能会根据需要与任何此类第三方服务提供商分享有关卖家或卖家交易的信息，以完成付款或反向交易（如适用）。汇率会在不受官方服务公司控制的市场条件下发生浮动，因此每笔付款和每笔反向交易的适用汇率可能会有所不同。适用汇率仅适用于每笔付款或反向交易发生时，可能会在未来付款和反向交易时改变。

此外，官方服务公司可能会根据在预计金额时从服务提供商处获得的汇率（以下简称"预计汇率"）且以卖家的银行所在地货币，显示每笔未决付款或反向交易的预计金额。另外要注意，由于汇率会在不受官方服务公司控制的市场条件下浮动，预计汇率可能会与适用汇率不同。

卖家可通过单击卖家的亚马逊卖家账户中的"查看汇率"链接，查看每笔未决付款和反向交易的预计汇率，以及每笔已完成付款和反向交易的适用汇率。

卖家可随时停止使用亚马逊全球收款。如果卖家这样做，必须首先更新卖家的银行账户信息，以及包含本地货币与亚马逊网站货币相同的银行账户。之后的付款最长可能需要额外 14 天，才能让更新的银行账户信息生效。

在使用亚马逊全球收款时，卖家需承担以下风险：卖家在亚马逊网站销售商品时或发生退款、支付、费用或成本时的汇率与预计汇率或适用汇率不同；使用亚马逊全球收款及这些条款和条件不受卖家对亚马逊网站的商品买家承担的合同义务约束，也不会为其提供这方面的任何额外权利；在亚马逊网站购买卖家商品的买家不参与向卖家提供亚马逊全球收款服务的过程，也不是这些条款和条件的履行方。

官方服务公司随时可以自行决定更改亚马逊全球收款服务及这些条款和条件。以下变更将在卖家的亚马逊卖家账户或亚马逊网站上发布此类变更后立即生效。

（1）由于法律、监管、欺诈和滥用预防或安全原因引起的变更。

（2）更改亚马逊全球收款的现有功能或向其添加其他功能（这不会对亚马逊全球收款的使用产生重大不利影响）。

（3）为了限制官方服务公司认为不安全、不合适或令人反感的商品或活动所做的变更。任何其他变更将在卖家的亚马逊账户或亚马逊网站发布此类变更后 15 天内生效。卖家应负责查看并了解所有适用的变更或通知。

卖家应定期查阅亚马逊账户和亚马逊网站，以了解与亚马逊全球收款服务相关的现行条款和条件。如果卖家在任何此类变更生效之后继续使用亚马逊全球收款，则表示接受此类变更或修改。如果卖家不同意接受对亚马逊全球收款及这些条款和条件的任何变更，则不得继续使用亚马逊全球收款。当卖家使用亚马逊全球收款时，卖家需遵守有效的条款和条件制约，除非法律或政府部门要求对此类条款和条件进行任何变更（在此情况下，它适用于该法律或政府部门要求的所有订单）。如果此类条款和条件中的任何部分被视为无效、失效或因任何原因无法由法院执行，则该条款或条件将被视作可分割，不会影响其余任何条款或条件的有效性和可执行性。

官方服务公司未要求卖家严格执行这些条款和条件的任何规定，不构成官方服务公司放弃以后要求卖家严格执行这些条件和条款的此类规定或任何其他规定的权利。

为方便起见，官方服务公司会提前 30 天发出通知，终止卖家对亚马逊全球收款的使用。此外，如果官方服务公司认定卖家存在以下行为，有权立即暂停或终止卖家对亚马逊全球收款服务的使用权限。

（1）卖家严重违反了与官方服务公司签订的适用协议，且未能在收到补救通知后的 7 天内实现补救，除非卖家的违规行为使官方服务公司对第三方负有责任（在这种情况下，官方服务公司有权自行决定缩短或放弃上述补救期）。

（2）卖家的账户已经用于或被官方服务公司的管控系统确定可能用于欺骗性、欺诈性或非法活动。

（3）卖家对亚马逊全球收款服务的使用已经损害或被官方服务公司的管控系统确定可能损害其他卖家、买家或亚马逊的合法利益。

6.4 供应链管理

亚马逊在供应链底层逻辑上就是：库存（成本）+供应。

6.4.1 库存管控

在亚马逊开店，库存管控非常重要。跨境电商和国内电商的差异在于，国内电商在物流时效性上要远远好于跨境电商，跨境电商需要进行供应链的管理。

6.4.2 物流费用

对于大部分卖家来说，"总物流费用占比销售额低于15%"在跨境电商中表现是非常优秀的。即使如京东商城在国内的自营电商业务，物流履约费用占比销售额也高达8%左右。

可以说物流费用的居高不下，也是跨境电商企业的痛点和要点之一。如何更有效率地降低物流费用，这是每个入驻亚马逊的卖家优先要考虑的头等大事。

海外仓可以提高客户的网购物流体验、增加店铺好评率，降低因物流产生的各种纠纷及退款。选择海外仓可帮助卖家合理运用仓储空间、提升配送效率、提高货物流转效率，综合物流成本可节约40%~60%。

6.4.3 供方管理

供应商的输入，是供应链链条执行层面的第一环节，没有好的输入，会对库存产生负面影响。

作为新注册卖家，受制于资金和规模，一开始寻找的供应商大多是中小规模的，需要做的是从海量的中小规模供应商中挑选出可信赖的，然后和他们一起成长。

供应链的两个方向如下。

（1）采购型：选好产品→找样品→确认样品→下订单生产→质检→发货。

（2）自己开模：选好产品→ID设计→MD结构→模具确认→开模生产→质检→发货。

做一个新产品，在没有确认新品销量的情况下不适宜过早找设计师和工厂做私模，应该先找工厂。找工厂除了上1688，通过多次询盘确认对方是工厂还是贸易商以外，还可利用现有工厂资源去找工厂，卖家要合作的工厂管理者会去推荐其他工厂，因为他们之间相互认识，可以快速消除陌生感、不信任感，方便更快地开始工作。也可以寻找贸易商，但需要考虑贸易商存在中间商赚差价的问题。

直接找到厂家的优势如下。

(1)产品的售后问题有保障,有些产品可能只是存在小问题,返厂处理一下就可以,但是贸易商处理环节多。

(2)产品的后期改款升级,如果是厂家的话,可以给卖家更多、更直接的支持,沟通成本低,沟通效率高。

(3)卖家可以直接了解到工厂的生产情况:产能、价格、设备情况、行业信息、出货量、交期、账期、产品知识等。

(4)直接买厂家的样品,可直接确定工厂,利于管控产品品质。

使用1688询盘,便于判断对方是工厂还是贸易商;也可以考虑产品的原产地,从寄样品的地址或发货的地址来辨别是不是贸易商。如果卖家销售产品,在第一批产品不确定销量或是小量的情况下,可以选择贸易商,但是对于长期销售的产品,需要和工厂直接对接。

确定了是从工厂购买的样品,收到并做样品分析后,卖家可以确定几家候选供应商,再进行筛选。尽量找产业链附近的工厂,在原料、运输、市场比价方面有优势。

卖家与工厂需要沟通的有:产品品质、产品交期、工厂产能、出货量、产品会有什么质量问题点、售后怎么处理、价格、账期、运费由谁承担、是否带包装和说明书、产品相关的认证、是否有侵权风险等,这些是必须要确认的。同时还可以去了解竞争对手的情况。例如,有哪些其他卖家?是走亚马逊模式的还是走B2B的?如果是走亚马逊的,出单量会是多少?询问行业信息、产品用料、供应链分布、工厂的历史、工厂负责人对这个市场的看法和规划等。

同时考察工厂实际状况,工厂的整洁程度、工人的数量,工人是否有穿工作服,工厂用的机器是国产的还是进口的?自动化程度有多少?所用的材料的质量?这些在一定程度上能反映工厂做出来的产品的质量水平,自动化程度越高、用料质量越好,产品的质量会更好,但产品的成本会高。

和供应商合作,需要明确交付日期和交付协议中的条件。例如,当交期交不上货、产品质量出现问题时,要知道如何处理、损失如何赔付、赔付比例等。收到货以后,要对产品进行质检,抽检比例根据产品的重要性和优先级来做。例如,爆款、新品的抽检率为30%,普通销量的产品的抽检率为20%~25%,因为一个质量坏的产品或包装损坏的产品,很大概率会在销售时被打差评,给卖家声誉和店铺销售带来巨大损失。所以在供应链上游管理中,首先要做好质控。

供应链管理,管理的就是质量、交期、成本这3个主要的方面,关于成本,可以通过物料清单来管理。物料清单(bill of material,BOM),是以数据格式来描述产品结构的文件,是计算机可以识别的产品结构数据文件,也是企业资源计划(enterorise resource planning,ERP)的主导文件。BOM使系统识别产品结构,也是联系与沟通企业各项业务的纽带。卖家有了 BOM，就可以快速、方便地掌握一个产品的成本（算上工厂的损耗、人工）和工厂应该有的利润（一般为 15%~20%）。

6.5 退换货管理

亚马逊承诺除少量特殊商品外，自商品送达时间起 30 日内，如商品及包装保持亚马逊卖出时原状且配件齐全，将提供全款退货的服务。依据各种产品的特性不同，退货政策的施行细则也存在差别。

以下状况不予办理退货：任何非由亚马逊卖出或配送的商品；任何有质量问题的商品，但已使用过的除外；任何因非正常使用及保管招致呈现质量问题的商品。

商家需留意，除可请求退还已损坏的、有缺陷的或不契合订单请求的货物外，买家如今还可选择免费改换货物。这将使卖家保存订单，而不会将买卖退回。不论买家是请求改换还是退款，他们都会继续收到他们产品的"预付退货标签"。

（1）买家在 7 天内能够依据免费换货方案退货。

（2）货代扫描货品时，平台会收到买家的退货确认。

（3）随后，平台将通知卖家改换商品。

（4）对符合亚马逊退货和换货条件的商品，买家能够申请退款或换货。

（5）卖家可在后台了解更多关于"预付退货标签"方案和自发货卖家免费改换产品的信息。

（6）在确认客户发货后，亚马逊通知卖家寄出替代品。即卖家在收到货物后未确认能否退货，必须给买方换货。

亚马逊上有一些情况是能够免费换货的，但有时需求买家承担换货的运费，详细的还要看商家提供了哪些服务，另外不同的物流方式可能也有不同的换货政策，所以在下单前就要先看看服务有哪些。

亚马逊免费更换规则如下。

（1）仅适用于库存充足且状况相同的卖家自配送网络（merchant fulfillment network，MFN）和第三方卖家自配送（seller fulfilled prime，SFP）商品。

（2）从要求更换商品的那一刻起，买家有 7 天的时间退货。

（3）第一次返回扫描必须在更换请求后的 10 天内进行。

（4）卖家可以取消更换，但这对他们不利。如果卖家启用了退款但不退货（returnless refund）选项，亚马逊会为买家提供在退款和免费更换之间进行选择的选项。

（5）当买家选择更换时，卖家可以免除退款管理费的成本，他们还可以提出"SAFE-T"索赔。

对于换货的订单，亚马逊将不再收取卖家任何费用，包括 FBA 配送费及佣金。

卖家将会在后台的管理订单（manage order）（该订单费用将会显示为 0）和替代品报告（replacement report）中查看到退换货订单。

如果亚马逊在 40 天内没有收到买家的退货，那么将会按照现有 FBA 的补充流程支付相应的费用给卖家；如果 45 天内未收到买家退货，则该换货订单将会重新收取买家费用。

在亚马逊平台如果发生商品的退货，大致的流程如下。

（1）消费者收到在亚马逊平台购买的商品后，因为对商品不满意而向卖家提出退货申请。

（2）在收到消费者的退货申请后，卖家要在卖家中心后台查看退货申请及退货原因，并且要在平台规定的时间内回复消费者的退货申请。一般情况下，处理的结果有两种：同意退货或者拒绝退货。如果卖家同意退货，亚马逊平台系统会向消费者发送具体的退货地址；如果卖家拒绝退货，卖家要详细说明退货原因，由亚马逊平台系统告知买家。

（3）如果卖家同意退货，消费者要在规定的时间内将商品完整寄回给卖家。

（4）卖家收到消费者寄回的商品后，就要及时将商品的付款金额返还给消费者。

以上就是在亚马逊平台退货的大致流程。但实际情况中，还会遇到其他的一些问题。特别是对于自发货的卖家，其在处理消费者的退货问题时就更加棘手了，可以参考以下两种方法。

（1）使用货代，跟货代沟通联系好之后，让消费者将商品直接邮寄给货代，之后再由货代将商品发送至卖家手中。

（2）如果卖家有其他的海外仓库，直接发送至海外仓无疑是最好的办法。

1. 简述亚马逊平台的特色。
2. 简述亚马逊商业模式的特点。
3. 简述亚马逊的注册流程。
4. 简述亚马逊的物流方式。
5. 简述亚马逊的退换货流程。

案例分析

即测即练

第 7 章 易贝

1. 了解跨境电子商务平台易贝的平台特色。
2. 理解易贝的商业模式。
3. 了解易贝的平台规则。
4. 理解易贝的物流管理模式。

易贝热销品类之汽摩配

作为全球最大的在线汽摩配交易平台之一,易贝汽摩配年销售额规模在 100 亿美元以上,数亿条商品在网站上刊登销售。

汽摩配品类产品 GMV 连续多年取得高速增长,是大中华地区增速最快的品类之一。每年易贝都会开发品类指南,进行行业对接、品牌扶持等活动,全方位支持大中华地区卖家拓展汽摩配品类。2022 年度易贝精心挑选了 300 个高速增长子分类,涵盖美国、英国、德国、澳大利亚、意大利、法国、西班牙七大站点的六大核心类目:汽车卡车配件、摩托车配件、全地形车和多功能车(all terrain vehicle and utility vehicle,ATV&UTV)配件、船舶配件、雪地车配件、汽车工具与设备,并给予定制化促销奖励方案。

不同于 3C 电子、时尚等大众化品类,汽摩配品类的买家群体非常具有针对性。大多数产品都是根据适配性专车专用的。同时,汽摩配零件只有在车辆零配件损坏,必须要更换时，买家才会去购买。所以大部分讲究适配性的汽摩配产品并不适合做处理这类活动。针对一些汽车通用件，易贝各大站点还是有非常多的活动支持的。

（资料来源：https://www.dsb.cn/206274.html。）

7.1 易贝平台特色

易贝在全球的服务站点包括在美国的主站点和在奥地利、澳大利亚、比利时、巴西、加拿大、中国、法国、德国、印度、爱尔兰、意大利、韩国、马来西亚、墨西哥、荷兰、新西兰、菲律宾、波兰、新加坡、西班牙、瑞典、瑞士、英国和阿根廷等26个全球站点。易贝总部设在美国加利福尼亚州，目前拥有4000名员工，在英国、德国、韩国、澳大利亚、中国和日本等地都设有分公司。

卖家在易贝平台开店是免费的。在易贝易趣平台，所有的交易将通过易贝。易贝收取登录和交易服务费。易贝的平台特色主要有以下几点。

（1）入驻门槛低。相对亚马逊、速卖通等平台，易贝的入驻门槛比较低，个人和企业都可以申请入驻。但也必须提供注册材料和执行办理手续流程，如提供发票、银行账单等。易贝的审核周期长。店铺初始不能上架多于10个商品，并且只能以拍卖的形式买卖，卖家必须累积信用才可以越卖越多，并且出销售业绩和出单周期也很长，累积时间会让卖家觉得漫长。

（2）销售模式多样。易贝的销售模式除一口价、拍卖两种方式外，还有两者结合的模式及定价出口、无底价竞拍等，销售模式的选择比较灵活。

（3）专业客服服务。易贝提供专业的客服为卖家服务，通过在线沟通或电话沟通的方式交流。

与其他平台不同，易贝的商品有拍卖销售模式，卖家通过竞拍方式购买产品，这样商品的利润有较大的提升空间。在商品下线时，竞拍价最高的买家即可获得该商品。卖家可以通过拍卖的方式获取曝光，提高自家商品在易贝上的商品排名。除了拍卖之外，卖家还可以结合一口价和拍卖两种方式去销售，可以设置一个保底价格，然后再让买家进行拍卖。注意：如果商品刊登之后，就不能再修改销售模式了。

7.2 易贝商业模式

易贝平台商业模式主要有3种。

7.2.1 拍卖模式

拍卖（auction）形式，是易贝标准的出售形式，即在一定时间内将物品卖给最高出价者。

1. 规则

（1）卖家提供一件物品，设定起拍价。

（2）在拍卖期间，买家对刊登物品出价竞投。

（3）拍卖结束后，最高出价者以中标的金额买下物品。

买家可以在拍卖期间以出价方式购买物品，每次只能拍卖一件物品。

2. 刊登天数

拍卖形式可刊登1、3、5、7或10日，房地产拍卖可刊登30日。

这个模式是易贝的特色商业模式，也是目前大部分易贝卖家使用的产品销售方式。使用拍卖模式时，卖家要先设置起拍价和拍卖时间，之后买家就可以开始竞拍，在产品下线前，哪位卖家竞拍价最高，就可以购得这件商品。

平台对于拍卖的商品也是有扶持的。例如，卖家的拍卖商品接近结束时间，那么易贝就会提升这个产品的搜索排名，让买家更易搜索到，带来更多曝光和流量。

3. 可用于拍卖模式的商品

（1）稀有物品或收藏品。

（2）极吸引人的物品。

（3）想利用低价起标，吸引买家出价的物品。

7.2.2 一口价模式

一口价就是卖家设定的商品一次性定价，是不能进行折扣的。采用这种模式卖家可以更好地控制商品利润，拥有更大的利润空间，获得更好的赢利。

一般一口价的商品都是库存量比较大的商品，可以设置最长30天的在线时间，能带来更多的曝光量和转化率。

1. 规则

（1）卖家提供一件或多件物品，设定一口价。

（2）买家不需经过竞投过程再出价，可以直接买下物品。换言之，买家只能以设定的价格购得物品。

买家只能用一口价，立即购买物品，可同时购买一件或多件物品。

2. 刊登天数

卖家可以刊登3、5、7、10、30日或无限期。

无限期刊登版块，会每30日自动重新刊登，直至所有物品售出、商品结束刊登或易贝结束刊登为止。卖家可以在网站偏好设定选择"缺货控制",让卖家刊登的物品一直持续出售(包括暂时缺货时)。

3. 可用于一口价的商品

(1)实用物品或日用品。

(2)大批物品。

(3)已知价格的物品。

7.2.3 一口价+拍卖模式

这种模式是以上两种模式的综合,使用这种模式的商品更容易销售。

该模式需要卖家设置一个合适的起拍价,加上最低报价,让买家的选择更加灵活,能更好地提升他们的购物体验。

1. 规则

(1)卖家提供一件物品,在拍卖形式中加入"立即买"价格,两者并存。

(2)买家可以选择对物品出价,或立即购买物品。

情况1:若有买家先选择"立即买",就能直接用一口价立即购买物品。

情况2:一旦有人先对物品出价,"立即买"的价格和功能就会消失,而此件物品将以正常形式拍卖。

买家可以对物品出价,或使用一口价立即购买物品。每次只能拍卖一件物品。

2. 可用于一口价+拍卖的商品

(1)要以拍卖或"立即买"形式出售的单件物品。

(2)想提供买家多种购买方式的物品。

易贝拍卖和一口价并存的出售形式很特别,一旦有人对物品出价,"立即买"功能就会消失,而卖家的物品将以正常形式继续拍卖。在这种情形下,很喜欢这件物品的买家,为了不错失心爱物品,而考虑赶紧用"立即买"直接购买,以金钱换取时间。

1)买家为何愿意立即买

当物品的一口价和起标价差距不大,买家又很喜欢这件物品时,因为不想冒失去的风险,买家通常愿意多付一点钱立即购买。即使出价竞标,因为差价不大,若有人竞争,结标价可能会超过"立即买"的一口价。

2)正确的定价策略

(1)一口价>起标价。

(2)卖家可以将固定价高于起标价1~2成。这个范围的价格非常接近起标价,一旦有人出价,价钱很可能会被超越。买家可以选择"立即买"。

3）卖家的好处有哪些

（1）如果买家使用"立即买"购买，卖家可以节省等待结标的时间。

（2）如果有人开始出价竞标，卖家可以借此得知物品在买家的心中价值是多少。物品若抢手，还可能以高于"立即买"价格的结标价卖出物品。

4）千万不要犯的错误定价方式

（1）一口价=起标价：许多卖家喜欢把起标价和一口价定相同的数字。这样做是没有意义的，因为对买家而言，两者的价格一样，就不需再以竞标来取得物品。这种情形，建议卖家选用"一口价"的出售形式即可。

（2）一口价远高于起标价：有些买家想用低价吸引竞标者，但是设定的一口价却远远高出起标价。买家看到差价太大，谁也不想"立即买"。加上只要出价后，"立即买"功能就会消失。

易贝的商品销售，卖家熟悉的就是拍卖、一口价、一口价+拍卖3种模式。其中一口价模式中，有一种叫"议价"的功能，这种功能可以帮助卖家更好地吸引流量，同时提升转化。

易贝议价功能又叫best offer，主要指卖家对于自己店铺的某些商品允许买家降价，之后自己再决定是否接受买家的议价的一种销售模式。

易贝议价功能的设置步骤也是比较简单的。

第一步：在"format"售卖方式选项中，选择"fixed price"选项，也就是一口价模式。

第二步：填写好商品一口价之后，选择"let buyers make offers"选项，即开通了议价功能。

第三步：卖家可设置希望自动接收或自动拒绝的议价价格。

第四步：继续上架商品，完成商品上架信息，上架之后即可销售。

卖家设置了议价功能后，买家就可以进行议价操作。当有买家提出议价时，平台会通过电子邮件告知卖家。

卖家可以在"seller hub"下的详情页模块中，单击"active listings with offers"下的详情页查看买家提出的所有报价。注意：卖家是需要在48小时内进行回复才行，否则过期。卖家也可以继续和买家进行反向议价等操作。

如果卖家设置了自动接收或自动拒绝议价，那么易贝会自动根据设置来帮卖家完成议价的接受或者拒绝。虽然买家不会知道卖家设置的限价是多少，但这个限价必须低于产品的一口价。如果议价高于上限价格，那么易贝会同时通知卖家和该买家，而该买家需要进行付款；如果低于下限价格，那么易贝会自动发送邮件给买家拒绝此次议价；买家可以针对该产品进行3次议价，卖家也可以进行反向议价。

除了这两个议价情况外，若议价在设置的议价范围，那么易贝会通过电子邮件告知卖家，卖家可以决定是否接受买家的议价。

还要注意，如果产品处于以下两种情形，不支持试用自动接受或拒绝议价功能。

（1）平台规定无法进行自动接受/拒绝议价功能的类目商品。

（2）商品在进行打折活动。

易贝提出的议价功能可以为卖家有效提升商品销量，不过卖家也要根据商品的成本等方面选择合适的议价区间，这样才能保证商品有充足的利润，带给自己更大的收益。

这3种商业模式各有优势，卖家主要是结合自己的商品选择一个合适的模式，才能让自己的店铺商品更有竞争力，从而提升出单量，带来更大的效益。

易贝目前有比较大的发展前景，因为其相对其他平台模式比较独特，买家能根据自己的需求去选择任意一个商业模式进行购买，可以节省成本。而易贝卖家，则可以从这3种商业模式中实现自己不同的目的，取得更大的收益。所以卖家一定要结合自己的需求，去选择一个最佳的易贝商业模式销售产品。

7.3 平台规则

7.3.1 搜索排名规则

对于易贝卖家来说，要想增加商品的搜索曝光量必须了解和遵守易贝平台的搜索排序规则。如何优化商品排名，提高搜索曝光率最佳匹配（best match），第一步是掌握搜索排序规则。

影响最佳匹配的搜索排名因素主要分4部分：相关性、卖家表现、买家记录和物流服务。

1. 相关性

详情页标题及类目的相关性、准确的标题、精准的分类定位，使得买家更加容易搜索到卖家的单品，标题与类目相关性越大，排名越靠前。

如果买家搜索同一类商品的关键词，易贝会自动推送同类目的商品或相关商品的周边商品。

此外，有竞争力的价格、精美的图像、完整的物品规格属性，是不是促销刊登（promoted listings）、是否使用了量价（volume price）等促销工具，都是影响排名的关键因素。卖家除了卖一种商品，也可以组合搭配商品的相关配件或同类目下的其他商品一起出售，注意在标题和商品描述中需要包含相关关键词。

2. 卖家表现

卖家等级越高，排名越靠前。卖家可以在"Seller dashboard"中查看自己的卖家表现。一般易贝的卖家表现分为3种：评级卖家（rated seller）、标准之上（above standard）及标准之下（below standard）。卖家可以查看自己在满足来自美国、英国、德国和全球市场的买家预期方面的表现数据。

卖家表现的影响因素包括账号是否属于顶级（TOP）、是不是标准之上、是否存在违规记录，如侵权、滥用多属性、重复刊登等。

另外在服务评级方面的表现，买家的满意度、中差评数量、卖家服务评级系统（detail seller rating，DSR）评分高低、物品未收到（item not received，INR）、物品与描述不符（significantly not as described，SNAD）投诉的数量等都是在卖家等级方面影响排名的因素。

3. 买家记录

买家记录包括最近的售出记录、近期的销售转化率、被浏览数量、被加购物车的数量等，购买记录越多的产品，取得的曝光度就越大。

4. 物流服务

物流服务方面的因素包括产品的预计交货日期（estimated delivery date，EDD）是多少，经济型还是商业型的物流方式，物品是否免运费，是否免费退货，以及物品所在区域等。还有很关键的一点，就是这个商品是从海外仓发货，还是从中国直发。若是海外仓，是否参与了易贝保证送达（eBay guaranteed delivery，eGD）的计划。在最佳匹配规则里，易贝提高了海外仓物品和免运费物品的排名，降低了高运费或运费不明物品的排名。

7.3.2 易贝费用计算规则

预计进价：进货成本。

包装费：商品会经历入库—拣货—包装—发出的过程，这段过程产生的费用计算为包装费。

运费模板：商品发布人员选择合适的运费模板，一般店铺会有十几个甚至更多的运费模板，卖家需要根据商品属性、发货地区等因素选择。

包装运费：由于商品一般都会小包包邮，这部分运费由包装重量计算得出，具体计算方式各不相同。

成本：成本 = 预计进价 + 包装费 + 包邮邮费。

市场均价与推荐售价：主要是在参考同行的售价时使用，仅具备参考意义。

吊牌售出价与折扣率：为了吸引客户，卖家会使用打折促销策略，即在商品上设置一个折扣，折后的价格是卖家实际想卖的价格。在设置折扣率时，可以考虑略低于市场的平均折扣率，因为高于市场平均折扣率对买家没有吸引力，过低的折扣率又显得虚假。吊牌售出价就是卖家在发布产品时设置的价格，类似于我们在商场买商品的原价。

实际售出价：实际售出价 = 吊牌售出价 × 折扣率。

利润：利润 = 销售收入 − 成本费用。

利润率：利润率 = 成本 ÷ 利润，利润率是剩余价值与全部预付资本的比率，利润率是剩余价值率的转化形式，是同一剩余价值量用不同的方法计算出来的另一种比率。

当前汇率：当时人民币兑换美元的汇率。

对于不同类型的易贝店铺，有不同的手续费上限规定。例如，易贝超级精选店铺和企业店铺的商家，成交手续费上限是 250 美元。另外，普通店铺和精品店铺除 4 个特殊类目外，所有分类的成交手续费均为 350 美元。

需要特别注意，如果易贝店铺被降级，那么店铺的成交手续费也会有所提升。所以商家一定要合理运营店铺、保持良好的店铺营业额等，这样可以节省不少开店成本。

商家可以选择易贝的付费推广服务，提高商品的曝光度，增加商品卖出的概率。比如，使用"promoted listing"的刊登，会被推广到特定的页面位置，并且会通过推广活动成功卖出商品，收取相应比例的佣金。

7.3.3 易贝标题优化规则

标题是易贝分词排序的核心因素，易贝主要是通过商品标题来匹配关键词。所以，做好标题优化可以极大地提升商品曝光率和用户点击率。

要做好标题优化，需重视以下几点。

（1）错误拼写。这是最常发生的错误，商品发布人员因失误错打、多打或少打一个字符，单词拼写错误或网站拼写错误，都会给买家造成困扰，甚至会影响买家购买商品时的心情。

（2）大小写。要注意每句首单词字母的大写，并且尽量避免全部都是大写的形式，这在买家观看时会造成很大的不便。

（3）单词的顺序。往往一句话中单词的不同顺序，可能会给买家带来不一样的感觉，甚至会在单词中感受到尊敬或其他感情，提升买家购买时的心情舒适度，如此就能提高潜在买家的购买率。

易贝标题写法如下。

（1）要使用能够明确描述卖家所售商品的关键词。从买家的角度思考买家可能会在搜索框里输入的关键词。比如，Winter Women's Slim Parka Coat。

（2）要将商品详情写到标题里，使买家方便了解商品是新款还是旧款。比如，New Women's Oversized Knitted sweater。将品牌名称、型号、颜色和其他相关信息都表现在标题里。比如，Brand New Hugo Boss Men's Black Coat Jacket S/XL。

（3）不选择没用的修饰词，因为买家不会在搜索框里输入这些词，这些词只会浪费空间，如 wow、look、cool、lovely、awesome 等。在标题里，卖家只能使用 80 个字符，所以要选择那些更有可能让卖家的商品出现在易贝搜索结果里的词语。

（4）要确保标题里的每个单词都拼写正确。无论商品名称、动词还是形容词，只要拼错就可能会让买家无法搜索到卖家的商品。

（5）不要重复使用同义词，避免标题有重复信息，保证标题的可读性。

（6）不要在标题中添加星号和标点符号，这样会浪费宝贵的标题词空间。买家一般不会在搜索时加句号或逗号。

（7）要谨慎使用首字母缩写，这样容易使消费者误解或不理解。如果空间实在有限，可以参考易贝中经常使用的缩写。

针对物品属性组合拓展关键词组，即为物品核心名词添加定语和形容词。例如，围绕产品特点、质地、功能等来拓展标题关键词，既能方便搜索，又能吸引买家眼球，还可利用搜索下拉框打造热门关键词。搜索框弹出的下拉框里通常都是买家们经常搜索的热门关键词，卖家们可以利用关键词工具进行拓展。此外，如果需要找易贝站内的关键词，可以运用易贝的相关市场调研软件（需付费）来帮助选择。

还可以使用搜索引擎优化（SEO）提升商品站外搜索引擎中的自然排名，或使用谷歌广告关键词（Google AdWords）里的关键字工具（keyword tool），选择适合自己物品的有用关键词。

选词的时候，要注意不同的详情页有不同的选词策略：流量低、销量低的详情页要选择在线详情页较少的关键词，避免与同行的竞争，有助于提升曝光和转化。基础流量和销量的详情页要选择搜索量不是最高，但是转化率高的词，可以帮助增加曝光和提升销量。

高销量详情页找搜索量最高的相关词，以最大可能提升曝光和销量。再在专注的垂直领域收集关键词、建立词库，在建立词库时要注意区分主关键词和长尾关键词。当建立了丰富的关键词词库后，就可为后续的组词做好充分的准备。

易贝标题优化要点如下。

（1）尽量写够80个字符，重点在前55个。

（2）标题格式按用户的硬性需求＋商品核心词＋商品特性词＋用户软性需求进行排列，前两项很重要，后两项取决于文字字符。

（3）副标题是非必要的。因为会收费，但副标题对点击率有很大影响，类似于点击付费广告（pay per click，PPC）的描述，适用于非商品卖点的宣传。

（4）用户搜索词在标题中出现会有很大的影响因素，但频率不明显，无须堆砌。

（5）最重要的一点：标题是给用户看的，尽量以（2）的格式写。关于标题的自动生成，现在主要是程序的自动组成，进行人工干预调整。

（6）测试评估完成标题优化后，在同一SKU进行优化和测试优化结果，进行不同版本的效果比较。

根据易贝优化指南，物品标题中最多可包含80个字符。卖家应尽量利用这些字符对店铺希望传达的意图进行具体描述，如商品名称、颜色、材质、尺寸及任何其他的具体属性，以通过清晰、简洁和专业的方式描述商品。

易贝还允许使用副标题，通过另外 55 个字符来补充描述商品。卖家可添加商品标题中未曾涉及的关键字或物品属性，并对产品的优势进行补充说明，如包邮、保修或其他促销活动。

在制作刊登时，勿全部使用大写字母，同时勿使用标点符号或星号等特殊字符，以及与产品无关的词语（如 wow 或 look）。还应避免使用虚假或误导性的措辞。这将对卖家的刊登业绩和客户反馈产生负面影响。

至于物品刊登描述，要考虑至少使用 200 个字来描述商品，并且在开头和结尾处列出最重要的关键词短语。确保使用最佳关键字密度和相关格式（例如，标题、粗体，对重要标题和关键字酌情调整字号，等等）。许多成功的卖家实施的均为"80/20 规则"，即 80% 的内容用于介绍产品，20% 用于宣传。

易贝不允许在产品描述中出现动态内容，应避免使用 Flash 或 JavaScript 代码，否则易贝将删除这些内容，因为此类内容还会影响其他正常内容在移动设备上的显示。

7.3.4　易贝平台的收费规则

易贝卖家店铺分为 3 种类型，分别为：普通店铺、高级店铺、超级店铺。

易贝平台的基本费用一般由刊登费和成交费构成。卖家开通店铺需要向易贝交纳店铺平台费用。店铺平台费用由三方面构成：店铺费 + 刊登费 + 成交费。

易贝平台的收费模式一：刊登费。店铺卖家每月的刊登都有一定的免费额度。利用易贝图像托管每个详情页可以免费上传最多 12 张图像，可免费使用缩放功能。

易贝平台的收费模式二：成交费。店铺卖家的成交费相对于非店铺卖家来说要复杂一点，因为它是按区分不同类目来计算收费比率的。

易贝平台的收费模式三：优化功能费率表费。店铺卖家可使用优化详情页的功能，是额外收费的。

易贝平台费用介绍如下。

1. 店铺订阅费

易贝卖家主要有两种类型：非店铺卖家和店铺卖家，其中店铺卖家需要交纳一定的店铺订阅费，主要有 5 个档次，年度订阅最低收费标准为 4.95 美元。

易贝店铺卖家收费分为月度收费和年度收费两种，其中年度订阅的费用平均下来比月度订阅费用低一些。

2. 产品刊登费

易贝对卖家的产品刊登有条数限制，一般非店铺卖家每月有 50 条免费刊登详情页的条数,超出的部分会按收费标准收取新的费用。

对于店铺卖家,店铺等级越高,就有越多的免费刊登详情页条数,如有超过的刊登费用也比较低。

3. 成交佣金

在易贝上,不同类目收取的佣金比率不一样。一般费率在 3.5%~9.15%,非店铺卖家的成交费率比较高,收取 12% 佣金。

需要注意,如果账号下降到平均水平以下的话,那么成交费率会增加 4%。

4. 提现手续费

目前易贝仅支持 PayPal 一种收款方式,在提现时会产生一定的手续费,这笔费用会支付给 PayPal,不是易贝收取。

综上所述,易贝的平台收费主要是由店铺订阅费、刊登费、成交佣金及提现手续费 4 个部分组成。

7.4 物流管理

易贝的物流方式主要分为两种形式:一种是海外仓模式,另一种是自发货模式。

7.4.1 海外仓模式

这个模式需要卖家自建海外仓或选择第三方海外仓,先将商品从国内运输到海外仓中,当有订单之后,通过当地物流进行尾程派送。

易贝卖家想申请海外仓权限,需要通过"易贝企业管理平台"进行海外仓经营资质的申请。之后需要用易趣履行(eBay fulfillment)等认证海外仓,也可以通过易贝客户经理申请海外仓刊登权限。通过审核的企业卖家必须使用易贝认证的海外仓服务供应商进行海外仓相关物品的刊登。

注意,个人卖家及没有专属易贝客户经理的企业卖家是无法申请海外仓权限的。

易贝也有自己的卖家评级体系,评价是由买家的评价和评分决定的,分为好评、中评和差评。数字代表被评价的次数(数字越大,说明交易次数越多),还可看到好评率和其他评价。

如果卖家不发货或者发货错误,在登录首页上方有客户支持(customer support)功能,买家可选择调解中心(resolution center)立案(open case)跟卖家沟通。买家可在交易完成后的 45 天内立案,一旦立案,相关的交易资金将被自动冻结。卖家可以在 3 个工作日内采取一些行动,包括提供物流信息、退款或换货。如果 3 个工作日内卖家没有解决问题,买家就可提交给易贝客服，易贝会介入调查，如果卖家不提供发货单，那么货款就会强制退还给买家。

2022年6月，易贝发布公告，为持续助力卖家拓展海外仓业务，易贝进一步简化了卖家海外仓经营准入管理制度。对于有易贝专属客户经理支持的易贝企业卖家，只需成功注册进入"易贝企业管理平台"，并符合易贝平台关于海外仓服务考核标准的相关规定，即可申请海外仓销售权限。

易贝还支持美国海外仓一件代发模式。很多卖家在是否选择海外仓的问题上，经常担心海外仓备货会占用大量的资金。从买家角度来说，美国海外仓代发是从当地直接发货，拥有与当地商家相同的空间、时间优势，所以卖家选择美国海外仓是一个高效的选择，可以大幅提升买家购物体验。从电商卖家角度来讲，使用美国海外仓一件代发模式头程，仍然是采用传统的外贸物流方式，按照正常清关流程进口，大大降低了清关障碍，同时也突破了对运输物品的质量、体积、价值等的限制，扩大了运输品类并降低了物流费用。使用了海外仓的卖家，对于买家来说，不仅可以更快地收到快递包裹、全程查询物流配送信息，同时由于转运流程的减少，快递破损丢包率也大大下降，退货、差评率低。账号的整体表现会显著提升，而提升之后的曝光质量肯定会更上一个台阶，良好的购物体验又得以大幅度提升，促进了他们的第二次购买。

美国海外仓是易贝美国站的物流解决方案之一，无论从买家的购物体验、卖家的流量和大趋势，都是较优的一项选择，中国卖家可以选择易贝海外仓或第三方速运美国海外仓服务，也可以根据自己的产品特点、物流时效需求、物流淡旺季特点灵活选择从国内自发货到美国。

海外仓头程方面，可以选择的运输方式主要有空运和海运。

（1）空运的优势在于效率高、时效快、稳定性好，收费也比较高。

（2）海运的效率低、时效慢、稳定性差，但是收费非常低。

7.4.2 自发货模式

自发货模式是国内易贝卖家的主流发货模式。因为自发货模式比较稳定、安全，不用担心货物在海外仓滞销，也无须支付较高的仓储成本。卖家不需要囤大批货量，也无须支付与货物相关的仓储、人工及货物资金，运营资金压力小。而且相对来说，自发货到美国的物流渠道很多，如国际快递、国际EMS、国际专线、国际小包等，卖家的选择比较自由。

不同的物流方式又有不同的物流渠道，每一个渠道的优势不同。

对于易贝买家来说，根据店铺的实际需求，选择合适的物流方式，这样既能节省物流成本、保证时效性，还能够帮助卖家更好地拓展海外市场。

7.4.3　易贝国际发货模式

易贝国际标准运输服务（eBay Send internation Standard）国际发货模式于 2020 年在美国推出，是一种未付完税交货（delivered duty unpaid，DDU）的运输服务。面向全球两百多个国家和地区并提供小包裹服务，但是只向一部分美国卖家推出，还未全面推广。与其他模式不同的是，买家需要向运输者支付关税跟发货税，而不需要在易贝上支付关税税款。

而且这项物流服务的要求也比较多，商品必须位于美国境内，且在易贝上销售，订单价值须低于 5000 美元，商品包装的最大长度和周长为 84 英寸。

另外，易贝国际发货模式有一个缺点，就是不支持多个订单合并为一个货件到整合中心，只能进行单独包装和发送。

物流需要注意以下内容。

1. 发货前的物流选择

选择一个适合商店发展或针对地域性发展的物流商。即使是全球知名的物流商，也没有一定的全球标准业务，更多的是单点业务，单个地域的业务占 60%~80%，所以在针对地域销售商品时，优先性地针对单个地域设置物流框架是必要的。

2. 发货前的物流设置

物流模板的设置是有不同选项的，要站在买家的角度进行选择。例如：①固定运费，为买家设置固定的运费要求（设置单个地域/多个地域等）；②计算运费，根据易贝的计算方式，计算目的地运费，根据包裹类型＋尺寸＋质量来计算运费（避免运费成本计算误差）；③发货前的运费设置，对于运费设置，商品购买率更多的是包邮，其次是低邮费。无论在什么平台，物流费用都会成为买家达成交易转化的一个关键。

7.5　广告推广

7.5.1　易贝广告方式

易贝广告主要有 Promoted listings 和品牌广告两种。

1. Promoted listings

Promoted listings 比较受卖家欢迎，投放的详情页会被标记为 sponsored，还会在搜索结果页顶部展示，会提高产品曝光量，最重要的是买家购买之后才收取广告费，如图 7-1 所示。

图 7-1　Promoteds listings 广告

使用易贝广告的 Promoted listings 推广，卖家需要满足以下条件。

（1）必须是易贝商店卖家。

（2）具有较高评级或高于标准状态的非商店卖家。

Promoted listings 广告价格合理，而且容易设置并跟踪结果。它的费用根据卖家的需求而定。只有当销售发生时，卖家才需支付这笔费用。这笔费用占销售额的 1%~20%。卖家的出价越高，卖家的详情页就越有可能在搜索结果中占据优势。出价金额取决于当前的趋势广告费率，即通过 Promoted listings 出售类似商品的平均费率。例如，目前视频游戏的总体趋势广告率是销售额的 4.46%。

2. 品牌广告

品牌广告则是针对品牌商品提供优质的投放方案，以提升广告效果。

具有大量营销预算的品牌也会使用易贝的品牌解决方案优化其详情页。该解决方案更深入、更个性化。

大型品牌广告主要是针对那些具备大量营销频率及预算的品牌，通过易贝的品牌解决方案优化商品的详情页。

有卖家收到过易贝官方邀请的 Promoted listings 广告补贴活动，为了鼓励卖家使用站内广告，易贝在流量方向做了相应调整，从直接流量向付费流量转变。从往年数据及经验来看，易贝平台首页上 Promoted listings 大概占比在 16%~21% 之间，即平台首页有大约 20% 的产品是通过站内付费推广的形式进行排名的。

易贝 Promoted listings 的选取内容：产品、广告费用和资格。

Promoted listings 可以提高产品的知名度，并将详情页推到易贝搜索结果的顶部（或至少是高位）。

卖家可以通过易贝站内付费广告宣传以下类别的产品：畅销品；季节性商品；新详情页。不建议推广以下类别的商品：汽车；房地产；旅行；其他不属于易贝指定的任何类别的商品。

此外，易贝允许卖家推广固定价格详情页，不允许推广"auction"（拍卖）或"buy it now"（立即购买）。

不要推广转化效果不佳的详情页，这些详情页即使能吸引很多流量也不会带来更多销售。

Promoted listings 可以出现在整个易贝平台，包括移动和桌面搜索结果。易贝会根据搜索的相关性和持续的广告费率拉动卖家商品的 Promoted listing。

商品广告会出现在以下区域。

（1）搜索结果的顶部。如果卖家在详情页的质量和相关性方面做得很好，并以具有竞争力的广告费率出价，则更有可能出现在搜索结果的顶部。

（2）在整个搜索结果中。易贝广告与 Google Ads 不同，易贝广告的付费结果会显示在几个指定的位置。

易贝详情页可以在结果页面的中间显示，如图 7-2 所示。

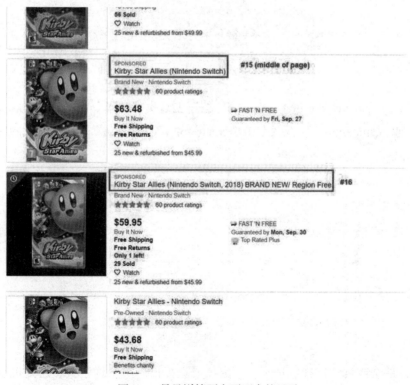

图 7-2　易贝详情页在页面中的显示

（3）在非 Promoted listings 旁边。如果卖家的详情页已经出现在自然搜索结果中，则卖家的赞助详情页会与自然搜索信息并排出现。

设置 promoted listings 在易贝上刊登广告有如下 5 个简单步骤。

步骤 1：访问卖方中心的 Promoted listings。登录并转至 https：//ebay.com/sh。进入后，单击"marketing" "promoted listings"按钮。

步骤 2：单击制作新的广告系列"create a new campaign"按钮，如果卖家之前从未创建过 Promoted listings，则会显如图 7-3 所示的页面。

图 7-3 创建"新的广告系列"

首先，单击"create your first campaign"按钮创建卖家的第一个广告系列。或者向下滚动至广告系列"campaigns"，其次单击"create a new campaign"按钮创建新的广告系列，如图 7-4 所示。

图 7-4 创建新系列

步骤 3：单个或批量选择详情页。卖家需要选择推广单个详情页，还是批量选择多个详情页。卖家可以在一个广告系列中选择多达 50 000 个详情页，如图 7-5 所示。

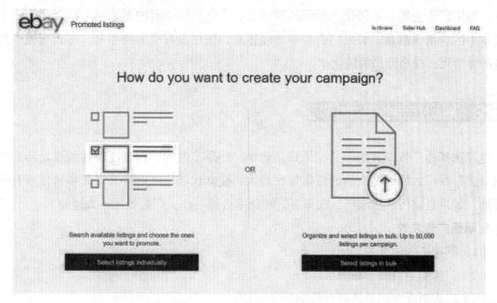

图 7-5　批量选择广告详情页

步骤 4：应用广告费率。选择详情页后，选择应用广告费率。如果卖家的 Promoted listings 导致购买者在开始促销后的 30 天内浏览并购买了促销商品，则卖家将支付最终销售价格的百分比，如图 7-6 所示。

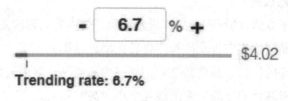

图 7-6　选择广告费率

最新的趋势广告费率会显示在每个广告费率切换项的下方。灰色文字的右侧是卖家为 Promoted listings 所支付的总价。

步骤 5：为广告系列命名并启动。为了宣传卖家的易贝详情页，卖家需要完成所有工作。设置广告费率后，可为广告系列命名，以便之后在 Promoted listings 仪表板中轻松跟踪其进度。卖家还可以设置推广的开始日期和结束日期。完成所有步骤后，选中复选框以同意服务条款，然后单击 "launch" 按钮启动。卖家的广告系列便已准备就绪。

易贝平台根据卖家流量是否能带来转化才决定是否有广告费用的产生。易贝付费广告的算法公式为广告费 = 曝光量 × 转化率 × 售价 × 广告费率。在转化率相同的情况下，易贝会优先选择推广价格较高的商品，对于那些价格较低的商品，卖家可适当提高商品的广告费率。

低价的商品不容易通过广告来达到推广的目的，要利用低价的优势，去提高商品的转化率；想用广告去推一条转化率很低的详情页，广告会让卖家的爆款越来越爆，但是不能让卖家们的详情页翻盘；如果广告费率已经很高，依然没有很大的曝光，那么可先去优化自身的详情页，提高商品的转化率。

7.5.2 易贝广告投放的技巧

建议选择做广告投放的产品，最好是选择一些季节性的、销量比较高的或是新上架的详情页进行推广，原因是商品的搜索量比较大、受众比较广，对提升曝光和转化率有更大的帮助。如果是旅行、房地产、汽车等，转化率会差一些，广告效果不太理想。

1. 明确广告成效

（1）哪些广告的成效最优？

（2）广告是否有助于品牌推广？

（3）广告对现在销量是否有影响？

（4）营销活动投放了多长时间？花费多少？

（5）广告是否带来了额外的销量？

（6）广告是否跨媒体和设备提升了转化量？

（7）广告图像和文本的展示效果如何？

2. 易贝广告需要怎么做？

先确定转化率低于 0.5% 的所有产品，重新编辑广告内容后再次发布。

价格、运费、产品照片或广告设计和广告转化率息息相关。

重新发布效果较差的广告，易贝会把它们解释为新商品，如果转化率超过 0.5%，易贝会让广告有机会在搜索结果的顶部位置出现几个小时甚至几天。

不能篡改最有吸引力的商品广告，这些商品的转化率高，会为卖家网站产生流量，店铺销量会越来越好。

小结：易贝广告投放一般在 15~30 天之内会有效果。

7.5.3 分析易贝投放的广告是否达到目标

1. 广告洞察准确性

洞察就是广告所要表现的点是否准确，用户为什么对看到的广告没有感触，用户真正在意但是没看到的东西是什么？这种感觉可以给用户直观的体验。

2. 广告内容的切入点

内容，可以理解为一个很简单的剧情脚本。这个内容是不是让用户感兴趣？这需要把自己想象成一个编剧，尤其是游戏推广视频，需要剧情设计。

3. 广告表现形式

广告所要用到的载体，是文字、图像、视频等。这种类型能否承载你想表达的东西？

大家都想要进行站内付费推广，然而易贝平台的广告资源有限，卖家想要自己的商品获得最大的曝光量，那么就要明白什么是易贝付费广告的算法。当然易贝平台根据卖家流量是否能带来转化才决定是否有广告费用的产生。

7.5.4 广告支出回报率

1. 广告支出回报率 >1

卖家至少用收入来支付广告费用，广告支出回报率（return on advertising spend，ROAS）大于 1 就是每支出 1 美元广告（收入）所赚的钱就更多。

2. 广告投资报酬率 =1

这表示每花费 1 美元，就会获得 1 美元的回报。这意味着可以收回在广告上投入的资金，也就是所谓的"收支平衡"。

3. 广告支出回报率 <1

这表示没有从广告中获得任何收入。只有进行全面的测试，才能帮助卖家进一步确定情况如何。

7.5.5 广告费用

Promoted listings 广告的收费标准，是在直邮产生销售时才会向买家收取费用，卖家可以根据自己的实际情况去设置出价，费率在 1%~20% 不等。

7.5.6 广告关键词

易贝广告是通过关键词进行投放推广的，所以关键词要符合买家的搜索习惯。

假设易贝卖家卖的是皮质手链，不要将详情页命名为 Stephanie's Homemade Non-Vegan Wrist Straps。首先，要找到买家正在搜索的关键词，易贝卖家可使用关键字研究工具，如谷歌关键字规划师（Google Keyword Planner），或在易贝平台内部进行一些研究。

（1）用关键字和同义词来描述产品。

（2）在易贝平台搜索，看看能不能找到什么灵感。

（3）尽量使用精练的语言描述商品特点。

例如，在易贝上搜索 leather bracelet（皮质手链）后，卖家可以发现一些关键字是很有用的，包括颜色、细节（包装、编织、袖口、珠饰等）、设计风格等。

● 在每个详情页中使用多个关键字。每个易贝详情页可填写的字符有限，易贝卖家要尽量添加多个关键字，至少也要添加2个不同的关键字或短语，如 Handmade Leather Bracelets（手工皮质手镯）或 Beautiful Leather Wristbands（好看的皮质腕带）。

● 了解竞争对手。参考竞争对手在产品标题中使用的关键词，如 men's（男式的）、women's（女式的）、handmade（手工的）、genuine leather（真皮的）等。

● 经常测试和调整易贝 Promoted listings，以获得更好的推广结果。为了在易贝上获得最高的可见度，卖家可不断测试和调整 Promoted listings。找到哪些因素影响推广结果后，卖家就能获得更多的点击率和转换率。

此外，易贝算法倾向于将新详情页放在前面，需要易贝卖家不定期更新详情页信息。因此，易贝卖家可以对详情页进行修改。

（1）每周或每月进行关键词研究。关键字会随着消费趋势不断变化，为了确保详情页使用的是最准确的关键字，易贝卖家需要定期做关键字研究，并更新详情页。

（2）调整产品描述。一般来说，应该尽量填写详细的商品描述。同时，易贝卖家可以使用不同的商品描述信息，看看什么能为详情页带来最大的利益。

（3）提高价格，提供免费运输。无论商品是什么，添加免费运输服务可以立即提高买家的兴趣。在详情页高度优化的情况下，还能快速提高销量。由于易贝卖家提供包邮服务，就需要将详情页的价格稍微提高一些。

（4）优化图像。调整和更新详情页中的图像，易贝卖家需要上传一张高分辨率的图像来展示商品。同时，商品图像要尽量包括多个角度和特写镜头。

1. 如何优化易贝关键词

1）商品覆盖关键词

除了商品的标题之外，像是易贝店铺、个人资料及商品描述等页面最好都要覆盖一些精准的、买家搜索比较多的关键词，这样可以提升商品被买家搜索到的概率，也可以提升关键词的排名。建议要尽可能多地添加关键词，同时还要精准，这样才能有更好的效果。

2）分析数据

关键词的优化一定要结合商品的数据去分析。例如：如果详情页的流量和转化率都比较低，那么建议关键词就选择一些竞争比较低的，可以避开竞争，也有利于增加曝光量和流量；流量比较高的商品，则可以选择一个搜索量比较高的关键词。在找关键词时，也要区分核心关键词和长尾词，这两种词的重点带来的效果也是不一样的。

3）关键词的排序

关键词的排序跟展现也有很大的关系。易贝对商品标题的展现有3种形式，也有可能会不被展现。所以在对关键词进行排序时，商家要将核心关键词尽可能地放到最左边，这样关键词被展现的概率才会比较大。

4）关键词的测试

除了以上内容外，还要测试关键词标题的优化效果。尽量在相同的 SKU 中进行优化，这样可以更直观地看到优化效果的对比，看这次的优化能否达到自己想要的效果。如果不能，就要再进行调整。

2. 如何选词

选词时要注意不同的详情页有不同的选词策略。

流量低销量低的详情页要选择在线详情页较少的关键词，错开与同行的竞争，有助于提升曝光量和转化率。

基础流量和销量的详情页要选择搜索量不是最高，但是转化率最高的词，可以帮助增加曝光和提升销量。

高销量详情页找搜索量最高的相关词，以最大可能提升曝光量和销量。

接下来就是在专注的垂直领域收集关键词，建立词库。建立词库时要区分核心关键词和长尾关键词。当建立起丰富的关键词词库后，就可以为后续的组词做好充分的准备。

3. 如何挖掘关键词

（1）在易贝站内搜索关键词。

（2）买家询盘和站内信：可以关注每一次来自买家的询盘和站内信，由此可以知道买家在用什么关键词搜索，把这些关键词取出来，为己所用，积累一份自己的词库，可以用在日后发布产品、修改产品标题上等。

（3）易贝站内导航页面。

（4）易贝站内搜索框：可以输入买家要搜索的词，当输入几个字母后就会有引导词，这些词买家会经常用，因为买家看到它们会直接单击。

（5）同行标题：每个卖家都看过自己行业排名靠前的店铺，了解过他们的商品标题是如何填写的，用了哪些核心关键词。其实这些关键词都可以化为己用，但不建议直接抄袭。

7.5.7　创建有效的详情页

（1）不要使用过于花哨的文字。最好的方式就是直奔主题，可以加大商品被搜索到的机会。避开与商品信息不相关、不完整、具有误导性及复杂的内容信息。

需要特别提醒，买家不喜欢自己分析商品的优势，所以在进行标题的设置时，一定要通俗易懂，这是迈出成功的第一步。

（2）买家一般不会主动浏览产品的描述和商品图像，除非一开始是通过标题点开的商品，这时就需要标题具有足够的吸引力。

创建详情页时需要注意以下几点。

（1）关键词的选择要保证可以清楚地描述出商品。

（2）在标题的设置时要包含商品的条件，让用户清晰地知道商品是新的还是二手的。

（3）产品的品牌、尺寸、颜色及其他的相关信息也需要写清楚。

在详情页设置时不要使用的信息包括以下几种。

（1）不要把无用的信息甚至是没人使用的形容词写到标题当中。在标题的设置中要把最主要的内容设置进去。

（2）不要使用相同含义的词句，这会使标题看起来很混乱。

（3）减少使用占空间的字符，如标点或星号。

（4）慎用略缩词，不是每个买家都理解这些略缩词含义，否则会流失客户。

7.5.8 实时跟进优化

广告设置好后，还需要卖家实时关注效果，掌握易贝平台的排名规则，通过合理的优化使自己的商品排名更靠前，以达到最佳的展示效果。

除了在易贝上投放广告外，还有另一种方法可以将详情页提升到结果页面的顶部，那就是 SEO 优化。

如果卖家的详情页针对购买者正在寻找的搜索字词进行了优化，则会有更多的客户单击和购买卖家的商品。如果没有进行优化，卖家的广告商品和非广告商品都会在易贝结果中消失。

7.5.9 促销刊登类型的广告

易贝促销刊登广告类型共有两个：标准促销刊登和快速促销刊登。标准促销刊登是大多数卖家已经熟悉的一种广告类型，快速促销刊登是一种用来推销广告的新方法。

1. 标准促销刊登

标准促销刊登是大多数卖家已经熟悉的一种广告类型。如果卖家从来没有用过标准促销广告做宣传，那么卖家可以将其视为在易贝上投放广告最流行的方法，因为它具有很大的灵活性，而且使用门槛很低。

刊登范围：易贝网站流量全面覆盖。

适用者：风险小，自动化程度高，操作简单的卖家。

成本模型：按成交付费。

刊登形式：固定价格。

发布位置：覆盖易贝网络。

标准促销刊登的广告位覆盖了整个易贝平台，卖家可根据自己的业务设定合适的广告费用费率，选择想要投放广告的登载项目，并对活动进行修改。更重要的是，卖家须在 30

天内将商品卖出，否则买家在 30 天内按标准的促销广告售出。

这是一个快捷、简单、低风险的市场营销工具，它可以帮助卖家提高销量，并进一步拓展易贝的业务。

2. 快速促销刊登

快速促销刊登是一种用来推销广告的新方法。只需支付一笔固定费用，卖家的刊登广告将在拍卖期间有较高的曝光率，这将有助于提高浏览量、出价和销量。凡具有"高于标准"或"优等评级"并具有一定销售能力的卖家，均可采用快速促销刊登。

刊登范围：通过易贝手机 App 的商品详情页面为拍卖物品进行促销。

适合：那些希望触碰更多潜在买家的卖家。

成本模型：固定费用。

刊登形式：拍卖物品。

发布位置：商品的详细信息页面。

1. 简述易贝平台的特色。
2. 简述易贝商业模式的特点。
3. 简述易贝商家注册流程。
4. 简述易贝产品上架的标题设置方法，试着选择一件产品并为其设置标题、描述关键词。
5. 简述易贝广告投放方式。
6. 试着围绕一件商品，为其选择投放广告，并根据不同的广告投放方式，计算广告投放费用。

第8章 独立站

1. 了解跨境电子商务平台独立站的概念。
2. 了解独立站的建站条件。
3. 理解独立站的特点。
4. 了解独立站的建站规则。
5. 掌握独立站的建站方法。

Shopify 与京东战略合作

Shopify 与京东集团达成战略合作,实现跨境电商"全球通"。

2022年1月18日,全球顶尖互联网基础设施的提供商 Shopify 宣布与京东集团达成战略合作,京东成为 Shopify 首个中国战略合作伙伴。双方将发挥各自在供应链基础设施和数字技术的优势和能力,共同为中国和海外商家打造更加便捷、可靠的跨境电商新通道。

借助此次合作,Shopify 上的国际商家和新兴品牌将通过京东开辟的跨境电商绿色通道入驻京东,为中国消费者提供更加丰富的全球好物,足不出户即可购遍全球。京东还将助力中国商家一站式出海,通过 Shopify 建立面向全球市场的直达消费者(Direct-to-Consumer,

DTC）独立站，并打造"京东一站式选品平台"，为 Shopify 全球商户开放基于京东供应链网络的优质商品池。

"Shopify 和京东两个世界级企业的合作是致力帮助全球商家解决跨境贸易不便所迈出的重要一步，未来的商业将无处不在，为了让商家能专心于经营和管理，Shopify 会集中简化乃至消除商业固有的复杂性。"——亚伦·布朗（Aaron Brown），Shopify 副总裁。

"京东很高兴与 Shopify 达成合作，我们相信双方的全球供应链能力与数字能力可以有效地简化传统跨境商业的复杂流程，帮助更多中外品牌在现有市场之外释放出更大的潜力，不断推动跨境贸易发展。"——陈冠翰（Daniel Tan），京东国际业务总裁。

（资料来源：https://caijing.chinadaily.com.cn/a/202201/20/WS61e8c098a3107be497a030dc.html。）

8.1 跨境电商独立站

近年来，跨境电商行业发展迅猛，到目前为止，建站方法主要有两种：一种是在亚马逊、易贝等第三方平台（平台站）进行销售，另一种则是卖家自己搭建一个独立站点独自运营。这两种模式分别代表了跨境出口电商两种不同的发展方向。

8.1.1 跨境电商独立站的概念

跨境电商独立站指卖家自己拥有独立的域名、空间、页面，不从属于任何平台，可以进行多方面、全渠道的网络市场拓展，推广所带来的流量、品牌印象、知名度等都完全属于卖家自己的独立站所有。当然，跨境电商独立站突出的特点就是要"独立"，就是自己完全独立运营，不受任何平台限制。独立站能满足顾客对个性化的产品和服务的需求。

那么为什么要建独立站呢？卖家不满足于受平台限制出售产品，想要自己快速地扩大自己商品销量，打造自己的品牌，扩大知名度，吸引流量，发展自己的忠诚客户。一个优秀的卖家，不单单满足于借助第三方平台来销售自己的产品，平台会抽取卖家的利润，要遵守平台的规定，受平台的限制，还要提防数量巨大的竞争对手。卖家创建一个自己的独立站，就相当于自己"自立门户"了。

建立独立站需要成熟的技术、域名、空间、海外服务器、界面设计及支付收款通道，这些都需要消耗巨大的资金成本和时间精力。

8.1.2 创建独立站的前提条件

创建独立站，首先需要选择合适的建站平台，更重要的是吸引流量及网站的经营与维护。

1. 选择合适的建站平台

目前主流的平台有：亚马逊、Wish、易贝、速卖通等；和以 Shopify 为代表的独立站平台。

AliExpress 是属于阿里旗下的面向全球的电商站点，号称"走向国际的淘宝"，要求入驻各电商公司要拥有品牌，并交纳一定的技术服务费，支持企业支付宝。

亚马逊面向全球的跨境电商平台，在欧美地区最为火热，是目前集结跨境卖家最多的最大平台，投资最大，需要 FBA 仓，新卖家需要投放广告、吸引流量、重视产品，欢迎公司入驻。FBA 仓是亚马逊自建的针对平台卖家物流发货的仓库，平台卖家可通过亚马逊 FBA 向买家发送商品，FBA 仓属于亚马逊平台的系统。

海外仓针对的是在海外有需求仓储的客户，或者客户自建的海外仓库，海外仓是一个统称。海外仓包含了 FBA 仓，任何卖家在亚马逊平台运营都需要海外仓，可以选择 FBA 仓也可以选择其他。

Wish 是面向全球的跨境电商平台，主营欧美发达地区，个人和公司都可以入驻，需要交纳保证金，后期会退还，适合铺货，品牌和侵权问题严重，自发货 1+1 模式很火爆，客单价低。

易贝面向全球的跨境电商平台，业务主要覆盖欧美地区，系统后台可选各种站点，重视平台规则，个人和公司都可以入驻，账号种类按上架额度不同分类，新卖家额度较低，前期以养号为主。

这些平台比较适合有货源、有经验，或者是有资金的卖家使用。它们发展时间长，比较稳定，同时对卖家的要求相对较高，卖家的竞争压力相对较大。

当然，目前除了以上平台还有很多新型平台。比如，当下被认为最具发展潜力的电商板块的东南亚市场，拥有东南亚市场的两大跨境电商平台，一个是腾讯的 Shopee，另一个是阿里巴巴的 Lazada，特别是 Shopee 是跨境电商中的"黑马"，从 2017 年腾讯购买了 Shopee 母公司 Sea 公司 40% 的股份之后，发展迅猛，在 2019 年第一季度业务反超 Lazada，成为东南亚地区最大的平台。

同时，拥有开源系统平台的独立站异军突起，代表有：Zencart、麦进斗（Magento）、Opencart、WordPress 等。软件即服务（software as on service，SaaS）建站，代表有：Shopyy、Shopify 等。开源系统推荐主机购买地址：蓝色主机（bluehost、godaddy）。购买套餐支付方式：支付宝、PayPal、信用卡。开源系统推荐适合的卖家需要有技术团队，懂技术、服务器基础操作。SaaS 建站无须购买主机、服务器，只需提供域名即可。其中，Shopify 按月付租金。

2. 吸引流量

要想吸引流量就要做到以下 3 点。

（1）去其他社交平台上为自己的品牌打广告，吸引大众的目光，如优兔网（YouTube）、脸书（Facebook）、Google 等各大用户基数大的社交平台，还需要给自己的网站做优化。在投放广告时，也要根据商品的属性及使用人群选择合适的平台，才能达到最好的效果。

（2）优化自己独立站页面，吸引进入独立站的顾客，并要有优秀的营销方案来使顾客下单。

（3）日常要维护独立站店铺，不能存在故障，应能够让点进来的顾客可以流畅地打开商品页面。

8.1.3 选择合适的独立站建站平台

1. Shopify

Shopify 是一个基于 SaaS 的电子商务系统。Shopify 是一个独立的电商网站，允许上架商品，里面自带有 PayPal、信用卡等多种收款方式，后台有各种付费、免费的应用供选择，主题也分为付费和免费两类，是一个功能强大的独立电商网站。独立自建站以其独有的开放自由特性，成了很多个人卖家经营跨境电商的首选方式。

Shopify 的优势如下。

（1）多年的国际市场实战经验与资源，帮助用户无障碍跨境海外。

（2）Shopify 是一个全球性的多渠道电子商务平台，为超过 80 万家企业提供支持，服务对象从一系列小型店铺到凯蒂化妆品（Kylie Cosmetics）和欧布斯（Allbirds）这样的销售额可达到 10 亿美元的品牌。Shopify 可以帮助品牌商建立和管理他们的销售渠道，无论是通过网站、第三方市场，还是通过物理销售点系统。Shopify 还可以帮助品牌商在像 Facebook 和 Google 这样的数字平台上做品牌营销。总的来说，Shopify 让线上业务流程更加简单、集中。

（3）Shopify 在中国业务比重不断上升，为数千家企业提供服务。与之合作的包括一些新兴的中国品牌、原始设备制造商及跨境销售商。Shopify 一直努力寻求各种方式为其产品增值，提升品牌知名度并吸引中国境外客户。

（4）Shopify 提供全套服务，帮助小型企业打造有吸引力的品牌，有效管理品牌，并针对目标客户实现精准营销。

（5）Shopify 是一个独立站建站工具，它可以帮卖家快速搭建一个专业的跨境电商独立站，而卖家需要做的，就是有一台可以上网的计算机，登录 Shopify 网站注册一个账户，然后完成基本设置，就可以拥有一个属于自己的网站。

2. WooCommerce

WooCommerce 是一款基于 WordPress 的开源电子商务插件，也是目前全球最流行的电商系统之一，而 WooCommerce 中文站是薇晓朵网络工作室建立的一个中文本地化项目。它是为使用 WordPress 的小型或大型在线商人而设计的。该插件于 2011 年 9 月 27 日发布，以其易于安装和定制及免费的基础产品而迅速流行。WordPress 软件是一款开源软件，其主要功能是博客（blog）写作。随着软件的开发和功能的加强，现在 WordPress 也常用在内容管理系统（content management system，CMS）、企业门户网站、新闻、教育及电子商务等方面。

WooCommerce 是完全开源的电子商务软件，拥有全球社区和开发者的支持，任何功能都可以找到相关插件使用。WooCommerce 以 WordPress 的插件形式存在，所以，需要先安装部署 WordPress 后才能安装使用 WooCommerce。

WooCommerce 电商系统不仅支持中文、英文网站，全球主要的 45 种语言全部都有对应版本，卖家可以在后台切换国家语言。

WooCommerce 允许卖家利用最强大的 CMS 并使用它来运行在线商店。由于其开源的特性，卖家可以定制存储的各个方面，并轻松构建定制扩展。

3. BigCommerce

BigCommerce 和 Shopify 一样，都是基于 SaaS 的专业英文外贸电商独立站建站平台，两个都是国外使用最多的电商平台，BigCommerce 来自澳大利亚，Shopify 来自加拿大，各有千秋。它们都是电子商务网站自建站系统。

BigCommerce 和 Shopify 一样，使用它们需要持续成本，用户需要按月或按年支付费用才能使用它们的在线商城。

BigCommerce 具有很高的用户友好度，普通用户无须学习任何代码知识，只需要注册一个 BigCommerce 账户，进行账户基本设置，选择一个免费或付费的模板对网站进行装修，然后绑定 PayPal 收款账户，即可进行产品的销售。

目前来说，Shopify 和 BigCommerce 都不限制商品数量，但是 Shopify 的独立网店模板相对是最多的，同时还拥有便捷实用的插件 App。BigCommerce 虽然也不错，可是整体还是与 Shopify 存在差距。

BigCommerce 除了月租之外没有另外的费用，这也是 BigCommerce 的亮点，但是也有限制，即月租 29 美元的用户每个月的营业不能超过 50 万美元，如果超过了就要升级。

因此，自己搭建外贸独立站，到底用 BigCommerce 好还是 Shopify 好，要看个人的需要和适应度。Shopify 和 BigCommerce 都可以免费试用，所以也可以注册免费试用自己对比下。

如果卖家需要把速卖通的店铺商品搬家到 BigCommerce，即批量导入速卖通的详情页到 BigCommerce 店铺，可以使用 BigCommerce 批量采集上传软件，也可以在 BigCommerce 搜索自己需要的商品，快速选品，把它们批量采集下来，打包成数据包或逗号分隔值（comma-separated values，CSV）文件供卖家导入自己的店铺。这是 BigCommerce 区别于其他 ERP 软件的最大优势，支持同平台复制。

可以批量发布产品到 BigCommerce 店铺。BigCommerce 批量上货软件，是一款优秀的 BigCommerce 第三方 ERP 软件，可以把亚马逊、阿里巴巴国际站、1688 中文站、淘宝天猫、京东、易贝、全球速卖通、敦煌网、Wish、Lazada、Shopee、Vova、Souq、Joom、Walmart、Jumia、11Street、Naver、Gmarket、Coupang、Auction、日本亚马逊、雅虎日本购物、日本 WOWMA、Yahoo! 奇摩拍卖、露天拍卖、PChome 等，或者用 ShopeX、ECShop、OpenCart、Zen-cart、Magento、Ueeshop 等搭建的商城店铺的商品数据一键采集下来，批量上传到 BigCommerce 店铺。

4. Magento

Magento 是一个用于电子商务网站的开源 CMS 平台。它使商家可以添加最佳的购物车，自定义产品页面及出色的网站主题和设计。Magento 提供免费使用服务，同时免费使用庞大的社区提供支持。它是一个基于 PHP 超文本预处理器的平台，可同时提供出色的功能。超过 25 万个网站使用 Magento 电子商务平台，该平台成为 2020 年第二大受欢迎的电子商务平台，全球电子商务市场整体份额为 12%。

Magento 平台在 CMS 市场中的全球份额占全球 1.9%。在这个竞争激烈的市场中，这是一个非常优秀的成绩。Magento 平台可完全控制大量产品和多个优惠的定制。企业版 Magento 的价格（由对客户的全面备份支持提供支持）也非常合理。根据电子商务评论，Magento 是市场上最好的平台之一。

Magento 电子商务平台已经运营了很多年。它是当今市场上最受信任的电子商务平台之一。该平台具有如此高的知名度有很多原因。以下是其受欢迎的几个非常重要的原因。

1）开源技术

在线商业市场变得越来越有竞争力。每个企业家都致力于降低业务成本并提高利润以在行业中生存。Magento 电子商务平台是一个开源平台，因此，对于中小型企业来说，免费使用开源技术非常有用。使用开源技术不仅可以节省许可费，还可以节省大量的技术支持。庞大的 Magento 平台社区为这项技术的用户提供技术支持。

2）定制开发支持

Magento 是一种开源技术，它使开发人员可以更改源代码，并可以完全控制自定义开发的代码。Magento 电子商务平台提供了大量用于自定义开发的应用程序编程接口（application program interface，API）。它还具有模板，可以根据商人的要求进行定制。开发人员可以使用大量功能、主题和插件来创建最合适的电子商务解决方案，以满足 100% 的业务需求。

3）无缝第三方对接

Magento 为许多第三方应用程序提供了 API，如库存管理、CRM 和许多其他应用程序。卖家甚至可以在在线和正在运行的生态系统中非常平滑、无缝地集成所有这些应用程序。通过功能强大的 API，操作一个应用程序到另一个第三方应用程序的迁移非常顺利和容易。

4）SEO 功能

Magento 平台是 SEO 友好平台。通过白帽 SEO 活动，它可以帮助该网站被评为顶级网站。这是一个网站响应速度非常快的平台，可在 PC 和移动设备上进行完美的质量工作。卖家可以在网站屏幕上自定义主题、按钮及其他元素，以使它们在所有屏幕上看起来都很完美。它支持用于开发响应式网站的内置设计。

这是一个非常轻巧的平台，可以提高网站的加载速度，从而有助于提高网站的 SEO 排名。该平台还通过统一资源定位系统（uniform resource locator，URL）链接上的重写控件支持 SEO 友好 URL。它支持自动生成站点地图及谷歌站点地图，从而为旅途中的客户创造更好的用户体验。它支持产品的类别及每个页面、类别和产品的元（meta）信息，可帮助改善网站的搜索引擎索引排名。

5）可自定义的主题和模板

Magento 电子商务平台的主要功能之一是可自定义主题和模板的功能。这种功能吸引了企业和开发人员为网站开发自定义设计。不同类型的电子商务 Web 商店使用各种各样的可自定义主题和模板。

6）广泛的插件

Magento 有成千上万的扩展程序和插件可供免费使用，有些则只是象征性收费。Magento 大量的插件提供了极大的灵活性，可以同时在电子商务网站中实施不同类型的功能和业务流程。这为电子商务网站带来了出色的用户体验和有效性。

使用 Magento 平台的优点有：提供开箱即用的解决方案，SEO 友好，强大的测试能力，免费、灵活且功能丰富的平台，大型社区支持。但是，值得一提的是，Magento 有许多插件都是付费的，适合上站时间更长，定制开发需要高级技能的卖家。

Magento 是 2020 年受欢迎的电子商务平台之一。它以其提供的功能而闻名。它提供了强大的第三方集成功能、SEO 和可定制的开发。它也是一个开放源代码平台，具有大量可用的插件和可定制主题。

5. OpenCart

OpenCart 是世界著名的开源电子商务系统，系统开发语言为 PHP。早期由英国人丹尼尔·克尔（Daniel Kerr）个人开发，项目托管在 GitHub。OpenCart 总部设在我国香港，GitHub 项目仍由 Daniel 及其团队领导维护。开发者项目非常活跃，版本更新升级很快。Alexa 网站流量统计显示，OpenCart 已成为世界主流的电子商务建站系统。

OpenCart 的快速流行主要基于其强大的功能和优秀的设计。该项目采用 MVC（model view controller）架构、代码清晰规范、安装方便，使得开发者可以轻易上手进行定制开发。OpenCart 采用独特的插件式（module）设计，在 OpenCart 官方的插件市场可购买到满足各种功能需求的插件。例如，各种支付、物流快递等功能的模块。同时 OpenCart 也支持多语言（包括中文）、多货币、多域名店铺。多语言和多货币使得外贸网站、多语种网站的建设变得非常容易。

此外，OpenCart 的成功还得易于一个名为虚拟快速模块（virtual quick mode，vQMod）的插件工具（官方发布同样功能的为 OCMod），vQMod 插件使用可扩展标记语言（extensible markup language，XML）编写，它可动态修改原系统的代码并保存为缓存（cache），从而避免直接对源代码进行修改。有了 vQMod，使得需要改动原系统代码的插件开发变成可能，同时也使后期升级维护变得更加容易。

另外，插件开发者可以发布自己开发的插件到应用商店进行销售并获取收益。用户也可通过应用商店购买到自己想要的功能插件，安装后即可使用。相比其他系统，OpenCart 的插件销售价格不算高，一般的插件在 10 美元左右。有相当一部分插件是免费的，如中文语言包等。另外市场上也有大量的 OpenCart 模板可供选择，安装后即可更换网站皮肤。

OpenCart 的优势在于前台界面的设计非常适合欧美购物者的浏览习惯，简洁、直观、唯美。后台也非常简洁明了，而且功能强大，对于初学者来说非常容易上手，对于大多数经验丰富的网店经营者来说，OpenCart 的后台管理功能也能基本满足其需求。OpenCart 可以说是最适合国内用户建设外贸网店的程序之一。

OpenCart 应用商店提供给开发者一个广阔的舞台，开发者可以在这个平台分享自己的优秀作品。其用户功能有：①编辑语音功能；②网站模版化，用户可自由更换，编辑模板文件；③产品评论功能；④产品评分功能；⑤可添加下载类产品；⑥图像自动调整大小；⑦添加相关产品功能；⑧优惠券（coupon code）功能；⑨ SEO 功能。

6. Big Cartel

Big Cartel 是一个专为希望出售其作品的艺术家量身定制的电商平台。卖家可以自定义 Big Cartel 的免费主题或编写自己独特的设计。

Big Cartel 具备以下功能：①数据库中有 5~300 种产品；②每个产品有 1~5 张图像；③电子邮件服务支持周一至周五，美国东部时间上午 9 点至下午 6 点；④无限带宽和订单；⑤响应式和移动友好型商店设计；⑥实时统计；⑦ SEO；⑧促销工具。其他功能包括使用自定义域的功能、库存跟踪、实时销售统计，以及为某些项目添加促销和折扣的选项。

Big Cartel 每月定价基于卖家列出的产品数量，从 5 种或更少产品的免费会员资格开始，300 种上市产品的每月最高价格为 29.99 美元。

凭借有限的功能和可扩展性，Big Cartel 成为拥有较小产品目录的创意卖家的理想选择。

Big Cartel 拥有极简主义的后台，可以获得启动新的电子商务商店必须具备的最基本的功能，满足一个最基础的店铺要求。

8.2 平台与独立站的特点

8.2.1 跨境电商平台站特点

知名度较高的跨境电商第三方平台有亚马逊、速卖通、易贝、Wish、天猫等，企业入驻平台后，可以搭建自己的店铺来运营。平台站的优缺点如下。

1. 优点

第一，入门轻松。企业可以直接使用平台的运营模式，在平台上开店上传产品，如亚马逊、易贝等成熟的跨境电子商务平台，只需要知道开店模式和程序，卖家就可以开始运营店铺。

第二，节约成本。做平台不需要网站维护，不需要做网站推广，可以节省很多人力成本，这也是很多个人卖家选择平台的主要原因。

第三，短期见效。由于平台本身的流量就已经很大，所以出单比独立站简单得多，效果也快。平台站是注重效果的大多数商户的选择。

第四，通过平台本身的品牌效应获得流量。通常来说，成熟的跨境电子商务平台有固定的消费群体，不必进一步推广，如果产品对客户有吸引力，那么自然而然就会有人浏览下单。

2. 缺点

第一，平台有很多的规则限制，如定价、发货时间、退换货规则，卖家需要遵循平台的运营规则，甚至需要接受平台的诸多限制条件。平台的规则变化各不相同，不同平台规则大相径庭，同一个平台的规则也会不定时出现调整，卖家必须对变化作出反应，平台运营商的某些规则会影响卖家的运营操作和店铺管理。

第二，无法获得客户资源。平台自带流量，平台客户只属于平台，卖家可以利用平台上既有客户流量去运行店铺，但是得不到客户邮箱等资源。

第三，比价竞争大。在第三方平台上商户很多，甚至是和自己店铺拥有同质商品或获得同品牌代理授权的竞争对手，如果自己店铺销售的产品不具有特色，客户就不可避免地要比较平台上其他商店同产品的价格，对比性价比来下单，因此对产品的质量要求非常高。

第四，一般平台站都会抽取佣金和广告投放费用，加之卖家需要在竞争中保持产品价格优势，所以卖家利润少，不利于品牌保护和持续性发展。

8.2.2 跨境电商独立站特点

1. 优点

第一，没有平台规则的限制。个性化的独立站可以自由发布产品，也不会被平台规则限制。独立站提供建站模板，商家在此基础上可以个性化建站。

第二，客户资源属于自己。后台预留的客户邮箱、客户信息可作为后期分析和推广资源。对于 B2C 对外贸易商店类型的网站，客户可以直接在网站上购买，通过连连、国际信用卡接口等方式向独立站店铺支付。

第三，无比价竞争。客户来到卖家的独立站，所有的产品都属于卖家。在平台站上会有许多商店销售同一种商品，客户将相互比较再购买，一旦卖家的价格或商品竞争力不足，就会失去订单和客户的情况不同。

第四，利润较高。虽然独立站也会收取一定的佣金，但是卖家通过吸引流量和客户维系、品牌发展，可以续存稳定的客户，加之无比价竞争，会获取较高的产品利润，也有利于品牌的长期可持续性发展。

2. 缺点

第一，入门较难。由于站点建设涉及许多技术方面，如采购域名、空间、网站开发、风险控制和后端技术维护等，都需要很多的专业技术知识，因此，一个完全不懂技术的人建立一个好的独立站并运行起来有一些困难。

第二，成本相对较高。建设独立站意味着商户要花费成本建设站点，一般的定制开发费用较高，并且没有平台稳定的流量支持，后期的推进、运营、支持、售后服务需要很多人才支持和成本开销。

第三，广告投放费用高，引流见效较慢。因为建立一个独立的网站是一个全新的平台，没有客户知道，卖家需要投入大量的促销费用和推广成本，借助雇佣网红带货、短视频引流等方式来吸引流量和产生订单，会花费 3~5 个月，甚至更长的时间，才有可能看到一些效果。

8.3 独立站 Shopify

8.3.1 Shopify 的发展故事

Shopify 是托比·卢克（Tobi Lütke）在 2006 年创立的。作为一名滑雪爱好者，Tobi 最一开始只是想搭建一个销售滑雪板的零售网站，可是当时市面上能用的建站程序并不能满足 Tobi 的需求，于是，Tobi 使用 Ruby on rail 语言编写了一套自己的建站程序，并且用这套建站程序成功搭建了自己的滑雪板零售网站 SnowDevil（目前，这个网站已经不再销售滑雪板，而是作为一个展示网站），如图 8-1 所示。

图 8-1　滑雪板零售网站 SnowDevil 的页面

之后，Tobi 筹集了 20 万美元创办了一家名叫 Jaded Pixel 的公司，而他之前开发的建站程序取名叫 Shopify。2006 年他们开始正式推出了独立站 Shopify，并把公司的名字也更名为 Shopify，如图 8-2 所示。

图 8-2　2006 年 7 月 Shopify 上线时的页面

随后 Shopify 便进入了发展轨道。

- 2009 年在 Shopify 上建站的商户总销售额达到了 1 亿美元。
- 2010 年 12 月 A 轮融资 700 万美元。
- 2011 年 10 月 B 轮融资 1500 万美元，15 000 个商户来自 80 个国家。
- 2012 年年底，商户销售总额达到了 7.4 亿美元。
- 2013 年 C 轮融资 1 亿美元，成为当时高科技领域最大规模风投。
- 2014 年年底，商户数量超 100 000 家，员工超 500 人，估值超 10 亿美元。
- 2015 年年初，商户数量超过 140 000 家，销售总额超过 37 亿美元。
- 2015 年 5 月 21 日，Shopify 在美国上市，市值达到 21.4 亿美元。

- 2016年商户数量超过370 000家。
- 2017年员工数量超过3000人,以1500万美元的价格收购Oberlo。
- 2019年Shopify收购6 River Systems,着力自建仓储物流服务系统。

8.3.2 在Shopify上开店和在亚马逊上开店的区别

【案例8-1】在亚马逊开店,就好比张三的朋友王明在他们村所在的市区中心"某达"商场租下一个店铺,那里相比较于张三在家附近小区门口的店,人流量大,毫不担心没有人光顾。但是,随着入驻的商家越来越多,商家之间直接的价格竞争变得激烈起来,王明发现自己店里的利润越来越少。店里的装修风格都是根据商场规定统一装修装饰的,每个店铺的物流配送环节及售后环节也都由商场处理,省心很多,不过王明也很难真正地接触到他的顾客。此外,他要定期向商场缴纳管理费,同张三在小区门口开店租金相比,费用相对要高一些。除此之外,在商场里面,王明还要严格按照商场的规矩来经营自己的店铺,否则就有可能被商场清理出去。

在Shopify开店,就像张三自己的店,现在他需要重点考虑的是,在自己开店后几乎没什么人光顾,他需要花钱雇人去发传单,把顾客带到店里来消费。周围鲜有和自己卖同样商品的直接竞争对手,所以利润要相对高一些。店铺装修也是张三在店铺出租方所提供的众多装修方案中他自己选择的,物流配送及客户的售后也是张三自己联系和负责,他经常通过电话和微信与客户联系,给他们发店铺的促销信息和新品信息,他和不少客户还成了朋友,很多客户会反复回购商品。张三还会不时地推出一些新商品。

从以上案例中,能发现在Shopify(独立站)开店和亚马逊(平台站)开店的区别在于以下几点。

1. 启动资金

在初期费用上,亚马逊开店月租为39.99美元,Shopify开店的月租为29.99美元。在交易费用上,亚马逊的交易费用在15%左右,Shopify的交易费用在2%以下(对整体业务来讲,加上收款渠道的费用,真实的交易费用在9%左右)。

在实际运营过程中,亚马逊会要求卖家进行商品上架前的备货,先发一些货到FBA的仓库或海外仓,以保证能够拿到亚马逊的优质流量,满足亚马逊对商家绩效的要求,而备货、发海外仓,以及这些货如果因为卖不出去成了积压的库存所产生的边际成本和滞仓费用,也都需要考虑加到初期费用上。

Shopify在前期可以不备货,卖家可以以一件代发(drop shipping)的运营模式去销售,或者等店铺产生订单再采购。不过,为了保证客户的用户体验,提前备货甚至发到海外仓会更好一些(物流会更畅通,客户体验好)。Shopify在前期的主要费用来自于推广引流的费用。推广费用灵活，自由选择投放区域、投放频次，选择推广代言人（网红的粉丝数、拍摄视频数和时长）各异。对于没有广告推广经验的开店新手来说，前期的推广费用可能更多地是在"交学费"。所以在推广费用上，对不同卖家来说，差异是很大的，需要按照自己的实际情况设置好预算，然后采取对应的投放策略。

2. 开户难易程度

在账户开通的难易程度上，亚马逊相较于 Shopify 来讲，卖家数量多很多，所以在注册开通流程上要相对复杂一些，而且受平台政策影响要相对大一些，有报道称：亚马逊一审店铺的注册工作会受 3 个月的时效期限制，即在某年 1 月的注册申请，可能卖家需到 4 月才能正式开店①。账户注册下来之后，也并不意味着就可以顺利运营销售，后续还会因为经营绩效及平台政策的原因收到账户审查，甚至是短期封店的通知。原因可能是卖家账户资金额度、流动数额低于安全值，销售商品侵犯知识产权，买家投诉等众多原因之一。

而 Shopify 在账户开通上就要简单很多，只需要准备一张支持美元付款的信用卡，或者一个绑定了卖家的借记卡或信用卡的 PayPal 账户，一个电子邮箱，花 2~3 分钟注册账户，就可以开通 Shopify 账户了，相较于亚马逊，Shopify 的经营方式、策略和理念是不同的，Shopify 对于商家的管理要更加自由，不会轻易地关闭卖家的账户，但是 Shopify 也有它不能触犯的管理规则。具体可以查看 Shopify 的服务条款（terms of service）来详细了解。只要卖家不违反该规则，那么账户的安全性是非常高的。

3. 流量资源

在流量资源上，对中小卖家来说，亚马逊有着巨大的吸引力。亚马逊凭借多年经营，建立起了今天如此运营成熟、规模大、无法被其他平台站取代的跨境电商第三方平台站。据统计，超过半数的美国家庭是亚马逊的 Prime 会员，Prime 会员意味着更优质的买家资源和更强的购买力。

卖家在亚马逊开店，相当于亚马逊平台将会把这些优质的会员资源共享给所有来自全球的注册卖家，而卖家们能借亚马逊的资源发展壮大自己的店铺。

Shopify 的经营模式，决定了它没有办法给卖家提供像亚马逊一样巨大的流量资源，这样就对 Shopify 的卖家们提出了更高的要求，不管是在运营资金上，还是在吸引流量运营上。Shopify 卖家需要花精力和资金，以获取更多更优质的流量资源。流量渠道可以是在 Facebook 上投放广告，还可以是 Google Shopping、SEO、网红、短视频、社交媒体运营等方式。

4. 竞争环境

亚马逊和 Shopify 在流量上的不同特征，也影响着各自业务竞争环境的差异。亚马逊的竞争环境相对更加激烈。亚马逊平台上中小卖家要面对的，除了同质的竞争对手之外，

---

① 扫地僧. 亚马逊美国站注册的最新消息 [EB/OL]. [2019-09-23]. https://www.cifnews.com/article/50973.

还有来自大卖家及亚马逊自营这个超级大卖家的压倒性竞争。

Shopify 的竞争环境则要更加复杂多样。Shopify 卖家需要竞争 Facebook 的广告位资源，是搜索引擎页面上的展示资源，是短视频的观众资源，是社交媒体上的私域流量资源。不过相同的是，Shopify 卖家同样也要面对着来自亚马逊这个超级巨头，以及易贝、速卖通、Wish 等巨头带来的在争夺流量资源上所给予的竞争压力。

5. 选品方法

无论选择平台站还是独立站，竞争都肯定存在。因此，无论对于亚马逊卖家还是对于 Shopify 卖家来讲，尤其是亚马逊或者 Shopify 的中小卖家来讲，选品是运营店铺工作中至关重要的一环。

选品一般可以通过站内选品和站外选品两种方式进行。其中，站内选品是通过运用平台站内的一些数据分析工具来辅助卖家选品，站外选品指通过参考相似平台或借助第三方数据分析工具帮助卖家选品。在选品方法策略上，无论是在亚马逊，还是 Shopify，或是其他的跨境电商平台，没有太大的差别。卖家可以参考站内或同行业类似跨境电商平台上的热销产品排行榜来帮助选品。比如，可以把亚马逊的那一套选品策略直接用到 Shopify 独立站的选品上，然后根据店铺运营特色做个性化的调整。同理，也可以把用在独立站上的选品方法扩展到亚马逊的选品上。值得一提的是，每个卖家都可以根据自己的运营方式进行选择。比如，是综合全品类销售，还是垂直精准销售特色产品，在选品策略上，差异也是很大的。本书将在第 9 章做详细介绍。

6. 资金周转

Shopify 的资金周转周期，比亚马逊的要快很多。因为 Shopify 的收款是通过 PayPal、信用卡通道收款的，在绝大多数情况下，只要客户付款，钱马上到达卖家的 PayPal 账户和信用卡收款账户，卖家也可以随时将资金提现到自己的人民币账户，通常 7 天以内就可以到账。PayPal 无开户费用，符合大多数国家人群的交易方式，在国际上知名度较高，拥有不可忽视的用户群。而亚马逊则有 14 天的收款周期。资金周转快，也就意味着资金的使用效率更高，单位货币可以给卖家带来更多的利润，从而实现业务更加快速的扩展。

7. 客户资源

在客户资源上，Shopify 要比亚马逊有着明显的优势。近年来，在跨境电商运营的客户管理中，无论是社交媒体运营，还是短视频运营，都包含私域流量的概念。私域流量指属于个人或商家的"私有财产"，反映在跨境电商行业，卖家在运营店铺过程中沉淀形成的客户信息资源，尤其是客户的个人联系信息。而在平台站，大多数是属于平台的共享客户资源。亚马逊近几年也开始关注私域流量的运营。

如图 8-3 所示，是 Shopify 于 2018 年黑色星期五/网购星期一（black friday cyber monday，BFCM）期间各个流量渠道的转化率对比。可以发现在 BFCM 期间，对客户的邮件营销的转化率是最高的。客户信息资源，尤其是邮箱资源，是卖家建立更加稳固的流量矩阵和更有竞争力、更坚固长久的业务，提供更好的客户体验和服务，建立品牌和品牌忠诚度的基石。

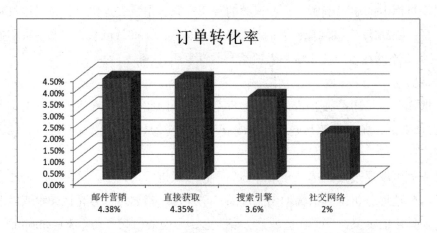

图 8-3　Shopify 于 2018 年 BFCM 期间各个流量渠道的转化率对比

8. 业务模式

亚马逊已经成为一家为客户提供图书、影音、电子和计算机商品、服饰、鞋类和珠宝等数千万种商品的综合网络零售商，截至目前它仍然是全球最大的综合网络零售商。亚马逊聚集了各种品类商品的卖家，他们在统一的平台运营规则基础上运营店铺。

Shopify 则是让卖家自己创建一个商家平台，用以展示或销售自己的商品，网站没有其他卖家，所有商品均由自己发布。这样的运营模式促进了第三方供应商和最终用户之间的关系，平台更关心互利。

亚马逊到现在总共建立了 300 多个物流中心及比这更多的分销中心和分拣中心，除了自营，这家电商巨头从 2006 年就开始让第三方卖家入驻。但是，这些网站在使用亚马逊物流中心的同时，卖家的每一件商品物流外包装都印有亚马逊微笑符号商标。结果是，单个卖家品牌自身的形象变得不再鲜明，它们都是亚马逊货架上的其中之一，还要与站内同质商品打价格战。

而 Shopify 则激励各个运营环节的最优部分，卖家商户、开发者、设计师、第三方物流供应商都参与其中。

综上所述，卖家可以根据自己的预算、供应商、团队、现有流量基础，综合评估自己拥有的资源，再考虑选择独立站平台还是第三方平台。无论选择何种平台，对于卖家来说，所有的运营都是基于客户的，就是把自己的产品和服务，通过各种不同的销售渠道送达给终端客户。对于中小卖家，他们首先要解决的是生存问题，然后才是发展问题，中小卖家由于时间精力及资金上的限制，必须做出选择。

对于独立站卖家来讲，解决生存问题的第一要务，是解决流量问题。因此，在 Shopify 已经可以很好地解决 99% 的技术问题的前提下，就应该集中精力研究如何为自己的网站带来更多更精准的流量资源了。当然在技术上，独立站最核心的价值还在域名上，它是卖家产品和服务的品牌。

8.4 Shopify 建站

8.4.1 Shopify 注册流程

在图 8-4 页面左侧中部文本框的位置输入卖家的邮箱地址，这个邮箱地址在注册后可以修改（推荐使用企业邮箱、QQ 邮箱或者 163 邮箱也可）。然后单击开始免费试用按钮。页面就会有如图 8-5 所示的弹窗。

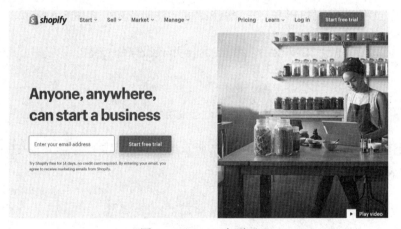

图 8-4 Shopify 主页面

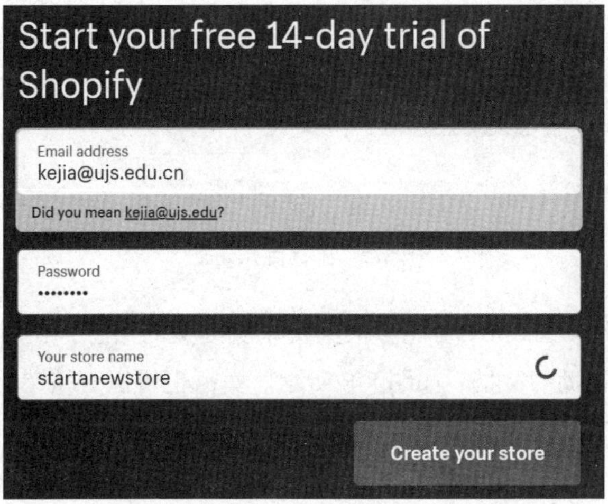

图 8-5 Shopify 免费试用注册页面

在弹窗中，邮件地址已经帮卖家自动填写好，卖家需要继续输入自己设置的账户登录密码、店铺名称，以及店铺的 URL（注意区分大小写）。

推荐店铺名称为自己的品牌名称，或者其他任意名字也可以。如果所填写的店铺名称已经被别人注册，Shopify 就会以红色背景文字提示"该商店名称已被占用"，需要重新选择注册其他名称。注册后，通过登录 Shopify 店铺后台可以随时随意修改这个名称。

商店的 URL 和商店名称一样，是卖家在没有绑定网站顶级域名时的一个备用选项，方便登录 Shopify 的后台。例如，提交的商店 URL 是 mywaimaob2c.myshopify.com，那么 Shopify 后台登录地址便是 mywaimaob2c.myshopify.com/admin。

需要注意，这个 Shopify 免费提供的二级域名一旦注册就无法修改。因此，以简单好记为原则就可以。店铺的客户只会看到绑定到网站的顶级域名，而不会看到二级域名。

以上内容填写好之后，单击创建商店按钮，页面就开始刷新，分三步创建 Shopify 店铺账户，这个过程不需要做任何操作，等待即可。注册成功，如图 8-6 所示。

Success, your store is ready to go!

3 of 3: Applying store settings

图 8-6 注册成功页面

账户创建完成之后，就会进入如图 8-7 所示的页面，需要卖家额外提交一些信息，最终完成账户的注册。

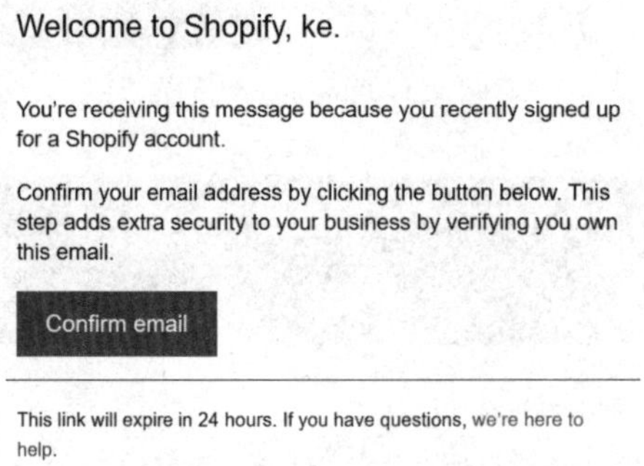

Welcome to Shopify, ke.

You're receiving this message because you recently signed up for a Shopify account.

Confirm your email address by clicking the button below. This step adds extra security to your business by verifying you own this email.

Confirm email

This link will expire in 24 hours. If you have questions, we're here to help.

图 8-7 确认邮箱页面

第一步是自我介绍。Shopify 可能会根据卖家所提交的信息，在后台向卖家推荐一些个性化的博客内容或有帮助的文档，如图 8-8 所示。卖家也可以直接单击页面底部的"Skip"按钮，什么也不填写直接到下个页面。

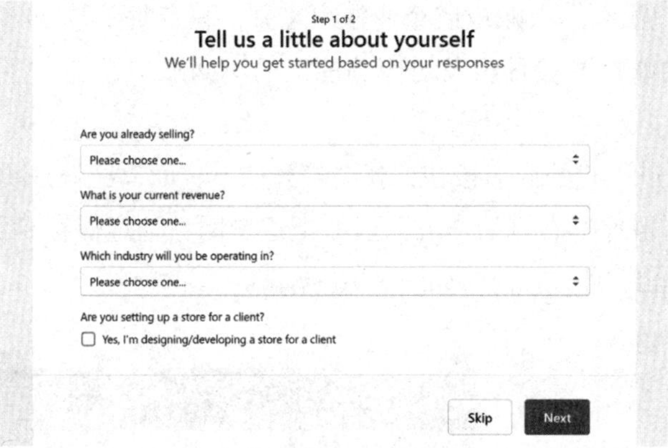

图 8-8 卖家信息填写页面

在调查表的底部，有一个选项是您是否为客户设立商店，如果你是要自己开店做独立站，就直接留空不勾选即可。

填写完成单击"Next"按钮或者直接单击"Skip"按钮进入下一个页面，需要卖家添加一些信息以便收款。如图 8-9 所示，这里提交的信息需要如实填写。如果你在中国内地，就提交中国内地的地址；在中国香港，就提交中国香港的地址；在美国，就提交美国的地址。地址的选择，尤其是国家的选择，直接关系到卖家店铺的网站所支持的收款方式。例如：卖家提交的地址是中国地址，那在后台的信用卡收款选项里是找不到 Shopify Payment 这个选项的；如果提交的地址是美国地址，在后台是找不到 Stripe 选项的。收款设置和国家政策法律法规密切相关，这个地址在账户后台可以随时修改。

图 8-9 需要卖家填写地址的页面

在 Shopify，账户没有个人账户或企业账户之分，只有每个月 29 美元的账户、79 美元的账户及 299 美元的账户等在月租及对应功能上的不同账户类别。注册 Shopify 账户不需要提交任何公司资料。

填写完毕，单击进入我的商店按钮，就会打开如下页面，这就是卖家的 Shopify 后台，卖家可以单击浏览器地址栏右侧的小五角星，把这个网站地址保存到浏览器的书签栏，方便以后直接登录 Shopify 网站后台，如图 8-10 所示。

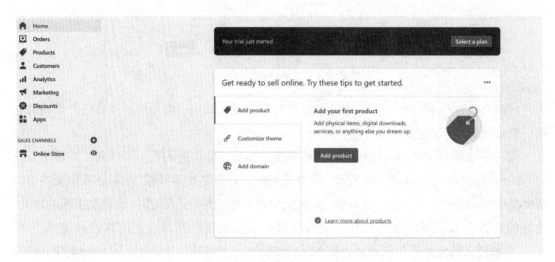

图 8-10　卖家店铺后台

同时，卖家的注册邮箱里会收到 Shopify 发来的一封验证邮箱地址的邮件。如图 8-11 所示。

图 8-11　卖家注册邮箱中收到的确认注册 Shopify 的邮件

需要卖家在注册邮箱中，单击此邮件里面的"Comfirm email"按钮，完成邮箱验证，以保障 Shopify 账户安全。

8.4.2 Shopify 月租费用

Shopify 为所有的新用户都提供了 14 天免费试用的期限。在卖家账户注册成功之后，立即绑定信用卡或 PayPal 账户用于支付 Shopify 店铺的月租，Shopify 在卖家账户的 14 天试用期结束之后才会扣费。推荐卖家在账户注册成功之后，就立即提交自己的信用卡信息或绑定 PayPal 账户来交纳月租。

从信用卡安全的角度来说，如果 Shopify 的风控系统监测到信用卡发卡行信息和卖家支付时所使用的 IP 地址距离很远，那么卖家的信用卡付款有可能被标记为欺诈支付而被 Shopify 拒绝，甚至其 Shopify 账户会被封掉。关于信用卡地址信息和 IP 地址信息不一致导致的风控，通常是因为这 2 个地址所属国家不同导致，同一个国家是没有问题的。例如，卖家在上海申请的信用卡，在国内任何地方支付都不会触发风控检测。

在进入 Shopify 的后台之后，需要卖家单击"选择一个套餐"按钮，进入选择方案，绑定信用卡或者 PayPal 交纳月租的页面（图 8-12）。

图 8-12　卖家试用选择店铺模板套餐页面

卖家也可以单击如图 8-13 所示的网站后台左下角的"设置"选项，然后再选择右上角的"套餐和权限"选项，也可以打开绑定信用卡或者 PayPal 交纳月租的页面。

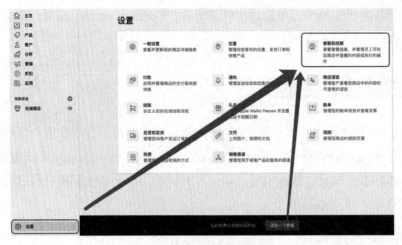

图 8-13　卖家后台设置页面

在新页面中,免费使用结束之后,卖家要选择使用的套餐。如果卖家在注册时已提交了信用卡信息,Shopify 会在试用期结束之后从信用卡里扣除费用,试用期期间可以随时关闭账户,账户关闭之后,就不会从信用卡扣除费用。

Shopify 为卖家提供 3 个月租套餐供选择:每个月 29 美元,每个月 79 美元,以及每个月 299 美元的套餐(图 8-14)。对于大部分新卖家来讲,初期选择每个月 29 美元的套餐即可,也可随时调整套餐以满足业务需求,Shopify 会依据多退少补的原则自动帮卖家计算好所需要支付的费用。卖家也可选择付费方式,如图 8-15 所示页面,页面分为 3 个部分,首先是选择"账单周期",可以按月付费,也可以按年付费。按月付费(每 30 天)价格为每月 29 美元,按年付费则是 312 美元,相比较按月付一年可以节省 36 美元。一次性付 3 年的费用比每月付 29 美元,连续付 36 个月要节省 261 美元。一次性付费越多,节省的钱也就越多。另外,如果卖家一次性购买了 3 年基础 Shopify(Basic Shopify)套餐的服务,期间想要升级到 Shopify 套餐,也只需要补差价即可。Shopify 会自动计算好卖家需要补的差价。

图 8-14　租金选择页面

图 8-15　卖家付费方式选择页面

选好"账单周期"之后,要选择"付款方式"。目前,Shopify 支持使用信用卡(必须是带 VISA、MasterCard 等标志的多币种信用卡)或者 PayPal 支付月租。

1. 使用信用卡支付 Shopify 月租

选择使用信用卡,单击"信用卡"选项下方的"添加信用卡"链接,在弹出窗口中输入卖家的信用卡信息,如卡号、过期日期等。账单地址信息中的姓名、地址、城市、国家、邮编等信息要如实填写,中文、英文都可以。这个信息只在 Shopify 扣款时会用到,客户不会看到商家所提交的信息。

成功绑定信用卡之后,就可以选择通过信用卡来支付 Shopify 的套餐,在页面右侧显示"立即结算"的金额为 0,在 14 天试用期结束时,会自动从信用卡中扣除套餐费用(图 8-16)。

图 8-16　选择信用卡付款方式支付 Shopify 月租页面

2. 使用 PayPal 支付 Shopify 月租

卖家还可以在"付款方式"中选择 PayPal，然后单击其中的"用 PayPal 付款"按钮（图 8-17）。

图 8-17　选择 PayPal 付款方式

然后在浏览器新页面中打开新的页面，跳转到 PayPal 的登录页面，输入 PayPal 账户的登录邮箱和密码（图 8-18）。

图 8-18　PayPal 的登录页面

登录之后，PayPal 就会询问使用哪张卡来支付月租。如果卖家绑定了多张个人的银联借记卡，任意选择一张即可。如果未绑定过银行卡，可以单击添加信用卡或借记卡，然后单击"继续"按钮即可。

PayPal 首先会尝试使用 PayPal 的账户余额进行支付，如果账户余额不足以支付月租，则从卖家的卡中扣费来支付月租。

Shopify 支持使用信用卡或 PayPal 来交纳月租，卖家也可在后台随时切换支付方式。在卖家后台左下角选择"设置"→"账单"选项改变支付方式，如图 8-19 所示。

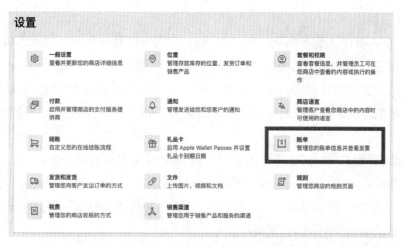

图 8-19　卖家后台"设置"页面

在"账单"页面的"支付方式"一栏中,可以看到当前"主要"是以 MasterCard 信用卡来支付月租的,单击 PayPal 一栏右侧的"…"按钮,然后在小弹窗中选择"设为主要方式"选项,即可用 PayPal 来支付以后的套餐费用(图 8-20)。

图 8-20　卖家后台替换支付方式页面

8.4.3　Shopify 注册常见问题解答

(1)注册 Shopify 需要注册公司吗?注册 Shopify 账户,需要准备的就是一台可以上网的计算机或手机、一个 Gmail/Outlook/ 企业邮箱账号,是不需要注册公司的。在整个注册流程中,没有哪个环节要求卖家提交公司资料,在以后也不会要求卖家提交公司资料(至少目前还不会)。但需要卖家注册 PayPal 收款账户、信用卡收款通道,而这些是需要提交营业执照的。

（2）一个人可以注册多个 Shopify 账户吗？会因为关联封号吗？一个人可以使用完全一模一样的信息（如邮箱、地址、电脑、IP 地址、信用卡等）注册多个 Shopify 账户，不会因为所谓的关联封号。而且，卖家如果使用同一个邮箱注册多个 Shopify 账户，Shopify 可以帮助卖家把这些账户关联起来，这样卖家在 Shopify 后台可以随意切换各个 Shopify 网站账户。

（3）如何避免在 Shopify 账号被封号？推荐使用真实有效的地址注册，以确保注册地址与自己的所在国家一致。若 IP 不同，会被判定该账户属于欺诈账户直接封号；关掉 VPN 工具后，需要一张双币信用卡，VISA、万事达等信用卡即可；使用 Gmail 或企业邮箱注册。不要做仿牌、侵权的违规商品。

（4）注册 Shopify 需要使用什么浏览器？Shopify 官方支持的浏览器包括：Google Chrome、Mozilla Firefox、Apple Safari、Microsoft Edge、Opera，以及适用于 iOS 的 Apple Safari，和适用于安卓（Android）的 Google Chrome。

（5）如果 Shopify 支付（Shopify Payments）账户被冻结了，卖家应该怎么做？当 Shopify Payments 账户被冻结时，Shopify 账户持有者会收到一封带有额外信息的电子邮件。若要解决此问题，可以查看此电子邮件并直接回复邮件给官方。

（6）Shopify 会保护卖家免遭拒付吗？不会，拒付的责任由卖家自己承担。Shopify 可通过提供支持文档来帮助卖家对拒付提出疑问，但关于拒付结果的决定是由持卡人的银行作出的，Shopify 无法对银行决定做出更改或提出申诉。

（7）卖家可以在 Shopify Payments 上接受借记卡吗？位于美国的公司可以接受 Visa、MasterCard、American Express、Discover 及 Diners Club 借记卡和信用卡。此外，接受 Discover 会自动允许接受 Elo、JCB 和中国银联（UnionPay）。

位于澳大利亚、奥地利、爱尔兰、意大利、新西兰、新加坡、西班牙和中国香港的商店可以接受 Visa、MasterCard 和 American Express 借记卡和信用卡。

位于英国的公司可以接受 Visa、MasterCard、American Express、Maestro、Discover 及 Diners Club 借记卡和信用卡。此外，接受 Discover 会自动允许接受 Elo。

位于日本的公司可以接受 JCB、Visa、MasterCard、American Express 借记卡和信用卡。此外，接受 JCB 会自动允许接受 Discover 和 Diners Club。

位于加拿大的商店可以接受 Visa、MasterCard、American Express、Discover 和 Diners Club 借记卡和信用卡。此外，使用 Shopify POS 的加拿大境内商店可以使用感应式和芯片式读卡器接受 Interac 借记卡（适用于商店内的感应式交易，金额最高为 100 加元）。接受 Discover 会自动允许接受 UnionPay，而接受 American Express 会自动允许接受 JCB。

位于丹麦的商店可以接受 Visa、MasterCard、American Express 和 Maestro 借记卡和信

用卡。如果商户想使用 MobilePay 接受付款，则需要在 Shopify 其他付款方式设置中启用其他支付服务提供商。这些商店还可以接受 Bancontact。

位于德国的商店可以接受 Visa、MasterCard、American Express 和 Maestro 借记卡和信用卡，Bancontact 及使用 SOFORT 和 Klarna Pay Later 进行付款。

位于荷兰的商店可以接受 Visa、MasterCard、American Express 和 Maestro 借记卡和信用卡，Bancontact 及使用 iDEAL 进行付款。

位于比利时的商店可以接受 Visa、MasterCard、American Express 和 Maestro 借记卡和信用卡，以及使用 Bancontact 和 iDEAL 付款。

位于瑞典的商店可以接受 Visa、MasterCard、American Express 和 Maestro 借记卡和信用卡，以及使用 Klarna Pay Now、Klarna Pay Later 和 Klarna Slice It 进行付款。这些商店还可以接受 Bancontact。

（8）中国卖家使用 shopify 有什么收款方式？怎么收款？

① Alipay Global 为支付宝国际版，如果卖家已经有了国内的支付宝账号，就不需要再重新申请一个国际支付宝的账号。全球速卖通的用户，可直接登录阿里巴巴供应商后台，管理收款账户，绑定国内支付宝账号。

② HITRUST 是由国际威信公司开发的支付平台。买家可以使用国内 16 家银行发行的银行卡，包括信用卡和储蓄卡及网上支付卡等，也可以使用国际信用卡直接在线完成刷卡支付。除了银行卡支付外，在安心付上，买家可以通过智能手机、掌上电脑（persond digital assistant，PDA）、手机短信、语音等方式，使用安心付的支付功能，多方位、多场景地完成支付操作。

③在 Shopify 上设置贷记卡或借记卡作为收款方式时，直接设置账号和用户名，即可启用信用卡或者借记卡收款。

（9）Shopify 的提现方式有哪些？目前 PayPal 有 5 种提现方式。

① PayPal 绑定连连账户直接提现人民币，不受人均 5 万美元的结汇限制，到账时间 3~4 天，兑换汇率按中国银行当天美元现汇牌价。

② PayPal 电汇到中国本地的银行，到账时间 3~7 个工作日，受人均 5 万美元的结汇限制，150 美元起步，10 万美元封顶。

③ PayPal 提现到香港银行账户，PayPal 账号持有人和香港银行账号持有人须是同一人。

④向 PayPal 申请支票提现，到账时间 4~6 周，不建议用这种方式，时间太长，而且容易被冒领。

⑤美国银行账户提现，到账时间 3~4 个工作日，要求有美国银行账号。

卖家可以比较其交易费率、单笔手续费、以及是否有其他各类隐形费用，如月服务费、年服务费、退款手续费、拒付处理费、保证金扣取比例等自由选择。

思考题

1. 简述跨境电子商务独立站的概念。
2. 简述跨境电子商务独立站主流站点，并试着对比其特点。
3. 简述跨境电子商务独立站 Shopify 的建站流程。
4. 尝试在独立站 Shopify 建立自己的站点，并装修店铺、上架商品（可以在站点免费试用 14 天内完成）。

案例分析

即测即练

第 9 章 跨境电子商务业务过程

1. 了解跨境电子商务选品的概念。
2. 理解选品方法。
3. 掌握选品工具的使用。
4. 掌握商品定价方法。

猫 咪 笔 架

  日本 Qualia 猫咪笔架是一款全球畅销商品,由契意坊(Cuneiform)& Qualia 设计,如图 9-1 所示。Qualia 把它包装设置为盲盒的形式,盲盒里会有 6 支常规款,或 5 支常规款和 1 支隐藏款猫咪支架。常规款包含 3 支温顺的垂耳猫和 3 支高颜值长毛猫,外形更加可爱。秉承着"万物皆可举"的原则,蓝牙耳机、眼镜、笔、口红、苹果、橘子等,没有它们举不了的。它们还可以摆出各种造型,上班族可以将它们放在办公桌上以魔性解压,开发脑洞。

  正版的猫咪笔架在网络上十分畅销,经常断货。正版选用树脂材质,抗摔耐砸,怎么玩都玩不坏,就算用力摔也不会有痕迹,小朋友也能随便玩。

图 9-1　网红爆款——猫咪笔架

资料来源：http://www.360doc.com/content/21/0606/22/28376400_980778445.shtml。

9.1　选品的概念

选品，即从供应市场中选择适合目标市场需求的产品。从用户需求的角度来说，选品要满足用户对某种效用的需求；从商品角度来说，选出的产品在外观、质量和价格等方面要符合目标用户需求。

在跨境电商领域有一句话："七分产品，三分运营。"选品对在跨境电商平台上店铺运营的作用非常突出，好的产品更有利于产品推广。选对商品并赶在一拨热销潮流趋势之前，卖家可能收获颇丰；看到市场爆款后跟风销售，可能订单量不错但是利润稀薄。选品不应依据个人的喜好，也不能仅看数据报告，选错商品的后果是库存积压、资金浪费。

跨境电商选品的核心要求：有品质的商品，有优势的价格，符合跨境销售特性，满足目标海外市场需求，突出自己的特色竞争优势。

适合做跨境电商的产品应该考虑以下几点。

（1）最有效的选品方式是优先考虑体积质量。产品需要适合国际物流，产品质量适中、国际运费价格相对较低，且需求量大，轻便小巧不易碎。如果目标产品体积大、有一定质量，推荐选择海外仓发货。例如，通过海运的方式把产品运输到当地国家的海外仓，同时还要考虑配送到当地国家的运输费用，需要计入销售成本。

（2）使用操作简单。类似于需要指导安装的产品不适合作为跨境销售的选品，因为后续的投诉和客户服务成本非常高。

（3）选择消耗性产品。培养客户的忠诚度和消费习惯可以构建可持续的销售战略。

（4）有自己独立的产品设计，包括产品研发能力、包装设计能力等，能保证生产和仓储量。

（5）具有独特创意的产品市场潜力巨大，容易吸引买家，形成爆款，利润率比较高。

（6）售后服务简单，基本上不需要有什么售后服务的产品。

（7）选择运输要求较低的产品，降低国际物流成本。例如，尽量选择运输中不容易损坏、变质的产品。不违反物流公司限制，不选择不允许运输的产品，如液体类、化妆品、易燃易爆产品等。

（8）不违反平台和目的国的法律法规，如拥有知识产权的产品，特别是盗版或违禁品是绝对不允许的。

（9）尽量避免选择海关检验复杂的产品。在国际贸易中，很多国家的海关检查中，对于很多液体产品、粉末状产品或药品等，无法经过国际快递进行运输，这就要求电商企业对不同国家的海关检验具体信息进行调查和咨询。

9.2 热门商品分类

跨境平台上销售商品选择分为虚拟商品和实体商品两大类。

虚拟商品指以数字形式存于磁盘、VCD等介质上的数字化商品或联机信息服务，如计算机软件、电子报刊、网上订票服务等；实体商品指传统的有形实物商品，如计算机、衣服等，如表9-1所示。

表9-1 跨境平台的商品类别

商品形态	商品品种	营销方式	商品实例
虚拟商品	数字化商品	提供信息	金融信息查询、数据库检索网上新闻、报纸杂志研究报告、论文
		销售数字化服务产品	计算机软件、电子游戏下载视听产品、电子书籍下载
	联机服务	网上订票服务	航空、火车、电影院网上订票，饭店旅游服务，挂号预约，电子彩票
		交互式服务	在线计算机游戏、金融证券系统、金融、法律、医疗咨询
实体商品	大众化商品	网上商品目录浏览与订货，厂家送货上门	计算机及其配件、书籍
	个性化商品	网上接受客户定制，按照要求生产与送货	手工艺品、个性化礼品

虚拟商品和实体商品的最大区别在于营销渠道，虚拟商品不需要传统渠道，直接销售，产品通过网络直接下载到用户的计算机，或者在网上直接提供相关服务，渠道成本低。虚拟商品是网上开店商品的首选。

实体商品可以分成大众化商品和个性化商品两类。大众化商品指根据商品的型号等信息就能确定其功能、性能和质量的通用商品，如计算机、书籍等。个性化商品指对商品的诸多方面，如样式、尺寸、功能、性能、质量等，不同的用户有不同的要求，如服装和食品等。

跨境电商平台上热销类目有 3C、服饰、母婴用品、园艺、户外、汽配、宠物用品、电子产品周边等。

（1）宠物用品产品：宠物服装、宠物食品、宠物玩具等。

（2）电子周边产品：贴膜、外壳、装饰挂件等。

（3）实用电子产品：路由器、网卡、遥控器、摄像头、蓝牙音箱等。

（4）服饰及周边产品：衣服、假发、美甲片、耳钉、戒指等。

（5）母婴及周边产品：奶粉、婴儿奶瓶、奶嘴、儿童水杯、餐具、孕妈用品等。

根据跨境电商选品平台 FindNiche 发布的最新数据：2022 年 1—3 月的品类订单排行榜，可以对什么品类有机会成为爆款做一个预判。

手机配件类产品销量稳居榜首，美容必备品订单上升最多。

2022 年 1—2 月，手机配件、美甲及工具、手机袋或手机壳这 3 个品类稳居订单量榜单的前 3。

订单量下降最多的是节日派对用品，上升最多的品类是美容套妆。

跌出前 10 的品类是耳饰，新进入前 10 的品类是女士内衣。

1 月热搜词有：pet、baby、beauty、dog、shoes、cat、fitness、handbags、sunglasses、makeup。

2 月热搜词有：pet、fitness、dog、cat、cym、kitchen、watch、beauty、bracelet、T-shirt。

3 月热搜词有：bikini、facemask、cum、waisttrainer、baby、clean、bra、medical、swimsuit、tent。

在跨境电商平台上，2022 年第一季度中，以下产品类目稳居热销榜单。

手机、平板计算机及配件：电子类产品一直是跨境电商的热销产品，在一季度有这些产品占据榜单。蓝牙耳机是销量常居榜首的产品，女性偏爱马卡龙色系、甜美风，男性则钟爱黑色炫酷风。智能手表是男性比较钟爱的智能穿戴。还有手机、平板计算机、对讲机、配件、手机壳和手机膜等，手机配件中充电线、充电宝是销售比较火热的产品。

时尚配饰：时尚配饰的女性消费者比较多一些，热销的产品有头饰、项链、耳饰、戒指、眼镜、手链等产品。眼镜的需求多为墨镜，女性产品发夹、项链、戒指等需求比较大，而男性消费者通常都是对腰带和手表的需求多一些。

家居生活：因为全球新冠肺炎疫情，居家时间更长一些，所以家居生活的产品也迅速成了热销产品。如家具装饰、收纳用品、厨具、装修工具、灯具、餐具，还有派对用具和家庭护理等产品。具体到浴室吸水垫、一次性烘焙纸、拖鞋、折叠书桌等。

美妆保健：这方面女性消费者是消费的主体，热销的品类有化妆品、美妆工具、手足护理、皮肤护理、头发护理、洗浴用品等。热销的产品有唇釉、眼影盘、美瞳、眼线笔、护肤精华、洁面乳等，化妆产品是卖得比较好的产品。同时化妆品也分消费人群。比如，欧美的女性消费者就需要风格大胆、个性比较鲜明的化妆产品。

女装：由热销的产品就可以看出跨境电商平台上女性消费者更多一些，为跨境电商的销量做出了很大的贡献。女装热销的品类有上衣、内衣、袜子、连衣裙、运动衫、睡衣、裤子/紧身裤、开衫衣、短裤等。女性的休闲内衣和运动鞋是销量比较高的产品。

另外针对女性消费者，卖家也可以选择箱包类产品和鞋靴类产品。女性对箱包的需求非常大，如斜挎包、单肩包、双肩包、钱包、化妆包等，都是女性需求较高的产品。做女性鞋靴类产品时要格外注意鞋子的尺寸，每个地区女性对鞋靴尺寸的需求是不一样的。

2022年，"宠物""健身""时尚类"等关键词，还有口罩、清洁、帐篷、医疗用品类商品的相关关键词，是跨境电商平台上的热搜关键词。

根据俄罗斯物流公司 PEK、DPD 和 SDEK 的数据，2022 年第一季度宠物产品订单交付量涨幅最高，并在 2022 年 3 月前两周达到交付顶峰，3 月份物流公司 DPD 对这一品类的交付量相当于 6 个月的交付量。

据俄罗斯动物福利协会称，由于 2022 年 3—4 月从欧洲到俄罗斯的运输成本平均增加了 80%，自 3 月初以来，俄罗斯一些宠物食品的价格已经翻了一番。随着婚礼季即将来临，3—4 月俄罗斯的珠宝交付量同比增长了 41%。

2021 年 6 月俄罗斯出现异常高温天气，空调和风扇的需求量分别增加了 150% 和 200%。为了避免制冷设备涨价，2022 年 4 月俄罗斯的空调和风扇的交付量增加了 50%。

2022 年第一季度的别墅建筑材料和园艺产品的交付量增加了 20%。花圃植物的日均交付量达到了数千盆，与 3 月份相比，交付量增加了 62%。除此之外，快递服务公司的数据显示，踏板车（+42%）、烧烤架（+34%）和花园秋千（+27%）的交付量在 3—4 月也出现增加。

在中国，淘宝网上的热销类目排行为：女装/女士精品；美容护肤/美体/精油；酒类；户外/登山/野营/旅行用品；网络设备/网络相关；螺旋藻/藻类提取物；保健品/膳食营养补充剂；住宅家具；女士内衣/男士内衣/家居；零食/坚果/特产。

9.3 选品的方法及工具

9.3.1 根据市场趋势数据选品

选品的第一步是分析市场现状及产品在市场中的销售情况。初步确定好选择的产品或产品品类，进入市场分析。借助市场趋势分析工具，获得产品在市场中的搜索需求数据、销量数据、库存数据、用户评价、广告投放数据、利润数据、在销售产品中的排行数据等。

1. 谷歌趋势（Google Trends）

Google Trends 是谷歌旗下一款基于搜索数据推出的一款分析工具。它通过分析谷歌搜索引擎每天数十亿条的搜索数据，告诉用户某一关键词或话题各个时期在谷歌搜索引擎中展示的频率及其相关统计数据。商家就可以通过这些搜索数据了解到市场、受众信息及未来的营销方向等相关信息。打开 Google Trends 网址：https://trends.google.com。输入搜索字词或主题，单击搜索按钮即可，如图 9-2 所示。

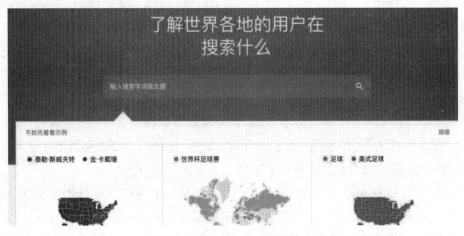

图 9-2　Google Trends 网站

选择"随着时间推移的变化顺序"选项，可以显示 2004 年至今的数据表现情况。选择"区域搜索热度"选项，可以根据地区或者城市进行细分。选择"相关主题"选项，可以通过"搜索量上升"或"热门"进行排序。选择"相关查询"选项，可以通过"搜索量上升"或"热门"进行排序。每个报告右侧显示了 3 种可供使用的方法：①以 CSV 格式下载数据；②以图表的形式嵌入数据，提供嵌入和预览桌面和移动屏幕的 JavaScript 代码；③在 Google+、Linkedin、Facebook、Twitter、Tumblr 等社交平台上分享图表。

其中，关键词研究和热门话题研究是 Google Trends 的两大主要功能。关键词研究功能有以下的作用：了解关键词在不同国家、不同城市、不同时间的表现状况；了解关键词、产品的主要市场；了解与关键词相关的主题，进一步了解受众特征；对比不同关键词在相同国家、相同时间的表现状况；利用特定搜索获得更多见解。

以 dog house 这款产品举例，进入 Google Trends，输入关键词，选择搜索字词（图 9-3）。可以看到全球及各个国家从 2004 年至今以来的搜索热度表现。

选择分析区域为"全球"，时间为"过去 12 个月"。可以看到按照区域显示的搜索热度，在全球的国家和地区中英国、美国、澳大利亚、爱尔兰和加拿大等国家是搜索热度最高的国家，这也将是卖家的产品进行营销推广需要重点考量的市场（图 9-3）。

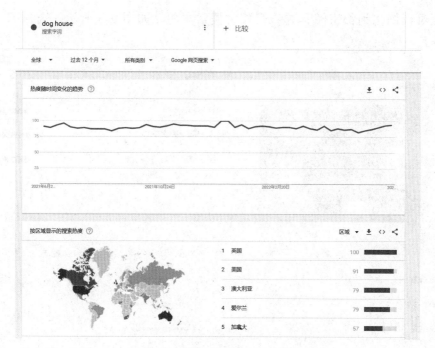

图 9-3 搜索关键词 dog house

还可以将市场从国家具体到城市。比如，在美国，新墨西哥州、特拉华州、西弗吉尼亚州、密西西比州、南卡罗来纳州等城市对于"dog house"的搜索频率就比较高（图 9-4）。可以考虑在这几个城市选择销售产品。

图 9-4 在 Google Trends 里分析 dog house 的搜索热度和热度分布地区

甚至可以细化到都市圈，并获得相关搜索主题。如图9-5所示，选择了"新墨西哥州"。

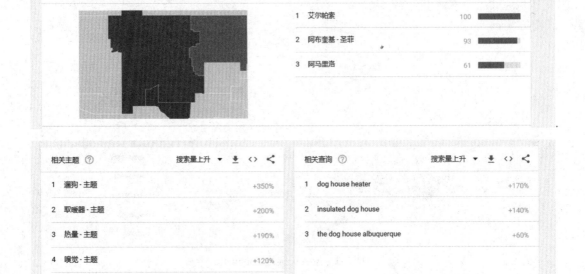

图9-5　进一步细化到地区为都市圈方位分析关键词 dog house

2. 百度指数

百度指数是以百度海量网民行为数据为基础的数据分享平台，是当前互联网乃至整个数据时代最重要的统计分析平台之一。自发布之日起百度指数便成为众多企业营销决策的重要依据。

百度指数能够显示某个关键词在百度的搜索规模有多大，一段时间内的涨跌态势及相关的新闻舆论变化，关注这些词的网民是什么样的（人群），分布在哪里（区域），同时还搜了哪些相关的词（关联），能帮助用户优化数字营销活动方案（依据）。

百度指数的主要功能模块有：基于单个词的趋势研究、需求图谱、资讯关注、人群画像；基于行业的整体趋势、地域分布、人群属性、搜索时间特征。

下面以产品"牙刷"为例进行介绍。

当输入关键词"牙刷"后，出现如图9-6和图9-7所示的界面，在趋势研究下有搜索指数和咨讯指数两个指标，可以看见一段时间内的搜索和资讯人数变化。

第 9 章 跨境电子商务业务过程

图 9-6　试用百度指数搜索"牙刷"

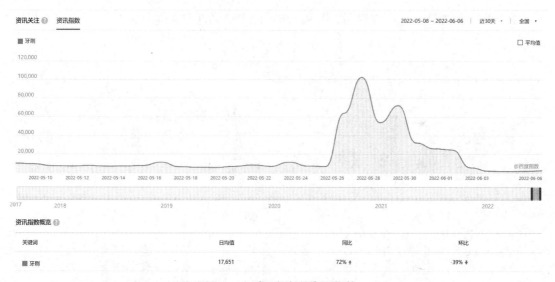

图 9-7　查看"牙刷"的资讯指数

页面右上角可以自定义设置时间段、想查看的地区，以及手机端数据或 PC 端数据。页面左上角可以进行商品对比，如图 9-8 所示，进行了牙刷与牙膏的对比。

图 9-8　对比"牙膏"和"牙刷"的指数数据

在人群图像功能下，可以看到如图 9-9 所示的人群属性与兴趣分布。

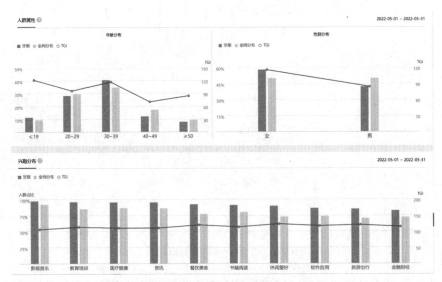

图 9-9　搜索"牙刷"的用户人群属性和兴趣分布

在行业排行功能下，可以看到如图 9-10 所示的各行业下各类目的排名情况，其中有品牌指数、品牌搜索指数、品牌资讯指数和品牌互动指数 4 个指标。

还可以通过 Keyword Spy（http://www.keywordspy.com/）、Alexa 网站目标市场及分布（http://alexa.chinaz.com/）、阿里指数官网（https://index.1688.com/）等网站进行市场分析。

这些数据网站能够对不同国家、不同时间的不同产品关注度、品牌热度周期规律、竞争对手销售信息、不同国家的不同产品价格等数据进行查询。通过对不同国家、不同竞争对手、不同产品的数据分析，有助于电商企业了解不同区域的市场需求和供给情况，以便作出最佳的产品选择。内部数据可通过谷歌分析（Google Analysis）等数据分析工具，对不同产品的需求信息、销售信息和共计信息进行分析和预测，结合外部市场数据的情况，可以为产品选择提供更多支持。

图 9-10　百度指数中的行业品牌指数显示

9.3.2　根据跨境电商平台搜索信息选品

1. 以亚马逊平台为例

亚马逊自带的搜索引擎一直以来是买家登录亚马逊平台时搜索产品使用的工具，利用亚马逊平台搜索引擎关键词选品的方法，最巧妙的地方在于有效地利用光标停留的不同位置来判断卖家未来出售同类产品时应该注意的要点。其操作步骤如下：在搜索栏内输入想要查找的产品关键词，当光标停留在关键词的前面、中间或后面时，下面自动会跳出一连串的买家搜索量最多的产品关键词，根据默认词的变化来查找到买家搜索最多的关键词，排在最前面的便是买家经常访问或购买的产品。那么，卖家就可以考虑这种买家搜索频率最高的产品，作为未来销售的产品。

以在平台上选择出售灯泡产品为例，作为从事灯具行业的卖家，灯具的品种如此繁多，选择什么样款式和性能的灯才能在亚马逊平台上热销，一直是困扰卖家的问题。以灯泡这个产品为例，就有几十个品种，而买家关注搜索最多的是什么产品，卖家就可以选择卖什么产品。

首先，在搜索栏内输入"灯泡"这个产品名称。此时，光标停留在后面，下面自动会跳出一连串买家搜索最多的关键词。最前面的便是灯泡，接着单击"灯泡"选项，进入有关这个产品的界面，找到最热销的产品。对其关键词进行分析后发现：如果卖家选择灯泡作为上架的产品，最好挑选功率在 60W 左右、光线相对柔和的灯泡，而且建议包装是 12 个一组。根据欧美客户的购物习惯，选择组合购买的概率比较大。

其次，当我们把鼠标的光标指向某个产品名称的中间时，下面自动跳出来的关键词又会发生相应的变化，以 LEDbulbs 为例，当光标停留在其中间时，将会自动跳出一段文字，排在最前面的便是 60W 的 LED 灯。单击进入产品详情页，发现最热销的 LED 灯泡（LEDbulbs）具有以下特点：60W、16 个一组、灯光呈柔白色。

搜索 LEDbulbs 这个产品关键词我们可以发现：如果选定灯泡作为新手上架的产品，那么最好是选择 9W 的 LED 灯（相当于功率为 60W 的普通灯泡），采用组合包装出售，光线以柔光为主，选择螺口灯头。

卖家在选择灯泡作为销售的产品时，应关注买家的喜好，如功率、色调、数量组合等问题，通过这个选品方法可以使卖家预期备货的数量能够贴合市场实际需求，使该产品未来的库存量实现最小化，并能生产市场需求最旺盛的产品。

根据亚马逊搜索引擎关键词进行选品可以了解到买家搜索频率最高的产品，从而为卖家的选品提供很好的借鉴作用。然而，选品除了考虑买家的需求外，最直接的方法就是参考目前大卖家热卖的产品与亚马逊平台大卖的产品。

例如，我们在亚马逊平台首页上输入 dog toys 进行搜索，得到产品类目（图 9-11 页面左侧）、用户评价星级、品牌推荐，以及商品按照销量的推荐。我们可以通过标注为 Best Seller 的商品获知销量最好的集中宠物狗玩具及其详情。选择其中一件商品，单击打开页面，可以阅读商品详情（图 9-12）。

图 9-11　在亚马逊搜索 dog toys

图 9-12　宠物狗玩具详情页

2. 以速卖通"行业选品"为例

行业选品指卖家根据速卖通平台目前的情况，确定要经营的行业。使用基于速卖通平台的交易数据，为卖家提供具体行业的数据、趋势、国家分布等内容。卖家可以根据行业情报提供的分析，迅速了解行业现状，判断经营方向，进而确定自己要经营的行业。进入"数据纵横"页面，选择"行业情报"选项，在打开的页面中可以查看具体某个行业的概况及"蓝海行业"。在速卖通网站，蓝海行业整体竞争不大，充满新的空间和机会。

通过蓝海行业细分，卖家可以选择自身优势的蓝海行业，发布对应的商品，抓住更多商机，对应行业的供需指数越低，说明竞争度越小，出单机会越大。卖家也可以查看目前平台下具体某一行业的发展概况，包括行业数据、行业趋势和行业国家（地区）分布等数据。

行业数据：选择自己的行业，查看该行业最近 7 天 /30 天 /90 天的流量、成交转化率和市场规模数据，了解市场行情变化情况。

行业趋势：选择相关行业进行数据趋势对比，可以分别从访客数占比、支付金额占比、浏览量占比、支付订单数占比和供需指数进行对比分析。其中可以查看选择的行业在选定时间段内的明细数据，还可以下载该行业数据进行进一步的数据分析。

行业国家（地区）分布：根据选定行业的访客数和成交额的分布情况，在商品发布及运费设置时做更多有针对性的操作，让目标国家（地区）的买家可以更加方便地购买商品，提升商品的转化率。

卖家选定行业后，就要确定要卖这个行业下哪些类目的商品，也就是类目选品。了解行业下的类目。了解卖家热卖的商品与买家最需要的商品。

对一个行业下的商品类目有了了解后，还要了解平台上的卖家都在卖哪些类目下的商品及平台买家需要的商品。这里就需要用到"数据纵横–选品专家"功能。

进入"数据纵横–选品专家"页面，"选品专家"提供了热销和热搜两个维度。其中，热销是从卖家的角度来说的，热搜是从买家的角度来说的。

在热销维度下，卖家选择行业、国家、时间选项后下载数据链接，然后就可以看到成交指数、浏览-支付转化率排名及竞争指数3个指标的数据分析表，对表进行降序或升序排列后就可以选择热销产品。

"热搜"功能将提供给卖家所选行业下前100的关键词，以及对应搜索量、行业匹配度和商品热度。其中涉及搜索指数、搜索人气、浏览-支付转化率、竞争指数4个指标。

9.3.3　根据搜索信息分析工具选品

1. 数派跨境（iSellerPal）

数派跨境是亚马逊跨境电商智能广告系统及运营数据分析工具，为亚马逊美国站、德国站等卖家提供亚马逊广告、评论分析、反查ASIN、关联流量查询、Asinspy等功能。

借助数派跨境工具，分析宠物狗玩具（dog chew toys）商品近几月的搜索量，趋势如图9-13所示。整体来看搜索量的变化幅度不大，基本维持在20 000~25 000条之间，说明此类商品的市场需求较大，市场潜力也大；近几月点击集中度和转化集中度如图9-14所示，这两个数据都比较低，变化趋势也较稳定，说明该商品的垄断程度不高，竞争也比较小。

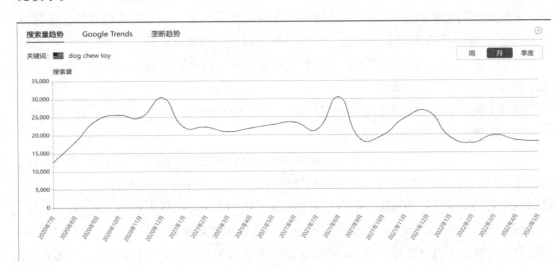

图9-13　iSellerPal工具分析宠物狗玩具dog chew toys搜索热度

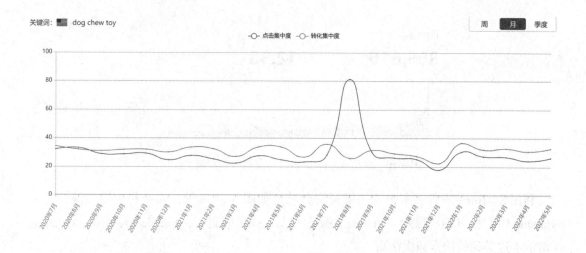

图 9-14　dog chew toys 的点击集中度和转化集中度

2. Sorftime

Sorftime 为亚马逊卖家广泛使用的选品软件，数据覆盖亚马逊全球 12 大站点，超过 8 万名客户遍及 45 个国家和地区。Sorftime 基于大数据智能算法，为亚马逊卖家提供高质量运营的选品工具，直观的数据报告让卖家快速读懂市场风险和机会。Sorftime 支持多个数据维度全类目排序选品，新品、低评价数占比，均价环比，预测未来销量增幅。

利用 Sorftime，dog chew toys 商品近年来每天的市场容量趋势如图 9-15 所示，此类产品的消费总量在逐渐上升。市场容量如图 9-15 所示，该类目的市场容量（排名前 100 预计月销量）为 39 616 件，属于中上等市场，此类目的市场销量分布也比较均匀。产品垄断系数为 12.38%，而且 3 个月内的新品（图 9-16）的销量较高，排名靠前，新品的销售趋势向好，说明新品进入市场后还有很大的市场空间，机会很大，此类商品没有形成垄断。

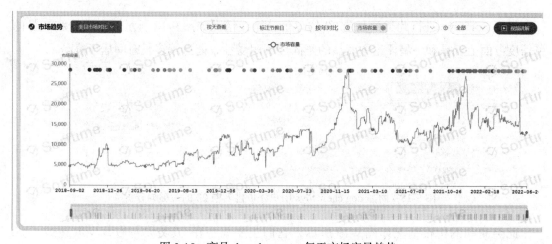

图 9-15　商品 dog chew toys 每天市场容量趋势

图 9-16　商品 dog chew toys 月总销量和垄断系数

利用 Sorftime 进行买家搜索关键词词频统计如图 9-17 所示，除一些主要关键词外，nylabone（耐龙，口腔保健）、rubber（橡胶）、tough（坚固）、durable（耐用）、cleaning（清洁）这类词的搜索频次很高。

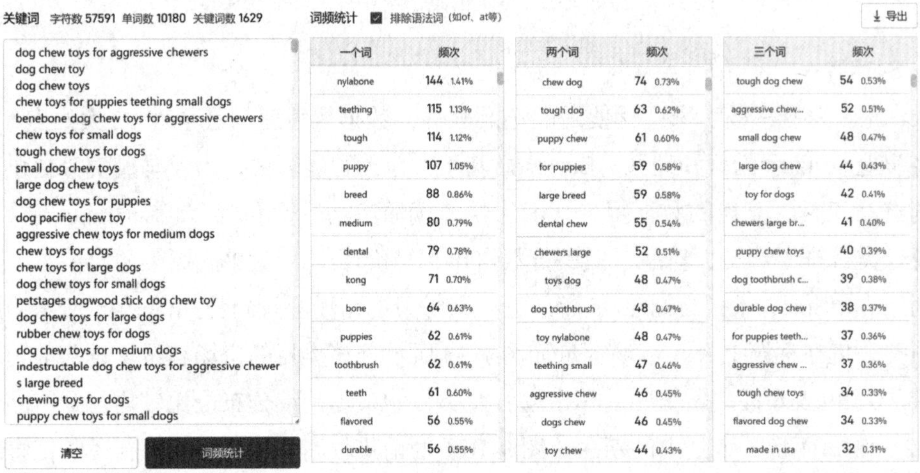

图 9-17　统计分析买家搜索关键词词频统计

根据 Sorftime 进行此类商品前 20 的评价分析，情况如图 9-18 所示，在质量和产品的可信度方面上五星和一星评论中商品的坚固性、耐受性、能持续多长时间居于高位。

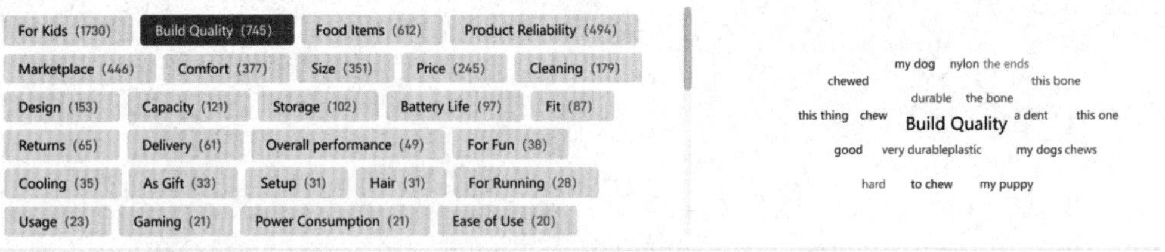

图 9-18　商品 dog chew toys 用户评价排名前 20 的关键词分析

此类商品的价格情况如图 9-19 所示，它们主要集中在 10 美元左右，少数超过了 20 美元。

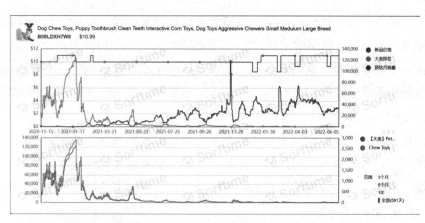

图 9-19　商品 dog chew toys 大类排名统计和价格波动分析

9.3.4　根据买家评价选品

在亚马逊平台上推荐的热销商品排行榜中，确定选择某一品牌产品，可以查看到其详细描述及买家评价。

买家评论是亚马逊买家购物体验不可或缺的一部分。买家使用这些评论来详细了解商品、评估其是否符合自己的需求，并做出明智的购买决定。买家评论还可以帮助卖家了解买家对其商品的看法、买家喜欢商品的哪些功能或方面，以及哪些方面有待改进。评论还会为卖家提供有关如何改进商品的建议。为了让买家评论继续为买家和卖家提供上述优势，买家评论必须真实、可靠地反映买家对商品的体验。

卖家可以从买家评论中收集到商品反馈。买家对现有产品的评价可以作为卖家开发下一个产品的灵感。特别值得注意的是，买家给出的差评，或者对产品缺点的抱怨，对卖家意义更加重大，可以为卖家在设计产品时提供决策性的意见：如何设计规避产品获得低星评论的风险，如何根据买家评论设计出更贴合买家需求和兴趣的产品，选择提供产品质量更优的供应商等。卖家也可以在想要做的产品品类中找几个其他热销的品牌，看看他们的产品反馈有没有产品的潜在改进机会。

9.4　商品的定价

9.4.1　价格策略

网上商品定价一般有低价策略、等价策略和高价策略 3 种定价策略。

低价策略是零售商宣称自己的商品价格比实体店面里的商品低廉，甚至是最低价。例如，亚马逊发展的早期，商品的定价比实体店面的商品价格低 30% 左右。低价策略的目的是宣传企业的形象，扩大企业的知名度，而在短期内是不可能赢利的。一般来说，虚拟零售商会采取低价策略。经营网上商店的企业为了拓展网上市场，推动网上购物的发展，也会对网上销售的商品打折。

等价策略是网上商品的价格与实体店面里的商品的价格等同。通常，在网上购物条件不成熟的条件下，零售商为了尝试网上零售的经验，会采取等价的战略，做到"不赔也不赚"的平衡。例如，美国最大的零售书店在刚开始运行网上书店时，采取的是与实体店面相等价格的定价策略。

高价策略是网上商品或服务的价格高于实体店面里商品或服务的价格。一般来说，采取高价策略的销售企业或零售商在网上提供了高附加值的服务，如顾客个人化定制、专家推荐购买方案等。例如，美国一家杂货、药品网上销售商，可以为顾客提供营养配方的采购方案。

9.4.2 定价方法

1. 精准定价法

精准定价法，指根据影响商品定价高低的各项因素来决定商品售价。其中最主要的因素有三大项，即成本、费用、利润；次要因素也有三大项，即商品类型（爆款、引流款、赢利款）、商品特ং（同质性、异质性、可替代性）、同行竞争（同行价格、店铺策略）。

这时采用的定价方法主要是成本加成法。通过如下例子来讲解。

【例 9-1】如果卖家从国内采购到一批总价为 300 元的商品，共 200 条计，另付快递费用 15 元，目标利润率为 150%，银行外汇买入价为 6.3263 美元，其他因素忽略不计，那么不考虑跨境物流费用，可定价为

上架价格 =（成本 + 费用 + 目标利润）÷ 银行外汇买入价

=（300 ÷ 200+15 ÷ 200+300 ÷ 200 × 150%）÷ 6.3263

≈ 0.60（美元 / 条）

在这里，如果采购价中包括增值税，可凭增值税发票享受退税政策。费用除了快递费用之外，一般还包括跨境物流费用、平台交易费用（平台推广费及交易佣金等，目前全球速卖通的佣金率为 5%、部分订单会产生 3%~5% 的联盟费用）、关税（用中国邮政小包等个人物品申报的零售出口一般在目的国不用交关税）及其他费用等。目标利润指根据买家需求、市场竞争情况确定的合理赢利率。

如果考虑跨境物流运费（即包邮），那么就要先查询不同包裹采用不同方式寄到不同国家的费用是多少。以适合中国邮政挂号小包物流，以上例中的商品为例，按照最贵的运

费标准（表 9-2）计算。

表 9-2 寄送不同国家的配送服务费和挂号费

国　　家	配送服务费原价（根据包裹质量按克计费）/（元/千克）	挂号服务费/（元/个）
埃及、阿尔及利亚、古巴、哥伦比亚……	167.20	8

假如该单件商品加上包装的质量为 100 克，那么其运费为 24.72（100÷1000×167.20+8）元人民币或 3.90 美元。

若考虑跨境物流运费，该商品的上架价格为 0.60+3.90=4.50（美元）。

上架价格指商品在上传时所填的价格；除此以外还有销售价格和成交价格。销售价格是实际成交价，也称折后价，指商品在店铺折扣下显示的价格；成交价格指买家最终下单后所支付的单价。它们之间的关系可用如下公式来表示：

销售价格 = 上架价格 × 折扣率 = 成交价格 + 营销推广成本

全球速卖通平台促销活动的折扣一般要求在 5%~50%，但通常 15%~30% 的折扣最受买家欢迎，折扣率过高，反而会给买家以虚假折扣的嫌疑。以 30% 折扣为例，这时上例商品的销售价格为 3.15[4.50×（100%–30%）]美元。

2. 竞争定价法

作为卖家，如果觉得上述办法得到的定价缺乏竞争力，或者觉得这种方法过于烦琐，也可采取竞争定价法。这种定价方法会更实际一些。即卖家可以在全球速卖通上参照同类或相仿的商品，搜索销量排在前 10 位的商品定价情况，然后对它们的价格做加权平均，从而作为自己的销售参考定价，对应公式为

权重 = 店铺销量 ÷ 总销量

加权价格 = 店铺权重 × 店铺价格

3. 商品成本计算法

商品成本计算公式为

商品成本 = 采购成本 + 物流成本 + 推广成本 + 交易佣金

1）采购成本

如图 9-20 所示，采购成本为卖家的进货价格，由上游供应商提供。在【例 9-1】中，卖家在阿里巴巴定位到一家销售宠物狗玉米发声玩具的批发店，从页面上可以发现，如果购买 10 套以上此商品，产品单价成本在 18 元人民币，如果采购量达 1000 套以上，产品单价成本在 16 元人民币。同时还要将发货至买家所在地的快递物流费用计算在内。此处的快递物流成本指卖家在采购商品时所需支付的费用，把它计入商品采购成本。

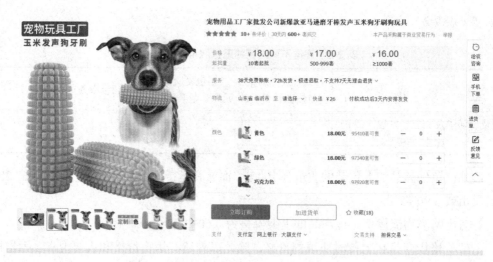

图 9-20　在阿里巴巴上宠物狗咀嚼玩具批发价格

2）物流成本

卖家在上架商品后，由电商平台上的买家用户拍下商品，产生订单后，就需要卖家根据买家地址，选择合适的物流公司进行发货。物流成本也将计算在商品成本内。此处的物流成本如下。

- 仓储管理成本，包括卸货费、QC 费用、条码费、入库检核上架费、储位费、批量退库费、盘点费等。
- 订单处理成本，包括分拣、配单、打包、指派、交接、RMA 费，以及耗材费用。
- 配送成本，包括干线物流费和分区配送费。
- 系统使用费、固定资产和装修费的分摊。

一般情况下，在跨境电商平台上有些显示包邮的商品，也会将自己的物流费用折算在商品标价中。当然，卖家选择不同的物流公司将会享受到不同的物流配送价格，相当于物流成本存在着差异性。比如，2022 年京东快递收费标准，以北京到江苏省为例，京东快递的收费标准是 14 元起，续重 4 元。收费方式是"物品质量/体积 × 时效产品基础费用（可选）+ 包材费用（可选）"。又如，从广州寄送 1 千克物品到北京，收费 16~18 元。其中 16 元为特惠送，而 18 元则为特准送。

（1）国际快递的运费的构成和计算主要有以下内容。

①计费质量。实际质量与计算得出的体积质量，两者相比较，哪个大就根据哪个计收运费（从高收费原则）。

②首重与续重。国际快递的计费首重（起重）为 0.5 千克，每增加 0.5 千克为一个续重。首重的费用一般都比续重的费用高。

③实际质量与体积质量。国际快递所说的实际质量也就是毛重，即包括包装的质量和货品的质量在内的实际质量。当快递的物品体积较大而实际质量较轻时，因运输工具（飞

机等）的承载能力和能装载物品体积的限制，需要量取物品的体积然后按一定标准折算成质量的办法作为计算运费的质量，这种质量称为体积质量。体积质量大于实际质量的物品又常称为轻泡物/轻抛物。

④包装费。通常情况下，如果运输的货物本身就包装良好，或者只需要快递公司进行简单的包装、加固之类，一般不会收包装费，但是一些贵重物品、易碎物品等需要特殊处理和包装的，快递公司会收取一定的包装费。如果运费有折扣，那么包装费一般不会和运费一起打折。如果有燃油附加费，那么燃油附加费一般和运费一起打折。

⑤包裹类型。不同的包裹类型对应的价格也不一样。例如，最常见的区分方式为文件、包裹，而寄文件的价格会低于寄包裹的价格。另外，按照包裹类型还可以区分为带电和非带电、是否含有液体等。

⑥寄达国家。不同的国际快递公司都对国家进行了分区。例如，UPS就将国家划分为了9个区域，同一个区域的费用计算是一致的。对于同一个区域，不同的快递公司的报价可能会相差非常大。

⑦通用运费计算公式。当实际质量大于体积质量时，运费计算方法为：首重运费+[质量（千克）×2–1]×续重费率。

⑧体积质量计算方式为规则物品：长（厘米）×宽（厘米）×高（厘米）÷6000=体积质量（千克）；不规则物品：最长（厘米）×最宽（厘米）×最高（厘米）÷6000=体积质量（千克）。总之，实际毛重和体积质量，哪个大就按照哪个计算运费。国际快递有时还会有单独列出的燃油附加费。

（2）国际空运费用的计算。国际航空公司规定：在货物体积小、质量大时，按实际质量计算；在货物体积大、质量小时，按体积计算。一批货物由几件不同的货物组成，有轻泡物也有重货。其计费质量则采用整批货物的总毛重或总的体积质量，按两者之中较高的一个计算。

国际空运价格计算方式有3种：①运价（rates）；②运费（transportation charges）；③航空公司按国际空运运输协会所制定的3个区划费率收取国际空运运费，公式为

体积质量（千克）=长（厘米）×宽（厘米）×高（厘米）÷6000

体积质量（千克）=货物的体积（立方米）×167

不过航空公司在进行外包装测量的时候，如果货物有突出的部分，那么就会按照突出部分的长度计算，可能会产生一些小的误差。

主要的空运货物运价有4类：①一般货物运价；②特种货物运价或指定商品运价；③货物的等级运价；④集装箱货物运价。

航空公司办理一批货物所能接受的最低运费，不论货物的质量或体积大小，在两点之间运输一批货物应收取的最低金额。不同地区的运费是不一样的。

国际空运步骤如下。

- 确认物品的名称（是否有危险品）。
- 确认物品的质量和体积（涉及了收费和是不是泡货的问题）。
- 确认物品的包装。
- 确认物品到达目的机场。
- 确认要求的时效问题，直飞会快，中转所需要的时效会比直飞长。
- 确认对航班的要求，不同的航班价格和服务是不一样的。
- 确认货物的提单分类。
- 确认想要的运输服务，如报关、代办单证、是否需要清关派送等服务。

空运分重货和泡货，这样分是为了更好地收费。比如，质量大就按照质量收费，体积大就按照体积收费。

3）推广成本

随着越来越多的卖家挤入跨境电商平台，平台内营销成本和流量的获取成本持续增高，许多中小企业陷入恶劣的低价竞争局面和举步维艰的生存状态。中小企业急需转变思维，树立品牌营销战略，利用海外社交媒体进行内容营销，将企业的独特价值主张（unique value proposition，UVP）传递给目标客户，从而实现口碑传播、精准引流、高效转化及企业品牌形象和业绩的提升。

社交媒体融合了参与性、开放性、对话性、社区性、关联性，这些网络新媒体包括：SNS社交网络、博客、内容和视频分享、社区和微博等。网络技术和应用的不断发展，还会继续涌现出新的社交媒体形式。社交媒体主要通过互联网技术实现信息的分享、传播，通过不断的交互和提炼，对观点或主题达成深度或者广度的传播。

据Techcrunch报道，美国地方媒体调查公司BIA/Kelsey发表报告称，美国社交媒体广告收入从2010年的21亿美元增长到2015年的83亿美元。社交媒体是个快速涌现的、用户数不断成长的媒体类别，社交媒体拥有高活跃度与高黏稠度的用户，广告商越来越青睐社交媒体。尽管在网络广告市场上，社交媒体广告只是极小的一部分，但却是增长最快的网络广告类型之一。

以照片墙（Instagram，ins）为例，ins有着超过10亿名活跃用户，能为卖家提供巨大的流量支持。如果卖家的广告足够优质、测评质量高，那么就能通过ins广告接触到更多的潜在客户，极大地发展自己的业务。

（1）ins广告成本、费用。ins投放广告的方式分为照片广告、视频广告、轮播广告、快拍(Instagram Stories)广告,常用收费模式是点击计费(cost per dick，CPC)和千人成本(cost per mille，CPM)。

CPC按照每次广告点击的价格计费。例如，某个广告单次点击价格为0.5元，则CPC=0.5（元）。

CPC最早产生于搜索广告。例如，关键词广告一般采用这种定价模式，比较典型的有

Google 的内容广告（AdSense for Content）、百度联盟的百度竞价广告及淘宝的直通车广告。现在则是多运用在效果类广告上。

（2）CPC、CPA、CPM 费用主要包括以下内容。

① CPC 出价原理。CPC 是竞价广告的模式，出价越高排名越靠前，但可设置每次最高点击的出价，称为"最高每次点击费用"，表明这是商家愿意为广告点击支付的最高金额。

例如，商家愿意支付 0.5 元让用户访问自己的网站，那么可以将 0.5 元设置为点击出价的最高限额。当有一个人阅读了广告并且点击它时，商家最多需要支付广告费用为 0.5 元。当然如果他们不点击，则商家无须支付任何费用。

当然，现在很多广告平台都可以设置出价调价或者使用智能点击付费，当竞争激烈时为了击败竞争对手，可自动提高出价，当竞争不激烈时会自动降低出价。

CPC 计算公式：CPC 总广告费 = 竞价 × 点击次数。

例如，商家设置广告出价为 0.3 元，如果 500 人看到了广告，其中 100 人进行点击，那么你只需要为这 100 次点击付费，应该支付费用为 0.3 × 100=30（元）。

在 CPC 的收费模式下，不管广告展现了多少次，只要不产生点击，广告主是不用付费的。只有产生了点击，广告主才按点击数量进行付费。但 CPC 也存在弊端：一是竞价原因导致广告费用逐年增高；二是存在无法避免的恶意点击。

总结来说，CPC 的优势为可通过用户点击率、转化率、跳出率，分析用户的潜在需求然后总结不足，再进行优化提高转化率。还可按照消费者的年龄、性别、区域、需求等定向投放，从而来降低成本。其劣势是存在恶意点击，而且站在媒体角度来看，只要广告被点击，就会收费。至于每个流量背后用户的意图，最终有没有实际转化，不被考虑。当然，目前媒体方也有一些相应的手段来排除这些无效点击。

② CPA 行动计费。CPA 是按行动付费，一种按照广告投放实际效果计费的方式。

这里的行动不是固定，通常可以指问卷、表单、咨询、电话、注册、下载、加入购物车、下单等用户实际行动，这个一般在投放广告前可与媒体或者代理商约定好，只有在用户发生约定好的行动时，才会收取广告费用。

CPA 总广告费 = 出价 × 行动次数。例如，投放下载类 CPA 广告，商家选择 20 元作为每次转化费用，只要有一个用户点击了广告并进行了下载操作，那么商家就要支付 20 元广告费，所以每次 CPA 价格为 20 元。

在 CPA 模式下，广告主可以在最大程度上规避风险，因为 CPA 可直接与实际转化联系在一起。例如，商家要求转化目标是下单购买，那么广告单纯被展示或被点击，都不用支付费用，这对广告主而言是有利的。

只要保证转化行为带来的收入 > CPA 出价（例如，在游戏里，付费用户人均付费 30 元 > CPA 出价 20 元），就能保证投资回报率（return on investment，ROI）> 1，从而就有利润可赚。

CPA 优势：降低了风险因素，不用为广告展示和点击等无实质性的行动付费。如果没有获得预期广告效果，还可以将该笔预算重新投入高 ROI 的广告系列，不会白白造成广告预算的浪费。

CPA 劣势：并非每个媒体或者服务商都能接受 CPA 广告模式，因为 CPA 广告的最终效果其实不可控，而且有时不一定是媒体的流量不好，还可能是引导页的质量原因，所以媒体其实不太认可 CPA 方式。

③ CPM 展示计费。CPM 是按照展示计费，广告每展现给 1000 个人所需花费的成本，所以又叫千人展现成本。例如，某个广告位千次曝光的价格为 10 元，则 CPM=10（元）。

目前，在很多平台 CPM 都是最主流的计费方式，按此付费的广告大多以品牌展示、产品发布为主，因为品牌广告目标是较长时间内的回报，很难通过短期数据直接反馈。比如，微信朋友圈广告，曝光效果通常比较好。

在一般情况下，网络广告中的视频贴片、门户横幅广告（banner）等非常优质的广告位通常采用 CPM 收费模式。CPM 也是头条 / 抖音常见的广告计费方式，按照每千次展现购买，一般为 4 元左右（图 9-21）。

落地页广告						
广告位置	信息流 详情页 内涵段子	小图	组图	大图	视频	最低广告预算
计费方式	普通竞价	0.2元/点击（点击计费） 4元/千次展示（千人成本）				100元/计划
	目标转化成本竞价 仅限信息流	1元/提交订单（转化出价） 1元/拨打电话（转化出价）				1 000元/计划

App直接下载广告						
广告位置	信息流 详情页 内涵段子	小图	组图	大图	视频	最低广告预算
计费方式	普通竞价	0.2元/点击（点击计费） 4元/千次展示（千人成本）				100元/计划
	目标下载成本竞价 仅限信息流	1.5元/App下载（转化出价）				1 000元/计划

图 9-21　部分广告计费参考

CPM= 总消费 / 曝光量 ×1000。例如，某企业广告曝光量是 500 万次，总广告价格为 10 000 元，那么 CPM 为 2 元。

CPM 模式就是以广告每展示 1000 次作为单位收取广告费用。通常是在广告投放过程中，平均每 1000 人分别听到或看到某广告 1 次一共需要的广告成本。

CPM 优势：只为可见的广告展示次数付费，只看展现量，按展现量收费，不管点击、下载、注册，广告覆盖广、曝光量大、费用低。这种计费方式适合品宣类广告，还能给有一定流量的网站、博客带来稳定的收入。

CPM 劣势：广告精准度相对会低一些，对广告创意要求更高。同时也需要承担一定风险，因为不容易对流量进行监控，且单纯的广告展示是否能带来相应的收益，是由广告主来估计和控制其中的风险的。另外广告放置的位置不同，关注率也不同，但要付相同的价格，很容易造成浪费。

④ 3 种计费方式的区别如下。

- CPM 在第一步收取广告费用，即只需要将广告对受众进行展示，广告主就要付费。
- CPC 收取第二步费用，即当用户看到广告并发生点击行为后，广告主就要付费。
- CPA 收取第三步费用，即用户看到广告后点击了广告，进一步了解活动情况后完成某些特定行为，如填表、注册、下载、购买等，广告主就要付费。

CPM、CPC、CPA 三者之间也是紧密联系在一起的，因为在广告投放过程中，先要展示，再有点击，最后才有转化，相对应的 CPM、CPC、CPA 的价格也逐渐提升。商家可以根据自己的推广目的来选择合适的计费模式。例如，品牌类广告可以选择 CPM，效果类广告可以选择 CPC、CPA。

其他相关计费方式大致有以下几种。

① 按时长付费（cost per time，CPT）。按时长付费是一种以时间来计费的广告，国内很多网站都是按照"一个星期多少钱"这种固定收费模式来收费。其特点是按用户使用时长或使用周期计费，可以从根本上杜绝刷流量、激活作弊，是最真实的、有效的营销方式之一。

② 以实际销售产品数量来换算广告刊登金额（cost per sales，CPS）。以实际销售产品数量来计算广告费用的广告，即根据每个订单/每次交易来收费的方式。就像淘宝客，根据推广赚取佣金。

③ 千次展示收益（effective cost per mille，eCPM）。即每展示一千次广告，能赚多少钱，即千次广告展示带来的收入。千次展示收益是一个竞价的值，可以根据广告主的获客需要调整出价，代表千次广告展示所需要的成本。然而，千次展示收益越高，排名就越高，能获得更多曝光机会。

4）交易佣金

交易佣金就是卖家需要为每件售出的商品向跨境电商平台支付一定的手续费用。不同的商品其销售佣金也不同，不管个人卖家还是专业卖家，都需要为商品支付销售佣金。

以亚马逊平台为例，每卖出一件商品，卖家都要向亚马逊支付总价格（包括商品价格、运输成本和任何礼品包装费用）一定比例的佣金，或者支付最低金额，以金额较大者为准。佣金的比例一般都在 8%~15%，像是一些特殊类目，佣金费率会比较高。现在大部分都在 15% 左右，算是一个很高的比例。

个人卖家和专业卖家均需为每件售出的商品支付销售佣金。

媒介类商品（图书、音乐、影视、软件和视频游戏）：亚马逊将按适用的销售佣金百分比或基于销售价格（不含通过亚马逊增值税计算服务收取的任何税费）计算出的适用每件商品的最低销售佣金（取二者中较高者）扣除销售佣金。

非媒介类商品：亚马逊将按适用的销售佣金百分比或基于总销售价格（买家支付的

总金额，含商品价格及所有运费或礼品包装费，但不含通过亚马逊增值税计算服务收取的任何税费）计算出的适用每件商品的最低销售佣金（取二者中较高者）扣除销售佣金。

卖家也可通过亚马逊费用详情页面查看相关费用的更多详情。

以下是不同商品费用的计算方式。

媒介类商品：商品的销售价格＋运费－销售佣金（商品销售价格的适用百分比）－非固定交易手续费－每件商品费用0.99美元（仅针对个人卖家）＝存入卖家账户的总金额。

非媒介类商品：商品的销售价格＋运费＋礼品包装费－销售佣金（总销售价格的适用百分比，该总销售价格包含所有运费或礼品包装费，但不含通过亚马逊增值税计算服务收取的任何税费）－每件商品费用0.99美元（仅针对个人卖家）＝存入卖家账户的总金额。

注意：加入专业销售计划的卖家可以下载销售佣金预览报告，此报告提供根据当前所列商品价格估算出的销售佣金金额的信息，估算出的金额不包括购买时收取的运费或礼品包装费。有关更多信息，请参阅亚马逊的《如何阅读销售佣金预览报告》。

从站点、物流、广告、售后4个部分进行分析，在亚马逊销售产品的费用来源如下。

①平台订阅费。北美站39.99美元/月；欧洲站25英镑/月。

②FBA物流阶段。亚马逊物流费用＝配送费＋仓储费＋基础服务费。

③站内推广阶段。广告费用：总广告费=CPC×点击次数。因为点击量增加导致的订单增多，那么广告费也会增加；若想控制广告费用，就要控制广告的点击率，这两者成正比的关系。促销费用：亚马逊平台会根据促销的比例收取费用。例如，促销的比例是10%，那么就要付出10%的销售额。优惠券也是按照一定的比例计算的。

④售后阶段。如果在亚马逊平台销售的产品，有买家发生退款的现象，那么退款佣金的20%需要卖家自己承担，也就是说，亚马逊会自动扣除这部分的费用。

1. 简述选品的概念。
2. 简述选品的方法。
3. 简述商品定价策略。
4. 试在亚马逊平台上，选择一件热门商品，并在独立站店铺中进行定价及上架销售。

案例分析

即测即练

第 10 章
跨境电子商务营销管理

1. 了解电子邮件营销的方式。
2. 理解新媒体营销的方法。
3. 理解直播互动营销的方法。
4. 理解社交网络营销的方法。
5. 掌握目前主要的引流方法。

TikTok 短视频营销

截至 2021 年 7 月，在 TikTok 上的创作者 @CHARLIDAMELIO 已经拥有 1.19 亿名粉丝。在 2020 年 3 月，Charli D'Amelio 正式成为 TikTok 最受关注的创作者，并取代了之前的领跑者 Loren Gray。Charli D'Amelio 是首批通过 TikTok 获得名人地位的影响者之一。

Charli 于 2019 年 6 月开始创作 TikTok 内容，并因其令人印象深刻的舞蹈动作而迅速成名。作为 TikTok 上最大的创作者，Charli D'Amelio 每个视频的平均观看次数为 2700 万次，数据显示，每个赞助帖子收费约 3 万美元。

这位青少年创作者与 Dunkin' 和 Holliste 保持着长期的品牌合作伙伴关系。Charli 和她的妹妹一起在 Morphe 和 Hollister 共同拥有一条化妆线和一条时装线。

据 Nox 聚星（NoxInfluencer）2021 调查报告，随着国内人口红利的消失，行业竞争的加剧，越来越多的企业，特别是中小微企业开始寻求海外发展。尤其近几年受疫情和政策影响，跨境电商发展迅速，新加入的企业越来越多。

跨境电商有平台卖家和独立站卖家，也有二者都做的。而无论哪种形式，都离不开运营管理、营销推广、吸引流量。独立站的流量完全来自站外；平台运营，有一定的站内流量，但是站内竞争激烈，广告推广和首页、详情页推广费用高。现在各大跨境电商平台都鼓励卖家们进行站外引流。

（资料来源：https://www.sohu.com/na/480094464_121126616。）

10.1　电子邮件营销

电子邮件营销（E-mail direct marketing，EDM），是在用户事先许可的前提下，通过电子邮件的方式向目标用户传递价值信息的一种网络营销手段。得益于海外的邮件使用习惯，电子邮件营销一直是主流的营销方式之一。其操作简单，但前提是需要知道目标客户的正确邮箱地址。对于新用户，可以用高质量的内容或图像，再加以优惠活动去吸引；对于老用户，可以用定期问候的方式，告知其新活动、新产品上线信息。

电子邮件营销是利用电子邮件与受众客户进行商业交流的一种直销方式，是网络营销手法中最古老的一种。电子邮件营销是一个广泛的定义，凡是给潜在客户或者是客户发送电子邮件，都可以被看作是电子邮件营销。

随着互联网时代的快速发展，跨境电商行业的竞争越来越激烈，所需要投入的广告成本也逐渐升高，由于国外客户在日常的工作和生活中更倾向使用电子邮件进行沟通，所以电子邮件营销是跨境电商行业进行营销的主要手段之一。电子邮件营销凭借成本低、效率高（无须要求对方实时在线沟通）、精准度高（点对点营销）的优势，一直被卖家使用。虽然，电子邮件的打开率低，但商家可以通过分类优化邮箱管理，以及提升邮件内容吸引力、添加各种邮件标签和属性来提高邮件的质量，内容的吸引度及各类邮箱的属性和标签等也息息相关。并且，对发送邮件时间节点的数据、邮件打开率、邮件内广告点击率、转化率等数据，进行深度数据分析以提高电子邮件营销的精准度，进而建立客户忠诚度、信任度或品牌知名度。跨境电商的商家可以使用电子邮件推广的方式对客户进行精准营销，如图 10-1 所示。

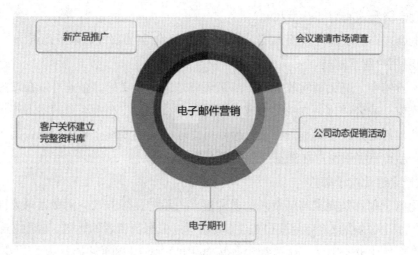

图 10-1　电子邮件营销

10.1.1　电子邮件营销种类

1. 交易电子邮件

交易电子邮件通常是根据客户在公司的行动来触发的。要获得交易或关系消息的资格，这些通信的主要目的必须是"促进、完成或确认接收者先前已同意与发送者进行的商业交易"，以及其他一些狭窄的交易消息定义。触发的交易消息包括密码重置电子邮件，购买或订单确认电子邮件，订单状态电子邮件，重新订购电子邮件和电子邮件回执。

交易电子邮件的主要目的是传达有关触发电子邮件的信息。但是，由于其开放率很高，交易电子邮件是与客户或订户建立或扩展电子邮件关系的机会。交易电子邮件的另一个目的是：预测并回答问题，交叉销售或追加销售产品及服务。

许多电子邮件通信软件供应商都提供交易电子邮件支持，这使公司能够在交易电子邮件的正文中包含促销消息。也有一些软件供应商提供专门的交易电子邮件营销服务，其中包括提供针对性和个性化的交易电子邮件消息，以及运行特定的营销活动（如客户推荐程序）。

2. 直接电子邮件

直接电子邮件涉及仅发送电子邮件来传达促销信息（如特价商品或产品目录）。公司通常会收集客户或潜在客户的电子邮件地址列表，以向其发送直接促销信息，或者从服务公司租用电子邮件地址列表。

电子邮件是一种公认的高效廉价的营销手段。研究表明，电子邮件的 ROI 为 122%，是社交媒体和付费搜索等其他营销策略 ROI 的 4 倍以上。

ROI 一般指投资回报率，指通过投资而应返回的价值，即企业从一项投资活动中得到的经济回报。它涵盖了企业的获利目标。利润和投入经营所必备的财产相关，因为管理人员必须通过投资和现有财产获得利润。

跨境电商选择电子邮件营销方式，来提升店铺营销额需要注意以下几点。

1）吸引用户留下邮箱

在邮件营销中，毫无疑问收集客户邮箱环节是最为重要的，企业可以在站内给用户推送优惠券弹窗，或者通过站内抽奖游戏活动等环节，让客户在不经意间留下邮箱，可以将用户留下的邮件地址收集到地址列表，另外可以在店铺内或推广页内设置订阅专栏，以专享优惠及新品首发吸引用户在浏览过程中留下邮箱地址。

2）发送个性化电子邮件

个性化电子邮件是商家与消费者沟通和建立关系的良好方式。消费者每天被各种信息包围，与他们相关的信息更容易获得关注。卖家可以根据消费者的姓名、地理位置、兴趣等，向他们发送个性化电子邮件，让消费者觉得这封电子邮件与他们相关，从而提高参与度。

相关数据显示，个性化电子邮件可以使转化率得到快速提升。

个性化设置比较简单的形式就是按名字与消费者产生联系，这是使电子邮件吸引更多目光的可靠方式。全球知名营销机构Retention Science调研显示，使用消费者的名字进行个性化设置的电子邮件可以将打开率提高16%。

将客户分类更有助于发送个性化邮件。卖家都知道，不同类型的消费者对产品有不同的需求。如果卖家进行电子邮件营销，使用相同的信息来覆盖不同类型的消费者，其效果远不如向每个目标消费者发送针对他们特定问题和需求的目标电子邮件好。HubSpot研究发现，针对细分消费者发送电子邮件可产生8%的点击率（面向所有消费者发送邮件仅产生3%的点击率）。换句话说，定向发送会带来更多点击。

按照用户是否下单，可以把收到邮件后的访客分为3类：潜在客户、初次购买者和忠实用户（复购）。针对登录网站但并未下单的潜在用户，可以发送"产品热销"邮件或弃购挽回邮件，促使订单完成；针对初次购买者，可以根据其购买的商品了解访客喜好，从而推荐相关产品，追加销售；对于忠实用户，可以向他们了解产品反馈，以便更好地改进，同时还可以给予他们VIP特别优惠，增加复购概率。

按照消费者特征细分：基于消费者的性别、年龄、学历或收入水平等进行细分。

按照地理位置细分：发送针对特定区域的促销活动，或者在标题和内容中显示具体的位置来吸引消费者注意。

按照消费金额细分：根据消费者购买历史记录来确定哪些消费者可能会购买更昂贵的产品，哪些消费者对低价产品更感兴趣，从而有针对性地发送电子邮件。

3）简化邮件标题，提升点击率

标题内容要简短有力，把热点放到标题上，适合群发邮件。还可以包含以下内容。

表明发件人身份：标题可以和寄件者名称相呼应，表明公司或品牌,让收件人放心打开。

准确描述邮件内容：概括邮件主要内容，包括产品信息、优惠活动、活动截止时间等。

重要的关键词布局:邮件现在不被打开不代表以后也不会被打开,布局关键词利于用户进行邮件搜索。

把最能吸引客户的词放到标题最前面,第二吸引词放在标题后3个字,适合群发邮件开发客户。这是目光追踪的结果:人们一般看标题最关注前3个字和后3个字。

对合作过的老客户,有针对性地发送。人与人交谈,当然是先称呼对方,让客户知道你们之前有过联系,标题可以尝试用"对方称呼+内容"。

标题数字化。适合所有客户,可群发。数字标题会给人紧迫感和震撼感。比如:"双十一"大促,全场三折起!

使用一个号召性用语。号召性用语(call to action,CTA)是放置在电子邮件中的按钮或链接,用于吸引潜在消费者购买产品。CTA可以是"立即购买""单击此处立即获取""浏览产品"等内容。建议每封邮件有且只有一个CTA。因为消费者的注意力有限,如果一封邮件中出现不同的CTA,消费者可能会对要采取的行动感到困惑,从而无法实现有效转化。

4)启用邮件自动化功能,确保邮件附件能打开

根据消费者的行为,自动给消费者发送满足特定需求的电子邮件。常见的电子邮件形式有"欢迎订阅"电子邮件、"感谢订阅"电子邮件、"交易成功"电子邮件、"弃购召回"电子邮件等。

比如,消费者访问网站,浏览产品并将其添加到购物车中,但并未完成购买。此时自动发送一封包含返回购物车的链接和10%折扣的电子邮件,可以有效留住消费者并促使其完成购买。Epsilon调研显示,启用自动功能的电子邮件的打开率高达49%(比传统电子邮件的打开率高95%),平均点击率(click through ratio,CTR)是传统电子邮件点击率的2倍以上。

还需要提前对文件进行处理。在编写电子邮件时,上传.pdf、.jpg等多个格式的附件,确保意向客户在手机端或者PC端都能查看。

5)选择合适的时间发送邮件

一般来说,电子邮件正确的发送时机是当消费者有可能打开、阅读邮件,甚至愿意在社交媒体上分享邮件内容,并访问你的网站时。CoSchedule(一款社交媒体日历工具,可以帮助用户更轻松地规划和执行社交媒体营销策略)调研发现,发送电子邮件的合适时间是当地时间上午6点、10点,下午2点,夜间8点、10点、12点。此外,每个月的1号是一个月中最适合发送邮件的日子,平均打开率约为16.4%,紧随其后的是4号、11号和19号,也是卖家发送邮件的优选时间。具体到一天中,8点和13点是平均打开率和点击率最高的时间段,也就是发送邮件的最佳时间点。

在合适的时间给消费者发送电子邮件,可以获得更多的点击次数,为网站带来更多的流量,从而带来更多的转化。

还可以选定一些特殊日期进行邮件营销,如"黑色星期五"(美国圣诞节大采购一般

是从感恩节之后开始的。感恩节是每年 11 月的第 4 个星期四，因此它的第 2 天，也是美国人大采购的第 1 天。在这一天，美国的商场都会推出大量的打折和优惠活动，以在年底进行最后一次大规模的促销）大促，与这样的重要营销日期相结合，也是日常维系客户的重要手段——及时告知那些忠实粉丝店铺的促销信息、上架新品等动态。

6）了解海外邮箱的规则

很多海外邮箱服务商都设有垃圾邮件的规则，海外邮箱服务商在这方面判定更为严格，并且跨境电商的邮件特色就是营销性质强，稍不注意就会触发反垃圾邮件的规则被放入垃圾箱。

除了需要在邮件的标题和内容下研究，选择好的邮件群发资源也非常重要。在邮件营销平台中，针对不同的邮件群发需求，建立多条不同的发送通道，根据不同的需求走不同的通道，能有效保障邮件的送达速度和送达率，也能保障邮件营销整体的群发效果。

7）营销邮件发送后的数据统计分析

分析邮件营销的效果是关键。卖家只有做好邮件群发的数据统计分析，才能根据数据统计的结果，重新制定效果更好的营销方案，才能更好地提升自己店铺的销售额。营销平台能为跨境商家提供详细的邮件分析统计，能针对邮件的群发效果和情况进行统计分析，让商家可以做到随时制定并修改营销策略。还可以借助大数据处理技术对客户的个人喜好信息、历史购买记录数据、操作行为数据等进行深度分析和挖掘，以不断优化邮件内容。

综上所述，电子邮件营销是根据用户购买全链路设计的私域流量运营体系，每个节点都会基于用户所在的阶段设计不同类型的邮件内容，最终促成用户的转化，并让用户留在商家的私域邮箱池里，与之不断进行邮件营销互动，以提升用户的黏性及增加复购。

10.2 新媒体营销

10.2.1 口碑营销

口碑营销就是通过消费者口口相传的方式，将产品或企业的有关信息传递给自己的家人、朋友等，从而促使其形成购买决策或改变购买决策的一种营销方式，凡是以口碑传播为途径的营销方式都可称之为口碑营销。

口碑营销的形式在国际上盛行已久，对于建立和改变品牌知名度及美誉度有着潜移默化的作用，其影响力往往更深入人心，是传统广告无可比拟的。其与网络营销有机结合，形成了网络口碑营销。卖家可以通过应用互联网信息传播技术与平台连接消费者，以文字、语言、图像、视频等多种表达方式为载体的口碑信息为企业进行口碑营销，开辟新的通道，获取新的效益。对于消费者来说，可以通过网络渠道对品牌产品或服务进行讨论及内容分享。

网络口碑营销的宣传成本价格低廉，但效率很高，已经成为当前商家常用的营销方式。比如，一部流行的电影剧集、一本畅销书、一件衣服都可以通过网络口碑传播获得巨大成功。没有铺天盖地的广告、没有明星代言，也可以从默默无闻的小公司成为众所周知的知名企业。

口碑的传播一般发生在朋友、亲戚、同事、同学等关系比较亲近的群体，在传播信息之前就已经建立了信任背书，传播效果比纯粹广告营销可信度要高得多。尼尔森和Lithium摘录了影响人们购买行为的统计结果：92%的消费者倾向听从亲朋好友的推荐而购物；70%的消费者在购买某一品牌的商品或服务之前会先上网查看相关评论；81%的消费者会受朋友的社交媒体贴文影响而购物。

口碑营销更具有亲和力。在口碑营销中，传播者本身也是消费者，与卖家没有利益关系，其推荐产品也不会获得物质收益，从而使得口碑传播者的立场相对显得中立，这使受传者更容易信赖和接受，并跳过怀疑、观望、等待、试探等阶段，直接促成购买行为。

口碑营销更具有团体性。针对女性消费群体，往往只要影响了其中一个或几个人，由于群体内部相似的品牌偏好和相近的消费趋势，信息往往以几何级倍数进行传播。

口碑营销更有利于提升企业形象。从某种意义上来说，口碑不仅代表了产品质量，更是企业形象的象征。好的口碑形成了良好企业形象，是一笔巨大的无形资产，与传统广告不同，这种无形资产可以由企业自己把握。

口碑营销有利于挖掘潜在的销售机会。人们总是热衷于把自己的经历和体验与亲人、朋友分享，这是一种自发性的传播。一个满意的消费者通常会引发9笔潜在的销售机会，其中至少有1笔可以成交；一个不满意的消费者足以影响30个人的购买意愿。

口碑营销更容易避开竞争对手的锋芒。口碑营销采取的是一种渗透式的传播方式。可以有效避免与竞争对手的正面交锋。口碑营销也不会以贬低他人来抬高自己为手段，从而避免恶性竞争。

口碑营销的针对性较准确。口碑传播往往是社会公众之间进行的一对一的传播，加之传播者与被传播者之间有着某种联系和共同点，因此，相对于大多数广告千篇一律、无视个体差异的传播方式而言，口碑传播的针对性更强。

口碑营销有利于缔结品牌的忠诚度。口碑营销促使消费者向更多的人推荐产品。随着满意客户的增多，客户中将会产生更多的"信息传播机"和"意见领袖"，从而在更大范围为企业赢得良好的口碑。这种良性循环会使消费者建立越来越高的品牌忠诚度，企业的长远利益也就有了基本的保证。

扩展阅读10-1

营销案例

10.2.2　事件营销

事件营销指企业通过策划、组织和利用具有新闻价值、社会影响及名人效应的人物或事件，吸引媒体、社会团体和消费者的兴趣与关注，以求提高企业或产品的知名度、美誉度，树立良好品牌形象，并最终促成产品或服务的销售手段和方式。由于这种营销方式受众面广、突发性强，在短时间内能使信息达到最大、最优传播的效果，能为企业节约大量的宣传成本，近年来越来越成为国内外流行的一种公关传播与市场推广的手段。

10.2.3　饥饿营销

"饥饿营销"运用于商品或服务的商业推广，指商品提供者有意调低产量，以期达到调控供求关系、制造供不应求"假象"、维护产品形象并维持商品较高售价和利润率的营销策略。其关键点在于产品对消费者的吸引力，以及如何让消费者感受到供不应求的紧迫感。

通俗地说，就是通过传播造成消费欲望，而在营销上造成"逐步满足"的局面以实现营销目的。饥饿营销一般借助三类因素：一是把握市场节奏，推出适合市场、具备强大竞争力的产品；二是通过各种媒介宣传造势；三是产品本身具备核心竞争力，并不容易被复制仿造。成功的饥饿营销能提高产品的售价和利润率，维护品牌形象，提高品牌附加值。"饥饿营销"会让购买者迫不及待，积极出手购买。

10.2.4　知识营销

知识营销指向大众传播新的科学技术及它们对人们生活的影响，通过科普宣传，让消费者不仅"知其然"，而且"知其所以然"，重新建立新的产品概念，进而使消费者萌发对新产品的需要，达到拓宽市场的目的。随着知识经济时代的到来，知识成为发展经济的资本，知识的积累和创新成为促进经济增长的主要动力源。因此，作为一个企业，在搞科研开发的同时，还要想到知识的推广，使一项新产品研制成功的市场风险降到最小。而要做到这一点，就必须运用知识营销。

10.2.5　直播互动营销

直播互动，就是在直播平台上直播方和观看方双方互相。在互动营销中，互动的观看方是消费者，直播方是企业。只有抓住共同利益点，找到巧妙的沟通时机和方法，才能将双方紧密地结合起来。互动营销尤其强调，双方都采取一种共同的行为。

从 2020 年年初直播带货迎来爆发，到如今直播带货已经成为各个品牌的标配，商家、个人都跃跃欲试，想要入局分一杯羹。直播互动营销对直播方的选品、话术、互动、产品要求比较高。

为什么很多商家努力地直播，就是不出单，带货转化低？其实很多人连最基础的直播话术都没做好，更别谈如何做流量、做选品了。

直播选品要与账号定位属性相关联，视频内容要与账号定位垂直，直播平台系统才会根据直播方的垂直内容贴上精准标签，将视频推荐给更精准的粉丝。

直播方需要亲自试用产品，才能知道产品的真实属性和使用方法，判断是否适合自己的粉丝消费群体需求。亲自体验过产品，在直播时会为粉丝提供更详尽的讲解和更贴合的推荐。

也可以根据直播平台数据分析工具上的热门产品排行榜来确定直播带货选品。选择高热度直播带货产品。比如，一些季节性、节日性产品，或是与热点事件相关的衍生产品，又或是由某位直播方带火而畅销的产品。

直播电商模式的兴起，一方面让用户能在极短的时间内完成从产品认知到购买决策的闭环，另一方面也让商家能以极具性价比的方式，对流量精准地实现高效转化。而愿意帮用户体验产品，并能为用户发声的人格化网红就是联通两者之间的桥梁。

扩展阅读10-2

直播话术

不同于电视购物，网红电商开启了一个崭新的时代。它改变了消费者的购物习惯，重新定义了人 - 货 - 场；它重构了传统供应链的生产方式，让批量爆款成为可能；它改变了电商各个环节的利润分配及话语权，头部的关键意见领袖（key opinion leader，KOL）甚至能够挽救一个知名品牌。随着 5G 等应用的普及，未来直播电商将大有作为。

10.3 社交媒体营销

10.3.1 社交媒体营销的概念

社交媒体（social media），指互联网上基于用户关系的内容生产与交换平台，如 FaceBook、YouTube、Twitter、Instagram、TikTok 等。

社交媒体流量"惊人"，用户及观众数量巨大，自由度大，其平台具有自发选择、编辑及传播的能力。"营销"（marketing），指企业发现或发掘准消费者需求，让消费者了解该产品进而购买该产品的过程。

由此可知，社交媒体营销就是企业或个人或机构，在社交网络平台上进行营销推广的行为。

维基百科认为，社交媒体营销指企业为了达到营销的目的，在社交网络服务上创造特定的信息或内容来吸引消费者的注意，引起线上网民的讨论，并鼓励网民通过其个人的社交网络去传播这些营销内容，进而提升与客户的关系和满意度的营销策略。

在社交媒体的帮助下，本地和小型企业很快开始受到关注，社交媒体成为他们推广的途径之一（图10-2）。此外，当这些企业不得不通过媒体和报纸进行宣传时，他们必须支付巨额资金，但在社交媒体的帮助下，这一切都是免费的。社交媒体还开启了无须外人介入即可直接接触客户的潜在结果。

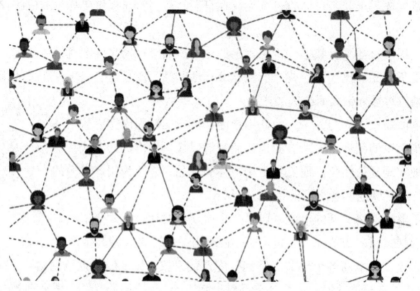

图10-2 社交媒体网络

进行社交媒体营销的主要过程如下。

1. 确定营销运营目标，管理品牌的社交媒体账号

卖家可以根据自己的产品，确定社交媒体平台上的受众，维系老客户和发掘潜在客户。社交媒体可以帮助卖家提升品牌知名度，通过线上账号的浏览、订阅、转发扩大品牌的推广范围。

明确品牌定位是卖家首先要做的。不同社交媒体平台上的活跃人群各有特征，如活跃人次、用户年龄、用户上线活跃时间段。例如，Twitter用户注重时事新闻、热点话题、官宣、客户服务；Instagram用户对图像美观度要求很高，容易因图像而带动销售适合时尚、美妆、旅游等；Linkedin多是专业行业内容、networking适合B2B行业的产品/服务，适合分享行业知识的平台；TikTok内容短，但对创意要求较高，适合网红店、餐厅、咖啡店、游戏App等。品牌定位决定选择哪种社交媒体，并注册账号、管理账号，或者选择社交媒体上的"大V"来代言品牌，做品牌推广。

其次，需要卖家明确品牌的目标客户特征。比如，品牌定位人群的性别、年龄、职业、国家等，以及客户的职业、收入、购买兴趣甚至性格特征。现在大多数社交媒体都提供数据分析服务，来帮助卖家完成个性化的客户画像，当然这是一项收费服务。

企业需要管理和运营社交媒体账号。有些企业选择直接在社交媒体上寻找已经拥有大量粉丝的博主，来为自己的产品做推广，但根据博主的粉丝数和粉丝流量将付一笔不菲的推广费。因此，有些企业就自己注册社交媒体账号，打造自己的流量账号，初期会通过品牌故事、品牌代言人的形式推广自己的官方账号，甚至通过推广低价产品或免费试用样品，以此来建立与其他账号的连接，吸引社交媒体上的粉丝流量。

2. 在社交媒体上投放高质量的产品推广信息

企业在确定了社交媒体平台、明确了客户特征后，就可以制作产品推广信息了。社交媒体上的产品推广信息形式多样，可以是文字文案、图像、音频、视频等。

如何写出吸引人的文案？

（1）反差型。制造冲突，吸引注意，往往标题中事物的反差越大，读者的好奇心就越大，标题文案怎么写吸引人？首先就是要学会引发用户好奇心。

（2）揭秘型。引起用户的好奇心，这类标题的关键词常用：秘诀、真相、背后、绝招等。

（3）数字型。数字的辨识度高，在文字中穿插数字，能够快速锁定用户注意力，特别吸引人。

（4）共鸣型。大众共鸣，直击痛点。引发大众共鸣，也是标题文案怎么写能吸引人的重要内容。

（5）紧迫型。利用紧迫感，也是文案心理学的技巧之一，可以通过时间刺激引人注目。例如："赶紧收藏，据说明天就要被禁！"

（6）制造悬念型。说话说到一半吸引用户注意。

（7）提问型。提出问题，既可以勾起用户的求知欲望和好奇心，还可以增加与用户的互动率。

3. 视频拍摄

视频拍摄基本分为两种：一种是随手拍，记录生活精彩时刻；另一种是情景拍摄，一般整个视频都是设计好的。前者仅用自己的手机加自拍杆，随性地记录生活，或是与众不同，或是贴近大众，或是别具一格，都能满足不同人群的浏览需求。比如，了解未知、相同共鸣、求新好奇，都能吸引不同类型的其他账号来浏览，当你的账号继续发布他所感兴趣的视频作品，他就会进而关注你的账号，成为你的粉丝。后者有专业的脚本和出镜的演员，通过专业的拍摄设备和技巧来打造精致的视频作品，吸引粉丝。

通过实践可以发现，拥有明确主题、原创性内容或剧情，才能巧妙地向用户传达产品信息；拥有亲和力的呈现形式，内容整体风格独特及富含感情基调的视频，才能更加快速地引起其他账号的关注。

拍摄视频的专业技术。注意利用光线增强画面美感，在拍摄短视频时光线十分重要，好的光线布局可以有效提高画面质量。尤其是在拍摄人像时要多用柔光，会增强画面美感，要避免明显的暗影和曝光。如果光线不清晰，可以手动打光，灯光打在人物的脸上或用反光板调节。同时，用户还可以用光线进行艺术创作。比如，用逆光营造出缥缈、神秘的艺术氛围。在光线不好的地方，尤其是在晚上昏暗一些的时候拍照，经常会遇到这样的情况：用带滤镜的 App 拍照，画面非常模糊，此时可以开启闪光灯功能拍摄。

除了手机自带的闪光灯外，用户可以购买专业的外置闪光灯。借助滤镜和美颜软件来修饰背景和人物。要掌握远程控制技术，有些时候是个人单独拍摄，如果手机摆放位置比较远，要学会利用"倒计时"功能来远程控制暂停录制。

手动配置曝光和聚焦。部分智能手机具备曝光和聚焦功能，或者在使用单反相机拍摄视频时需要设置参数。手动控制对焦，能由远及近地靠近人物拍摄，让视频内容表达方式更丰富。选对视频拍摄的分辨率，在使用其他相机应用拍摄视频时，一定要选对文件格式，将分辨率调到最高水平。一般建议设置成 1080p、60fps；录制慢动作时选择 1080p、120fps。

掌握剪辑编辑视频技能。可以分段拍摄短视频，在不同场景直接切换，拍摄多段视频，利用剪辑软件将满意的多段视频拼接在一起形成一个完整的视频。通过场景过渡切换，添加音乐节点，制作高质量视频。

切换场景和添加时间特效。只要多个场景的过渡转场做得足够好，最后视频的效果就会很酷炫。即使是同一个场景，用户也可以不失时机地换个背景。例如，可以从远处将镜头推近，或者可以从近处将镜头拉远，甚至可以斜着拍，来避免视频过于单调，让视频画面更加生动。

4. 提高多媒体推广信息的转化率

运用社交媒体平台提供的数据服务，监测账号流量，分析目标客户特征数据。每一个产品或不同的产品、不同的服务，消费者在接受程度上是不一样的，如果善于运用数据分析工具，可提高多媒体推广信息、产品广告的转化率。

转化率（conversion rate，CVR）意思是广告的转化量占广告的点击量的比率。计算公式为转化率 = 转化量 / 点击量 ×100%。

比如，用户在社交媒体上看到一条广告，总共产生了 10 000 次曝光，200 次点击行为，最终发生 10 次转化。这条广告的转化率是 5%。

ROI 也就是广告主每获得一个有效转化所花费的成本，简单来说就是投资回报率或投入产出比。它代表着广告主对营销平台的一种价值判断，ROI= 销售额 / 投入额。

扩展阅读10-3

常见的社交平台

10.3.2 社交媒体引流独立站

越来越多的跨境电商卖家开始建立自己的独立站，就连大部分亚马逊卖家也通过建立独立站着陆页进行亚马逊站外引流。社交媒体平台上的网红营销恰好是引流独立站的最佳选择。比如，在 TikTok 上与网红合作带货，通常是做一场 TikTok 挑战赛活动，联合网红营销推广。

其背后的转化逻辑是，网红通过软性融入品牌或产品广告信息，将视频内容推送至各个粉丝账户中，并在文案中放置品牌或产品关键词，@品牌官号并加话题标签"#"，或者在视频内容、评论区、私信中、主页 Bio 等将用户引流至外部链接，进而吸引更多的用户。粉丝们如果对该产品感兴趣的话就会去搜索该品牌进行购买。

提升品牌知名度。作为现代社会的消费者，大家都了解品牌知名度的重要性。即使没有名牌的产品更好、价格更低，人们通常也更愿意购买他们熟悉的品牌推出的商品。网红可以帮助卖家建立品牌知名度。曝光次数多了后，他们就会慢慢熟悉品牌。这将使卖家的品牌在未来的销售中与那些客户拉近距离，更有潜力激发他们的购买欲望。

推出新品和宣传促销活动。如果卖家准备推出新产品，并想在推出之前在社交媒体上预热一番。那么卖家可以考虑通过网红先把产品的特性或亮点带入大众视野，让客户提前树立购买预期。网红营销可以帮助卖家在社交媒体上获取大批的关注量，吸引潜在客户下单购买。这样卖家的促销活动通过网红就能在短时间内形成指数增长。

10.4 短视频营销

短视频营销是内容营销的一种，主要借助短视频，通过选择目标受众人群，并向他们传播有价值的内容，这样吸引用户了解企业品牌产品和服务，最终形成交易。短视频营销，最重要的就是找到目标受众人群和创造有价值的内容。

近年来，短视频发展势头迅猛，根据中国互联网络信息中心发布的第 49 次《中国互联网络发展状况统计报告》，截至 2021 年 12 月，中国网民规模达 10.32 亿名，其中就有 9.34 亿名网民使用短视频。

近年来，传统企业纷纷加入"短视频+"的大军，希望借此树立品牌，助力营销，然而在短视频红海时代，传统企业要迎头赶上并不那么容易。

10.4.1 短视频的特点

1. 短而精，内容有趣

在当下这个碎片化时代，人们对于信息、娱乐的获取已经脱离了传统信息获取的时间限制，而在新媒体平台上播放适合在移动状态和休闲状态下观看的视频内容，视频时长一般在15秒~5分钟，更容易被人们接受。与文字、图像相比，视频能给用户带来更好的逻辑体验，在表现形式上也更生动形象，能把创作者想要传达的信息更真实、生动地传达给观众。由于时间的限制，短视频展示的内容往往是精髓，符合用户碎片化的阅读习惯，减少了人们的时间成本。

短片的核心理念是时间短，如果内容不精，不在短片的前3秒抓住用户，后面就无法留住用户。抖音并不提倡长视频，因为靠长视频爆粉的可能性很小，所以要做短视频吸粉。

2. 互动性强，黏性强

互联网通信的发展第一个旗号是互动，在这个智能手机爆发的时代，网络缩短了人们之间的距离也方便了人们之间的交流。网络世界里，不管是什么行业，都离不开互动。类似的，在各个主要的短视频应用中，用户可以对视频进行点赞、评论，还可以给视频发布者私信，视频发布者也可以回复评论。这样增强了传递者与用户之间的互动，增强了用户黏性，体现了短片另一个重要元素——拉近距离，实现交流。

3. 草根主义

人人都有自己的明星梦，每个素人也都想当明星。短片的兴起，让大多数草根短片创作者火了一把。与传统媒体相比，短视频的门槛稍低。短视频的创作者可以根据市场的走向和近期热门的内容进行创作，这类作品深受众多网友的喜爱。比如，在抖音热得不能再热的李子柒、Papi酱等草根明星。

4. 搞笑与娱乐

此类短片以搞笑创意为主，在网络上迅速斩获大量粉丝。娱乐、轻松、幽默的短片，在很大程度上减轻了人们的现实压力。在闲暇之余打开软件，此类短片可以给无聊的生活带来一点乐趣，甚至可以让观众产生"上瘾"的感觉，不看会觉得少了点什么。

5. 创造性剪辑的方法

短片往往采用富有个性和创意的剪辑手法，或制作精美震撼，或使用更有节奏感的转场和节奏，或搞笑鬼畜，或加入解说、评论等，让人看了觉得不过瘾，想再看一遍。就像最近比较火的抖音视频一样，引起众多人跟风拍摄。账号以创意吸引观众的想法，也无愧于我们以上所说的交流。

随着短视频越来越火，很多企业在短视频营销的路上走得越来越成功，短视频的营销能力是毋庸置疑的。

10.4.2 短视频营销的优势

1. 品牌更强

视频可以轻松的植入或是向用户传递品牌和品牌形象，并且在视频之中，产品形态是多样化的，产品维度可以是人，也可以是画面、场景、情节等，用户的接受程度会更高，也会让用户对于广告本身进行二次传播。

2. 互动性强

视频维度众多，视频可以和用户产生互动，用户可以发送弹幕，也可以投稿，又或是模仿视频再拍摄，等等。

3. 渠道更广

短视频平台范围更广，每个用户都可以对视频点赞、转发、评论。首先，需要从独特性上入手，挖掘品牌故事，制作的短视频要赏心悦目且真诚，获取消费者信任；其次，要精准定位目标人群（比如，是偏向于地域性还是全国性，这与企业的市场定位密切相关）；最后，企业应该尊重专业，让专业的人来做专业的事，要避免陷入盲目邀请"大V"带货，出现直播"翻车"。

10.4.3 短视频营销的主要方式

1. 直接秀出产品

假如产品本身就很有创意并且实用，那么完全没有必要兜圈子，可以直接展示产品。比如，有一款网红火锅神器可以一键升降，自动将煮好的食物与底料隔开。因为产品本身具有话题性，所以很快就火了。

2. 侧面呈现

对于一些功能没有太多亮点的产品，卖家可以找到几个独有的特征，放大它们的特征，方便用户记住产品。比如，"阿芙"这家公司就做得很好——买一小瓶精油，会得到一大箱子礼物，让买家大呼超值。

3. 引起用户好奇心和参与感

这个最典型的就属海底捞"超好吃"的底料搭配法了。我们每个人都有跟风和模仿心理，而这款产品不管是网红还是用户都说好吃，于是就引起了我们想尝试的心理。海底捞很好地抓住了年轻人好奇心和参与感的特点，从而引起了品牌与顾客充分的互动和参与，才能让品牌得到快速传播。

4. 曝光企业日常

部分用户不仅仅只关心质量、服务，还会关注企业文化，尤其是对于一些知名企业，用户对于领导和员工的日常格外感兴趣。比如，腾讯的马化腾、阿里的马云，这两位大佬的一举一动都会受人瞩目，当然这与个人魅力也有一定关系。卖家可以在短视频，将办公室文化、员工趣事等呈现出来。

5. 用视频做口碑营销

产品好不好，未必要自己说。卖家完全可以在短视频里展示口碑，从侧面呈现产品的火爆。

为更好地呈现口碑，卖家可以在短视频展示消费者的排队、消费者的笑脸、与消费者合作的尬舞、被消费者打爆的预约电话等。例如，火遍短视频的"答案奶茶"，经常晒出店门口的火爆场面——长长的队伍似乎就是在提醒你："我们是一家网红奶茶店，大家都说好喝，你不来尝尝吗？"

6. 自媒体重新包装

大家知道 Papi 酱在短视频发了 7 个作品就收获了 600 多万名粉丝，一禅小和尚每天十几秒的动画小故事也收拢了 1000 万名粉丝，收获了 2652 万个赞。所以说，对于从事新媒体或自有 IP 的企业来说，把之前的内容利用短视频的形式和特色包装一下，在短视频目前的推荐机制下很容易爆发。虽然短视频现在还没有比较成熟的获利模式，但是只要你收获粉丝，成为"大 V"，变现是水到渠成的事。

7. 场景植入

与传统广告相似，场景植入就是在视频的场景中进行恰当的品牌展示，让用户记住产品。比如，一个生活小窍门或者某个搞笑片段，场景中悄悄做植入。又如，某服装店内，店员很熟练地整理衣服，但是往后看，买家就能看到大大的品牌商标，这就是植入。

10.5 跨境电商营销推广的方法

1. 搜索引擎营销

搜索引擎最大的优点是灵活和准确。搜索引擎营销对目标的定位更准确，且不受地域和时间的限制，可以在短时间内快速提高转化率。

搜索引擎营销主要有两种方式：SEO、PPC 广告。

SEO 是搜索引擎优化，利用搜索引擎的排名规律，提升网站的自然排名，增加网站的访问量。PPC 就是常见的搜索引擎竞价排名广告，按实际发生的广告点击数进行付费。

2. 电子邮件营销

得益于海外的邮件使用习惯，使得电子邮件营销依然是主流的营销方式之一。方法虽然简单，但需要知道目标客户的准确邮箱地址。对新用户，可以用高质量的内容或图像，再加以优惠活动去吸引；对老用户，可以用定期问候的方式，告知其新活动、新产品上线的信息，注意频率，别引起用户的反感。

3. 社交媒体营销

这是当前最火热的营销方式之一。近几年社交媒体飞速发展，尤其以 TikTok 等短视频平台为最。庞大的流量，吸引着无数品牌和企业进入其中。

社交媒体营销主要有品牌账号运营和广告投放。

品牌账号运营需要做好日常内容输出，积累价值传递类和产品宣传类视频，丰富与沉淀自己的账号内容。在内容输出过程中积累粉丝，增加品牌曝光度。最好能申请"蓝V"账号。

主页挂上店铺链接，最好申请"小黄车"，再就是尽早布局直播带货。

广告投放就是花钱做平台内广告，主要有开屏广告、信息流广告、轮播广告等。

4. 博客营销

和邮件一样，国外也热衷于写博客。可以在博客上写一些品牌故事、商品介绍、使用教程、选品攻略、消费者评价、商品测评、专家建议等信息性文章，通过这些高价值信息吸引粉丝，进而完成转化。

5. 问答平台引流

生活中遇到难题去问答平台上寻求帮助是很常见的，如国内的知乎。国外也有类似的平台，如 Quora，卖家可以去运营该平台，只要你的回答很优质，能解决别人的问题，就能获得不少流量。

6. 网红营销

网红营销本质上也是社交媒体营销的一种。这是一个流量为王的时代，借用网红影响力实现引流转化是当前主流营销方式之一。2020 年以来受全球新冠肺炎疫情影响，人们在社交平台上花的时间越来越多，也加速了网红营销的发展。

网红营销几大优势：高曝光、高回报、高留存和高互动。据 Nox 聚星统计，2021 年全球网红营销市场规模达 138 亿美元，同比增长 42%，这数字在 2022 年增长到约 164 亿美元，且 89% 的企业表示网红营销投放的 ROI 要高于其他渠道。71% 的企业表示，来自网红营销的流量质量要优于其他来源。和传统买量引来的用户相比，网红渠道的流量质量更高，留存率和转化率也相应地要高。

目前与海外网红合作，大致有一口价形式、分成模式、免费评测或者开箱、年框合作等合作模式，广告主可根据自己所处阶段、实际情况，确定适合自己的合作方式。

7. 联盟营销

联盟营销是一种基于效果的推广方式。联盟指互联网上各种网站合作形成的联盟网站。可以在这些联盟网站投放广告，宣传或销售自己的产品，扩大销售空间和销售渠道，为自己的店铺引流。

参与联盟营销的卖家，只需为联盟网站带来的成交订单支付联盟佣金。简单讲就是，有成交才需要付费。

8. 联合营销

联合营销是企业和其他企业或品牌合作推出营销活动或产品。例如，当前非常流行的品牌联名、品牌联动。

联合营销具有极高的话题性，可以很好地提升品牌知名度和销量。

总体而言，跨境电商推广引流的方式包括但不限于以上这些，而且没有任何一个营销方式是适合所有企业的。品牌在推广前要先评估企业的商业模式、资源和擅长的东西，挑选适合的渠道进行推广，尽量保持多渠道推广。

1. 简述电子邮件营销的主要特点。
2. 简述新媒体营销的几种不同方式。
3. 简述社交媒体营销的概念。
4. 选择一件商品，以短视频营销的方式，设计视频文案和情节，录制商品的广告推广视频，并上传至社交媒体上。

第 11 章 用户管理

1. 理解用户画像的定义。
2. 理解用户画像特征及标签的组成。
3. 理解用户购买行为的分析方法。
4. 掌握用户沟通管理的方法。

易贝在新加坡

根据易贝发布的《2022年东南亚小型在线企业贸易报告》，新加坡企业的出口目的地平均数量为35个，是整个东南亚地区最高的。目前，新加坡企业通过易贝出口的前10个目的地分别是美国、澳大利亚、英国、意大利、加拿大、德国、中国台湾、韩国、日本和中国大陆。根据易贝报告，2020年，新加坡易贝支持的中小型企业（SME）中约有68%出口到10个或以上的国际市场。易贝在东南亚的主要关注点是让中小企业能够向世界销售产品，其市场为1.42亿名活跃买家提供3000多种产品类别，市场准入190个国家。谷歌、淡马锡和贝恩咨询联合发布的报告《e-Conomy SEA 2021报告》预计，2025年，东南亚电子商务市场规模有望达到2340亿美元。东南亚电商市场已经成为不少企业出海的"第一大战场"。

（资料来源：https://baijiahao.baidu.com/s?id=1738834005711405044&wfr=spider&for=pc。）

11.1 不同国境的用户购买兴趣差异

11.1.1 中国

北京：偏爱国产，如 TCL、海尔等。轻价格，注重品牌和服务。消费者有规律的大宗购物的习惯，喜欢集中购物，尊重老人、注重养生，会采购保健品（调血脂血压，补钙、补铁、补锌等）。

上海：可接受进口索尼、松下等国外品牌。消费者注重品牌，爱好新潮产品，关注价格，关注自身保养和健身，喜欢买保健品（抗疲劳，增加精力）。爱好时尚，国际化，接受英文商标的产品，拥有优雅的生活方式。

广州：注重实用价值，更关注质优价廉的产品。消费者喜欢娱乐性购物（逛、吃、买、分享），当地购物场所集成娱乐休闲一体化。关注子女，喜欢购买促进生长发育、延缓衰老、改善肠胃、促进睡眠的营养品。

11.1.2 东南亚

东南亚的用户在购买产品时，会受以下因素影响。

1. 产品价格

目前，东南亚的跨境电商市场呈现出了"小额量大"的特点，高需求产品普遍以低价小商品为主。在持续不断的促销氛围中，人们总是想要"用更低的价格购买到更多产品"。

相对于新加坡、泰国和菲律宾，印度尼西亚和越南的客单价略低，下沉市场依然是跨境电商网购的主力。

2. 配送速度

东南亚国家地形复杂，除城市中心外，分散的城镇布局和道路交通的不完善加大了包裹配送的难度，物流时效存在诸多不确定性。人们逐渐适应网购后，对产品的配送速度有了更高的要求，期望值从原本的 15 天缩短到 5~7 天，有调查结果显示：配送的速度是用户决定是否购买跨境产品的关键因素。

3. 产品质量

尽管东南亚消费人群以低消费层级为主，但他们对产品的质量依然有非常高的要求；对品牌产品的需求依然旺盛，因为绝大多数人都认为：有品牌信誉的产品质量更可靠、更耐用。

通过网络购买产品，无法直接触摸和检查产品的质量，加深了他们购买时的犹豫。所以他们非常喜欢在购买前，向卖家详细询问产品的信息，或通过他人对产品的评价来确保产品的质量安全。

4. 店铺服务

在交易的过程中,难免会出现意外情况,而优质的客服服务和高于预期的产品组成(免费礼品)能够极大提升顾客的消费满意度。良好的沟通、服务态度会让顾客更愿意和卖家深入打交道,顺利实现交易的完成,对顾客的沉淀起非常积极的作用。

5. 推荐热度

高度覆盖的互联网加速了人群社交关系的发展,人们越来越关注社交圈的动态信息,拥有相同兴趣爱好的人群被吸引到一起,催生了私域流量和社交电商。他们借助关注、互动的娱乐玩法,消费行为很容易受到他人的影响,正如"朋友推荐胜过推销员千言万语"。

社交电商缩短了人们获取产品信息和购买决策的时间,使消费需求被快速满足,人群接受度更高,正在逐渐成为电商发展的主要形式。

尽管全球新冠肺炎疫情对经济产生重大影响,但东南亚国家联盟 10 个成员国仍然处于经济社会发展的高速增长期。预计在接下来的 10 年中,该地区将成为全球第四大经济体和拥有 4 万亿美元的超级消费市场。东南亚国家联盟正面对着巨大的消费增长机遇,这种机遇受到四大力量的推动:强劲的人口红利;上升的收入水平;地缘政治变化导致外国投资的增加;数字化发展所打开的新的消费市场。

11-1 案例分析

11.1.3 西方国家

(1)由于风俗文化、消费习惯、经济等各方面存在差异,不同国家的用户消费习惯也有明显差异。比如,德国网购以男性用户为主,日本用户以信用卡付款为主。

(2)西方有"黑色星期五"和"网络星期一"的说法,因此邮件推广需要抓住时机。另外各国之间存在时区差异,国内是晚上,西方国家可能是白天,尽量让推广邮件在工作日时间送达。

(3)西方国家对颜色有忌讳。例如,比利时人最忌讳蓝色。因此,发送给比利时用户的邮件正文不要使用蓝色文案。

(4)西方国家注重礼仪,因此,邮件主题可以增加礼貌用语,可以带上用户名字,增加用户的信任。

(5)西方国家重视维权,用户比较看重售后服务。

(6)德国人爱啤酒,爱读书,爱旅游。销售最多的圣诞礼物排名第一的是图书,德国有 81% 的家庭每天陪孩子阅读。

(7)美国人非常讲究包装,它和商品质量的本身一样重要。因此,出口商品的包装一定要新颖、雅致、美观、大方,能够产生一种让人感觉舒服惬意的效果,这样才能吸引买家。每个季节都有一个商品换季的销售高潮，如果错过了销售季节，商品就要打折处理。美国大商场和超级市场的销售季节是：1—5月为春季，7—9月为初秋升学期，主要以销售学生用品为主；9—10月为秋季，11—12月为假期，即圣诞节时期，这时又是退税季节，人们都趁机添置用品，购买圣诞礼物，这一时期的销售额占全年的1/3左右。

11.2 用户画像

11.2.1 什么是用户画像

用户画像几乎是各个企业对于用户运营的"刚需"，其建立需要企业各部门协作，输出形式为数据，即将画像结果转入数据库、数据仓库、文件系统或相关系统（实现工程化的画像系统底层功能及逻辑）。

用户画像一般泛指根据用户的属性、用户偏好、生活习惯、用户行为等信息而抽象出来的标签化用户模型。通俗说就是给用户"打标签"，而标签是通过对用户信息分析而来的高度精练的特征标识。通过打标签可以利用一些高度概括、容易理解的特征来描述用户，可以让人更容易理解用户，并且可以方便计算机处理。

用户画像是对现实世界中用户的建模，用户画像应该包含目标、方式、组织、标准、验证5个方面。

目标：指描述人、认识人、了解人、理解人。

方式：非形式化手段，即使用文字、语言、图像、视频等方式描述人；形式化手段，即使用数据的方式来刻画人物的画像。

组织：指结构化、非结构化的组织形式。

标准：指使用常识、共识、知识体系的渐进过程来刻画人物，认识了解用户。

验证：依据侧重说明了用户画像应该来源事实、经得起推理和检验。

在产品早期和发展期，会较多地借助用户画像，帮助产品人员理解用户的需求，想象用户使用的场景，产品设计从为所有人做产品变成为三四个人做产品，间接地降低复杂度。

11.2.2 用户画像的作用

在互联网和电商领域，用户画像常作为精准营销、推荐系统的基础性工作，其作用总体包括以下几个方面。

（1）精准营销：根据历史用户特征，分析产品的潜在用户和用户的潜在需求，针对特定群体，利用短信、邮件等方式进行营销。

（2）用户统计：根据用户的属性、行为特征对用户进行分类后，统计不同特征下的用户数量、分布；分析不同用户画像群体的分布特征。

（3）数据挖掘：以用户画像为基础构建推荐系统、搜索引擎、广告投放系统，提升服务精准度。

（4）服务产品：对产品进行用户画像和受众分析，更透彻地理解用户使用产品的心理动机和行为习惯，完善产品运营，提升服务质量。

（5）行业报告和用户研究：通过用户画像分析可以了解行业动态。比如，人群消费习惯、消费偏好的分析，不同地域品类消费差异分析。

根据用户画像的作用可以发现，用户画像的使用场景较多，可以用来挖掘用户兴趣、偏好、人口统计学特征，主要目的是提升营销精准度、推荐匹配度，终极目的是提升产品和服务，提升企业利润。用户画像适合于各个产品周期：从新用户的引流到潜在用户的挖掘，从老用户的培养到流失用户的回流等。

总结来说，用户画像必须从实际业务场景出发，解决实际的业务问题，之所以进行用户画像，要么是为了获取新用户，要么是为了提升用户体验，要么是为了挽回流失用户等具有明确的业务目标。

11.2.3 用户画像的分类

从画像方法来说，用户画像可以分为定性画像、定性画像＋定量画像、定量画像。从应用角度来看，用户画像可以分为行为画像、健康画像、企业信用画像、个人信用画像、静态产品画像、旋转设备画像、社会画像和经济画像等。接下来主要介绍用户画像依据画像方法的分类。

1. 定性画像

定性画像主要包括以下几个方面内容。

（1）定性访谈。

（2）用户类型细分。

（3）构建用户画像。

定性用户画像的优点：方便快捷、可深入挖掘使用场景和动机。

定性用户画像的缺点：缺少数据验证。

2. 定性画像＋定量画像

定性画像＋定量画像主要包括以下几个方面内容。

（1）定性访谈。

（2）用户类型细分和定量数据验证。

（3）构建用户画像。

定性画像＋定量画像的优点：数据和定性结合验证。

定性画像＋定量画像的缺点：工作量大、成本高。

3. 定量画像

定量画像主要包括以下几个方面内容。

（1）用户群细分假设。

（2）数据收集＋聚类分析。

（3）构建用户画像。

定量用户画像的优点：有数据充分佐证，可通过统计分析获得用户特点和比例的精确数据。

定量用户画像的缺点：统计要求高；难以了解使用场景；难以挖掘用户情感倾向和行为操作背后的原因和深层次动机。

11.2.4 用户画像属性分析

一般来说，根据具体的业务内容，用户画像会有不同的数据，不同的业务目标也会使用不同的数据。在互联网领域，用户画像数据可以包括以下内容。

（1）人口属性：性别、年龄等用以描述人属性的基本信息。

（2）兴趣特征：浏览内容、收藏内容、阅读咨询、购买物品偏好等。

（3）消费特征：与消费相关的特征。

（4）位置特征：用户所处城市、所处居住区域、用户移动轨迹等。

（5）设备属性：使用的终端特征等。

（6）行为数据：访问时间、浏览路径等用户在网站的行为日志数据。

（7）社交数据：用户社交相关数据。

用户画像数据来源广泛，这些数据是全方位了解用户的基础。

11.3 用户画像的建立

11.3.1 用户画像标签体系

用户画像是对现实用户做的一个数学模型，核心是怎么描述业务知识体系，而这个业务知识体系可以用一系列标签来构成。

标签（tag）是某一种用户特征的符号表示，是一种内容组织方式，是一种关联性很强的关键字，能方便地帮助商家找到合适的内容及内容分类。（注：简而言之，就是把用户分到多少个类别里面，这些类别是什么，彼此之间有什么关系，就构成了标签体系）

标签解决的是描述（或命名）问题，但在实际应用中，还需要解决数据之间的关联，所以通常将标签作为一个体系来设计，以解决数据之间的关联问题。

一般来说，将能关联到具体用户数据的标签，称为叶子标签。对叶子标签进行分类汇总的标签，称为父标签。父标签和叶子标签共同构成标签体系，但两者是相对的概念。例如，在表 11-1 中，地市、型号在标签体系中相对于省份、品牌，是叶子标签。

表 11-1　用户标签

一级标签	二级标签	三级标签	四级标签
移动属性	用户所在地	省份	地市
	手机品牌	品牌	型号
业务属性	用户等级	普通	
		音乐普通会员	
		音乐高级会员	
		音乐 VIP 会员	

用户画像标签体系创建后一般要包含以下几个方面的内容。

1. 标签分类

标签是构成用户画像的核心要素，类似维度，对特定群组对象进行抽象概括形成各特征。用户数据经过提炼分析后，生成具有差异性特征值的词条。例如，"18~25 岁""25~35 岁"这些差异值进行抽象概括后，得到"中青年"这个词条。

通常用户标签可以大致分为以下 3 类。

（1）基于基础属性的标签：如性别。

（2）基于规则的标签：如转化率大于 1.5% 的高转化率。

（3）基于算法的标签：如预测未来 7 天会发生购买行为的潜在转化用户。

2. 标签属性

标签属性是为标签进行的再标注，主要目的是帮助系统内部理解标签赋值的来源，理解指标的含义，可以总结为以下 5 种来源。

（1）固有属性：指用户生而有之或事实存在的，不以外界条件或者自身认知的改变而改变的属性，如性别、年龄、是否生育等。

（2）推导属性：由其他属性推导而来的属性。比如：星座，可以通过用户的生日推导；用户的品类偏好，可以通过日常购买记录来推导。

（3）行为属性：产品内外实际发生的行为被记录后形成的赋值，如用户的登录时间，页面停留时长等。

（4）态度属性：用户自我表达的态度和意愿。比如，通过一份问卷获取用户答案，并形成标签，如询问用户是否愿意结婚、是否喜欢某个品牌等。或利用产品管理系统中相关的模块做用户态度信息收集。

（5）测试属性：指来自用户的态度表达，并不是用户直接表达的内容，而是通过分析用户的表达，结构化处理后，得出的测试结论。比如，用户填答了一系列的态度问卷，推导出用户的价值观类型等。

值得注意的是，一种标签的属性可以是多重的。比如，个人星座这个标签既是固有属性，也是推导属性，因为它不以个人的意志为转移，同时可以通过出生日期推导而来。

11.3.2 标签体系结构

标签体系可以归纳出如下的层级结构。

1. 原始输入层

原始输入层主要指用户的历史数据信息，如会员信息、消费信息、网络行为信息。经过对数据的清洗，从而达到用户标签体系的事实层。

2. 事实层

事实层是用户信息的准确描述层，其最重要的特点是，可以从用户身上得到确定与肯定的验证。如用户的人口属性、性别、年龄、籍贯、会员信息等。

3. 模型预测层

模型预测层是通过统计、建模、数据挖掘、机器学习，对事实层的数据进行分析利用，从而得到描述用户的更为深刻的信息。例如，通过建模分析，可以对用户的性别偏好进行预测，从而能对没有收集到性别数据的新用户进行预测。还可以通过建模与数据挖掘，使用聚类、关联思想，发现人群的聚集特征。

4. 营销模型预测

营销模型预测是利用模型预测层结果，对不同用户群体、相同需求的用户，通过打标签，建立营销模型，从而分析用户的活跃度、忠诚度、流失度、影响力等，这些数据是可以用来进行营销的数据。

5. 业务层

业务层又称为展现层。它是业务逻辑的直接体现，是对用户最直接的描述，如"有车一族""有房一族"等。

11.3.3 标签体系结构分类

一般来说，设计一个标签体系有3种思路，分别是结构化标签体系、半结构化标签体系、非结构化标签体系。

1. 结构化标签体系

结构化标签体系就是标签组织成比较规整的树状结构，有明确的层级划分和父子关系。结构化标签体系看起来整洁、易读，在面向海量品牌广告时比较好用。性别、年龄等这些人口属性标签，是最典型的结构化体系。

2. 半结构化标签体系

在用于效果广告时，标签设计的灵活性大为提高。标签体系是不是规整，就不那么重要了，只要有效果就行。在这种思路下，用户标签往往呈现出一定的并列体系。

3. 非结构化标签体系

非结构化，就是各个标签互无关联，各自反应各自的用户兴趣，彼此之间并无层级关系，也很难组织成规整的树状结构。非结构化标签的典型例子，是搜索广告里用的关键词。还有 Facebook 的用户兴趣词。

11.3.4 用户画像标签体系的构建

创建标签要依据业务场景，为用户贴标签建立画像常用两种方式：用户端创建或企业端创建。简单来讲，就是用户是否主动来"描绘自己"。

1. 用户端创建标签

用户主动给自己选择标签。用户在初期触达时手动选择自己感兴趣的标签，从而触发标签机制，后台系统进行收录即数据匹配。这种方式多应用于社交类产品，能达到高效且准确，但其亦存在些许不足之处，如用户跳过选择或选择相近项而导致的低效数据，或带有用户主观片面性等。

2. 企业端创建标签

在企业内部为用户匹配标签。前期多由业务方临时手动为用户打标签；后期系统使用技术批量，结合用户前端的行为操作，通过统计分析方法、数据挖掘算法或预测性算法，自动为数据对象创建相应或类似的标签。该方式弥补了用户主动选择的不足，但在初期的人工操作成本相对较高。

用户画像——标签体系的创建重在全面。围绕业务目标，将创建的、零散的、原始的标签组合成可加以利用分析的标签集合。根据业务需求差异性进行相应划分，常通过树状结构层级来展现。结合前文中获取数据的角度类型，可以得到如下体系结构。

属性：一方面为用户相关、固定不变的基础信息，多为基于事实的标签；另一方面针对企业 CRM 收集的用户数据或将作进一步分析得出的结果，如图 11-1 所示。

图 11-1　用户属性标签

行为：先关注在不同时间段的总体行为，包含用户的通用行为及目标转化相关行为；从用户行为中可以进一步分析得出这两类行为的用户偏好，如图 11-2 所示。

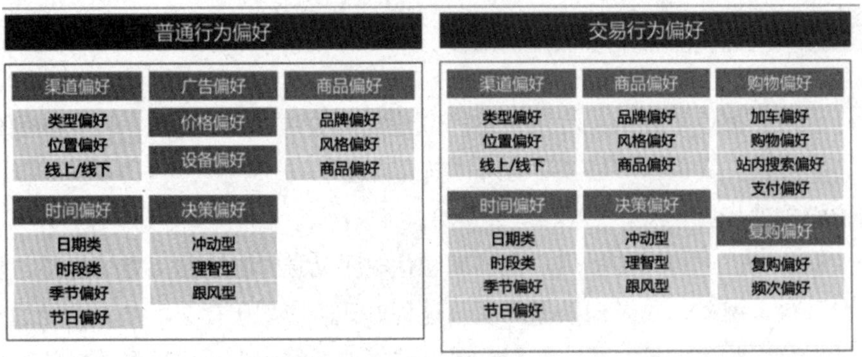

图 11-2　用户行为标签

社交：关注整体社交版面/页面排行情况；针对"人"关注其所属群组及其对外部推荐的意向性，对于"行为"关注在常用的社交平台操作使用上，如图 11-3 所示。

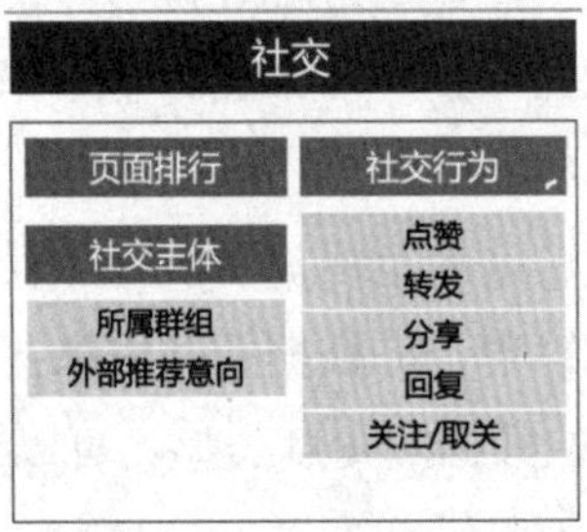

图 11-3　用户社交行为标签

用户画像的核心是标签的建立和用户画像标签建立的各个阶段使用的模型和算法。

11.4 用户购买行为分析

11.4.1 用户需求分析

根据马斯洛的需求层次理论，人类的需求层次由低到高依次为生理、安全、社交、自尊、自我实现，较低层次需求的满足是实现较高层次需求的基础（图 11-4）。任何社会经济时代的产生和发展，都是生产力发展和人类需求不断升级、创新及其相互作用的产物。21 世纪进入"微创新"时代，顾客需求更加成为企业产品"微创新"的主要创作依据来源。

图 11-4　马斯洛心理需求层次

1. 不同年龄的消费群体需求不同

1）少年儿童群体的消费心理与行为

少年儿童用户群体特指 0~15 岁未成年人所组成的群体。少年儿童占我国人口总数的 30%~40%。少年儿童消费心理与行为的基本特征是：经历着从生理需求向社会需求的过渡时期；独立消费意识逐渐成熟；所受影响日趋广泛；群体意识逐渐形成。

针对少年儿童的群体特征，相应的心理营销策略应当是：第一，区别不同对象的心理特征，采用不同的营销策略；第二，充分发挥商品直观开销的作用，增强商品的吸引力；第三，对于少年儿童自购自用商品与家长购买、少年儿童使用的商品采用不同的促销方式。

2）青年群体消费心理与行为

青年的消费群体一般指 15~35 岁的人群，约占人口总数的 25%。其消费心理与行为的主要特征是：注重科学，追求时尚；强调个性与自我表现；冲动性购买行为较多；消费欲望强烈。

针对青年消费的群体特征，企业应采取的心理营销对策是：第一，及时推出技术先进、具有时代特色的产品，努力开发新产品；第二，注重商品外观、包装、商标设计，使商品具有较强的感染力；第三，注意把握青年用户的心理变化，采用强有力的促销方式，刺激冲动性购买动机的形成。

3）中年群体的消费心理与行为

中年人特指 35 岁以上尚未退休的用户，女性 55 岁以下，男性 60 岁以下。占人口总数的 10%~15%。具有以下特征：消费行为理智；消费行为有计划性；价格敏感性强。

针对中年消费的群体特征，企业应采取的心理营销对策是：第一，特别强调产品的内在价值，以质取胜；第二，慎重制定价格策略，加强对价格预期的调查，使商品价格具有充分的合理性；第三，采用稳定的、讲求实效的推销策略，不搞徒有虚名的促销活动。

4）老年群体的消费心理与行为

老年人一般指退休后的用户，约占人口总数的 10%，并呈上升趋势。人口进入老龄阶段后，不但在生理上，而且在心理上都会发生明显的变化，具有以下特征：怀旧心理强烈；对销售服务要求高；注重对商品价格与实用性的比较；需求水平明显提高。

针对老年消费的群体特征，企业应采取的心理营销对策是：第一，强化商标意识，树名牌，保名牌；第二，努力开发适合老年用户的产品，注意开拓老年市场；第三，努力提高服务水平，不断推出新的服务项目，刺激老年用户的购买动机。

2. 不同地区用户的购买需求不同

欧洲买家：普遍喜欢多种款式，注重产品风格、款式、设计、质量和材质，要求环保；较为分散，大多为个人品牌，但忠诚度高。

美洲买家：在北美洲，价格要非常有竞争力，能更好地吸引用户，但买家忠诚度不高。南美洲（巴西、阿根廷等）讲究量大价低、便宜，对质量要求不高。注意：墨西哥很少有银行可以开信用证，建议选择可靠的第三方支付公司。

亚洲买家：在日本或韩国，买家对产品品质、细节要求最高，日本买家忠诚度很高。在印度或巴基斯坦，买家比较看重价格，且买家两极分化严重（要么出价高，但要求最好的产品；要么出价很低，对质量没什么要求）。

非洲买家：买家喜欢多种款式、要货急，非洲国家实行进出口商品装船前检验，在实际操作中增加了卖方的费用，南非信用卡、支票使用普遍，习惯"先消费后付款"。

3. 不同性别的买家购物需求不同

2022 年中国互联网络信息中心发布的第 49 次《中国互联网络发展状况统计报告》显示，截至 2021 年 12 月，我国网民规模达 10.32 亿名。从中国网民性别结构来看，截至 2021 年 12 月，我国网民男女比例为 51.5∶48.5，与整体人口中男女比例基本一致。艾媒咨询（iMedia Research）数据显示，2021 年中国 50.7% 的进口跨境电商用户为女性，49.3% 的跨境电商用户为男性。

1）在购物时男女买家的购物思维

在购物时，男女的想法有很大差异。男性买家在购买东西时多考虑商品数据，商家针对这一情况，可以在宝贝详情页中多增加一些实验测试，这样就能满足男性顾客对数据的需求。对于女性顾客而言，买东西是为了享受，所以她们更多关注的是商品细节。就拿服饰来举例，要想让女性顾客感兴趣，商家除了在宝贝详情页中添加标准的尺码表和细节图，还会加上几十张模特图，给顾客更直观地感受。

2）购物时男女买家对优惠和赠品的看法

男性买家购物基本上不会考虑优惠问题，只要找到合适的商品就直接下单了，通常各种优惠和赠品对他们的吸引力不大。对于女性买家来说就完全不同了，她们购物会"货比三家"，哪家更实惠她们就会选择哪家，收到赠品时还会产生很大的幸福感。

3）男女买家对包装的不同看法

女性顾客在购物时更多的是靠感官，会很注重外在的装饰，所以商家针对女性买家要设计出好看且新颖的风格，男性买家大都喜欢简约风格，所以在设计时不要太花哨，展现一些产品数据反而更好。

4）男女买家对信息接收的差异

有些只针对女性的产品，在做商品描述的时候都会比较夸张。比如，美白类的产品，女性们看到效果说明之后就会激发尝试的欲望，但是这样的描述对于男性买家是没有任何作用的，他们要的是用数据说话。

通过淘宝网店代运营的介绍，也能看出男女买家在购物上的不同，所以卖家针对不同的买家一定要按照他们的需求去做，不然想再多都没有用。

11.4.2 用户购买行为分析

电商平台中的用户行为频繁且较复杂，电商平台后台会收集到大量的用户行为数据，并且利用人工智能大数据技术进行深入挖掘和分析，得到感兴趣的商业指标。

电商用户行为数据多样，整体可以分为用户行为习惯数据和业务行为数据两大类。

（1）用户的行为习惯数据包括了用户的登录方式、上线的时间点和活跃时长、点击和浏览页面、页面停留时间及页面跳转等，可以从中进行流量统计和热门商品的统计，也可以深入挖掘用户的特征，这些数据往往可以从Web服务器日志中直接读取。

（2）用户消费行为数据就是用户在电商平台中针对每个业务（通常是某个具体商品）所做的操作，可以分为两类：一类是能够明显地表现出用户兴趣的行为，如对商品的收藏、喜欢、评分和评价，我们可以从中对数据进行深入分析，得到用户画像，进而对用户给出个性化的推荐商品列表；另一类则是常规的业务操作，但需要着重关注一些异常情况以做好封控，如登录和订单支付。

11.4.3 用户行为预测

根据用户画像，对于用户特征，可以运用人工智能与数据挖掘技术，对用户行为信息进行深度分析，挖掘潜在的、有意义的、有价值的信息和知识，从而对用户的行为进行预测。

1. 用户行为细分与预测

传统的细分方法主要关注用户是谁和细分受众群是基于人口属性（如性别或年龄）还是公司属性（如公司规模或行业），但仅了解这些信息是不够的。

用户行为细分指利用从用户行为中获得的信息，不仅根据用户是谁，而且根据用户的行为来了解用户。

行为细分是用户细分的一种形式，是基于用户在与公司/品牌互动或做出购买决定时的行为模式。它允许企业根据他们对产品、服务、品牌的了解、态度、使用或响应，将用户分为几类。

根据用户的行为将用户分为不同的细分市场有以下 4 个主要优点．

个性化：了解如何在最合适的时间通过其首选渠道为不同的用户群提供不同的优惠，以有效地帮助他们提高转化。

可预测：使用历史行为模式来预测和影响未来的用户行为和结果。

优先顺序：通过确定具有最大潜在业务影响的高价值用户群和计划，就如何最佳地分配时间、预算和资源做出更明智的决策。

性能：随时间监控增长模式和关键用户群的变化，以评估业务状况并根据目标跟踪绩效。从高层次上讲，这意味着量化用户细分的规模和价值，并跟踪"积极"和"消极"细分随着时间的增长或收缩的程度。

购买行为可以帮助商家了解：不同的用户如何做出购买决定；购买过程的复杂性和难度；用户在购买过程中扮演的角色；购买过程中的重要障碍。

2. 寻求价值行为

不同的用户在购买决定中寻求哪些主要价值？

当用户研究产品或服务时，他们的行为可以揭示有价值的见解，其中功能、价值、用法或存在的问题是影响其购买决定的最重要的激励因素。

当用户在一项或多项价值上获得比其他更高的价值时，寻求的这些主要价值是决定该用户购买决策的决定性动机因素。

通过了解每个用户的行为（随着时间的推移，用户与品牌互动），可以根据用户的期望价值将其分组，并针对每个细分市场进行个性化营销。

3. 用户消费阶段

根据用户消费阶段建立行为细分，可以增加用户的个性化体验。此外，还可以发现用户没有进步的阶段，由此确定最大的障碍和改进机会。

但是按消费阶段划分用户并不容易。一个常见的误区是，单个用户的行为或互动足以准确地确定用户当前所处的消费阶段。在大多数情况下，一个或两个行为数据点不足以准确识别用户当前的消费阶段。所有不同阶段的用户都可以在所有不同时间，以不同的顺序（没有特定的顺序），跨越所有不同渠道设计的内容和体验进行交互和互动。

确定用户当前消费阶段的最有效方法是利用用户在渠道和接触点之间的所有行为数据，因此可以根据行为模式建立加权算法。

如果尝试根据一种或两种行为来确定该潜在用户所处的消费阶段，则很容易做出错误的假设。但是，通过使用根据历史模式构建的算法对行为进行加权，就可以发现，潜在用户最可能的消费阶段。

同样，不能误以为用户会随着时间自然而然地过渡到下一阶段。

如果有一个年度订阅业务，并且假设用户在这一年中已从采用阶段过渡到保留阶段，那么用户在续订时可能会有明显的感觉。行为数据是获得真实情况的唯一途径，或者至少是尽可能接近事实。

4. 使用行为

产品或服务的使用是根据用户从产品或服务中购买产品或与产品或服务进行交互的频率按行为对用户进行细分的另一种常见方式。

行为可以作为忠诚度或流失率的有力预测指标，因此可以作为终身价值的指标。

1）基于数量或使用频率的细分

重要用户（或"超级用户"）是花费最多时间使用商家解决方案或购买频率最高的用户。这些往往是对产品或服务最热衷、最感兴趣的用户，这些用户通常也最依赖商家的产品/服务。

普通用户或中级用户是半定期使用或购买但不是很频繁的用户。通常这些可以是基于时间或事件的。

小用户指使用或购买的用户少于其他用户的比例。根据业务，这甚至可能意味着一次性用户，但同样，这取决于其余用户群的相对使用情况。

这些基于使用情况的行为细分对于理解为什么某些类型的用户成为重要或小用户非常重要。通过以这种方式进行细分，可以测试不同的操作和方法来提高现有用户的使用率，并吸引更多的新用户，并且更有可能遵循与超级用户相同的使用行为模式。

统计用户使用行为的变化至关重要。这样就可以在汇总级别（以衡量总体业务绩效）和单个用户级别（例如，确定用户是否可能面临高流失风险）中识别问题和机会。

2）基于使用质量的细分

尽管使用的数量和频率肯定是有价值的行为细分，但是高使用率并不总是转化为可交付给用户及最终给企业的最大价值。

例如，一个 SaaS 用户可能有大量的产品使用行为，但实际上，情况可能并不像表面上那样鲜活。也许他们是：没有尽可能有效地使用产品；仅利用解决方案中最重要的部分功能；只是现在就使用该产品，因为他们必须这样做，但不满意，并希望长远的话就要转向竞争对手。在以上 3 种情况中，使用量并不能反映其实际收到的价值。尽管此用户可能符合"重要用户"细分市场的条件，但实际上他们没有获得足够的价值，并且将来可能会有很大的流失风险（如果还没有的话）。

5. 偶然的或周期性的

用户何时最有可能购买商品或与品牌互动？传统上，基于场合和时机的行为细分指普遍场合和个人场合。

普遍场合适用于大多数用户或目标受众。假期和季节性事件是一个典型的例子，在此期间，用户更有可能在假日季节或一年中的某些时间进行某些购买。

经常性的个人场合指在一段时间内不断重复的个人用户的购买模式，其范围可以是生日，周年纪念日或假期之类的年度场合，商务旅行之类的每月购买，甚至是喝咖啡之类的日常习惯。

稀有的场合也与单个用户有关，但更不规则，更自然，因此更难以预测，如参加朋友的婚礼。

1）按时间段等定位细分

基于计时的行为细分的一种更现代的应用，与用户具有较高的品牌参与倾向或更愿意接受报价的时间有关。

个人用户在阅读电子邮件、浏览社交网络、研究产品和消费内容方面的偏好行为模式都是可以用来帮助营销人员了解以优惠为目标的最佳例子。

2）自上次购买或操作以来经过的时间段

另一种基于时间的方法是根据自上次购买或操作以来经过的时间来预测用户最有可能进行购买的时间。例如，在首次购买后的几周或几个月内，用户更有可能再次购买；或者相反，自购买某款商品起经过一定时间后，再进行追加销售或推荐销售的可能性就会大大降低。

6. 用户满意度

无论是每年，每半年，每季度，甚至每月或每周进行调查，这都会在数据收集点之间留出大量时间，使企业长时间处于"黑盒"状态，在此期间，用户的满意度变化会很大。

用户的行为是衡量满意度的更准确和可靠的来源，尤其是可以在用户消费的每个阶段实时捕获和更新的数据。

有许多可用的数据源，通过它们可以利用用户的行为来衡量用户在任何给定时间的真实满意度。负面用户体验的证据可以在很多地方找到，并可以通过整个组织中的许多不同渠道、系统和工具进行检测。当然对于用户体验也是如此。

首先按照满意度对用户进行细分（与所有细分一样），可以为每个细分确定一组适当的操作，然后根据其潜在的业务影响对其进行量化并确定等级。

以再次购买或推荐购买成交来定位：分析细分市场中的用户，以找出可能导致较高满意度的模式；分析细分市场中的用户，找出导致满意度低下的潜在根本原因；通过按满意度对用户进行细分，可以确定问题的答案。例如，在给定的时间中，哪个用户最满意或最不满意？哪些因素对用户满意度的影响最大？

7. 用户忠诚度

谁是最忠实的用户？如何才能最大化他们的价值并找到更多像他们这样的用户？

通过行为数据，可以按忠诚度级别对用户进行细分，以帮助商家确定最忠诚的用户并了解他们的需求，以确保他们满意。

忠实的用户可以成为提供特殊待遇和特权的理想人选，如独家奖励计划，培育和加强用户关系并激励可持续的未来业务。

此类计划的一些经典 B2C 示例包括航空公司的飞行常客计划，"白金"信用卡会员或酒店的 VVIP 客人。

除了最大程度地增加忠实用户的好处外，还有许多其他潜在的利益可以增加关系的终身价值，如推荐和认可、参与案例研究、提供产品反馈，最重要的是分享给更多人。

使用用户忠诚度行为细分可以得出重要问题的答案。例如，影响用户忠诚度的消费中的关键因素和行为是什么？哪些用户是忠诚度计划或倡导者计划的最佳候选人？如何才能使最忠实的用户满意，并从中获得最大的价值？

8. 兴趣

了解用户的个人和独有兴趣，是用户参与和产生价值的关键。基于兴趣的行为细分可以有助于提供个性化的服务，从而保持用户的参与度并吸引更多人。无论商家的目标是增加产品使用率，还是提供正确的内容和信息以帮助他们持续购买或宣传，这都是事实。

兴趣行为的一大优势是能够将特定兴趣与其他潜在的相关兴趣隐式连接。这样，每次捕获用户兴趣行为时，不仅要权衡用户对特定主题的兴趣程度，而且还要分析可能有效吸引该用户的其他潜在兴趣/主题的数量。

9. 参与度

定义"参与度"的方式会因公司和角色而异，如果用户对品牌有正面的体验，并且因此愿意更频繁地进行互动并花更多的时间与品牌互动，那么这通常是可以取得积极成果的好兆头。

用户花在与品牌互动并获得正面体验上的时间越多，则越能说明：信任在增加；对该品牌的正面认知正在形成；品牌关系正在加强；正在考虑购买。

参与度是用户消费购买前后的宝贵数据。例如，可以使用基于参与度的细分来了解不同的潜在用户在预购渠道中的参与度，或者现有用户在用户社区中的活跃度。

10. 用户状态

用户状态是根据用户与业务关系对不同用户进行行为分类的另一种方法。

以下是一些最常见的用户状态示例：非使用者；观望的人；首次购买者；普通用户；背叛者（已转换为竞争对手的前用户）。

根据业务，可能有更多不同的用户状态。例如，具有免费版或免费试用版的产品可能具有"免费用户"或"免费试用"用户的状态。

综上所述，用户的购买行为预测指根据用户历史访问点击操作、服务器日志、浏览记录及商品反馈信息中所蕴含的行为规律，对在线用户购买倾向进行实时分析，预测用户将来的行为。因此可实现针对用户推荐商品、制定营销策略及决定平台商品的进货量与出货量。20世纪90年代，研究者就开始对大量网络数据进行挖掘和研究，国内还专门成立数据挖掘研究机构来专门分析用户的购物行为。随着电子商务的普及，越来越多的方法被应用在用户行为分析预测中，如决策树方法、贝叶斯分类算法、支持向量机、神经网络方法及时间序列预测方法等。它们大都以数据驱动，从用户个人信息、商品、消费行为等多种信息中筛选出主要因素并设计特征，利用机器学习算法对筛选出的数据进行模型训练，以训练好的模型预测用户购买可能性最大的商品。

机器学习的本质是通过算法在众多的假设空间中找到一个最优的假设，预测方法是对数据从不同角度进行分析，预测方法及处理的数据不同，用户行为预测的效果也不同，对于特定的学习问题都有与其相匹配的较合适的算法。而在现实生活中，并没有一个算法可以在任何领域里学习出准确的模型。通过集成若干个单一算法的学习结果形成新的组合模型，从而达到提高算法最终学习准确率效果的做法就越来越流行。使用何种方法来集成算法对于提高融合后最终算法的准确率至关重要。

在电商平台中，平台往往需要对用户网购行为进行分析及预测。电子商务平台以所具有的用户信息数据库为基础，完成对用户网购行为的实时及针对性预测，从而体现了对用户行为的智慧化预测。因此，作为一套完整的预测模型系统，首先需要利用数据挖掘、机器学习、统计学等方法进行知识发现，对数据进行特征提取。然后以此为基础，构建作为知识指导的知识存储与表示的用户网购行为知识库，进而建立从数据输入到预测行为的系统体系。

11.5 用户沟通

1. 用户沟通的重要性

用户沟通有助于品牌增加利润，提升品牌形象，并拓展业务。

1）用户沟通增加卖家的利润

如果卖家通过用户喜欢的渠道和正确的频率联系买家，他们中大约34%的人可能会购买。沟通还可以增加卖家的利润。多达 96% 的人基于与公司的互动而忠诚于品牌。

卖家当前和未来的大多数用户将根据两个因素决定是否留在卖家身边：卖家与用户的沟通情况；用户联系卖家的难易程度。

2）用户沟通提升卖家的品牌形象

当企业以正确的频率和渠道与买家沟通时：多达 31% 的购物者会对该品牌有更高的评价；推荐公司的买家数量增长 17%；大约 15% 的用户会在网上发表正面评价。

每个用户都希望品牌在特定时间联系他们。他们还对沟通的频率有偏好。有些人希望卖家通过电话与他们互动，另一些人则更喜欢通过电子邮件或社交媒体与他们互动。

大多数用户（83%）希望通过电子邮件与他们联系，39% 的人更喜欢企业在下午与他们联系。

要找到买家的特定偏好，卖家可以收集用户反馈。此外，卖家可以询问购物者在订阅过程中，购物者希望卖家如何与他们联系。

3）用户沟通使卖家与竞争对手区分开来

为了在竞争中脱颖而出，卖家的公司需要与用户建立持久的关系。因此，要专注于了解用户群的行为及沟通在用户关系中的作用。了解这一点对于通过有效的沟通建立用户服务并成功发展卖家的业务至关重要。

2. 用户沟通的有效方法

1）需要能迅速判断对方的语言环境

与用户沟通，首先要做的事情就是判断对方的语言环境，判断对方的大致年龄、职业、性格等。要迎合对方的说话方式去和对方沟通，让对方觉得你是一个能好好沟通的人。也就是说，针对不同的人采用不同的聊天方式，运用对方熟悉的语言形式沟通可以迅速拉近彼此的距离。

2）给用户更多选择题，而非问答题

更专业的客服人员应该懂得如何以正确的方式提问。而提问的一大技巧是提出选择性的问题，因为选择性的问题更容易回答，不至于让聊天陷于中断的尴尬境地；不要去问一些问答题，问答题的弊端在于，有时候问题太难，用户会浪费大量时间来思考如何回答而让聊天中断。

3）巧妙应对各种要求，合理拒绝

拒绝是谁都不喜欢做的事情，但是面对用户的一些比较无理的要求，客服人员必须巧妙的拒绝，在完美拒绝要求的同时给予对方比较能接受的理由。例如，当用户要求必须当天发货，否则就不买的时候，客服可以这样回答："我比卖家更希望以最快的速度给卖家发货，但是因为我们是大件物品，为了保证您收到的货物完好无损，所以我们在出货前会详细检验。您虽然多等几个小时，但也避免了收到残次商品。"甚至还能以补偿的方式来让用户接受这样的处理结果，如给用户送一个小礼物等。

3. 尽量避免自动回复

有时候，客服因为太忙，不得不设置自动回复来回答用户的一些问题。但自动回复必然不能更好更细致地回答用户的问题。所以建议如果时间允许，或者在订单较大、用户较为重要的时候，应尽量减少自动回复，采用人工聊天的形式来回答用户的问题，加强沟通的真实性。

首先，对待任何用户都要有耐心。不管用户是真心不懂产品业务，还是有心试探看看卖家是否专业，要做好跨境电商必须有耐心，耐心解答用户的所有问题，不要怕麻烦，无论面对任何人都能认真做好服务，只有用户感受到客服的真诚态度，才会提高成交率。

其次，对待用户做好充分的准备工作。在于用户沟通前，一定要事先做好充分的信息准备工作。例如，收集好用户的相关资料，对用户的需求有一个大概的了解。此外，还要知道同行的价格产品优势等，从而在和用户交流时符合客人的心理效应，并显示卖家产品的绝对优势，让用户确定在卖家这购买的信心。

最后，沟通的最终目的是为了交易成功。理解用户的需求，在合理的价格范围促使交易达成，按照用户的要求能提供一个可行的方案并付诸实施。如此要做好总结和售后服务其实就可以了，沟通能力可以慢慢培养和提升，坚持不懈就能让交易走向最终成功。

1. 简述用户画像的定义。
2. 试比较不同国境用户的购买习惯之差异。
3. 简述用户画像建立的参考特征。
4. 选择东南亚的用户，为他们建立用户画像，并分析其购物行为特点。
5. 简述用户沟通的有效方法。

案例分析

即测即练

参考文献

[1] 黄奇帆. 新时代国际贸易新格局、新趋势与中国的应对 [EB/OL].（2019-10-09）[2022-08-16]. http://finance.sina.com.cn/zl/china/2019-10-09/zl-iicezzrr0944189.shtml?cre=zhuanlanpc&mod=g&loc=5&r=0&rfunc=8&tj=none&ivk_sa=1023197a.

[2] 桑雪骐. 多元化消费趋势促进电商行业向精准化迭代 [EB/OL].（2022-05-18）[2022-08-16]. http://news.k618.cn/xf/202205/t20220518_18353735.html.

[3] 林丹. 中国电子商务的发展现状与未来趋势 [J]. 现代商业，2019（17）:50-51.

[4] 艾媒网官方账号. 2021—2022年中国跨境出口电商发展背景分析 [EB/OL].（2021-12-24）[2022-08-16]. https://www.bilibili.com/read/cv14558728.

[5] 周頔. 商务部谈跨境电商：一大批小微主体成新型贸易的经营者 [EB/OL].（2022-05-20）[2022-08-16]. https://baijiahao.baidu.com/s?id=1733320813768104728&wfr=spider&for=pc.

[6] 龙敏. "丝路电商"助推"一带一路"合作为全球经济复苏增添新动能 [EB/OL].（2021-09-08）[2022-08-16]. https://baijiahao.baidu.com/s?id=1710341779958823320&wfr=spider&for=pc.

[7] 佟明亮，曾定茜，李惠芹，等. 跨境电商对传统国际贸易的影响研究 [J]. 山西农经，2018（21）:124.

[8] 张夏恒，赵崤含. 墨守成规还是化蝶重生：跨境电商对传统产业转型的影响 [J]. 中国流通经济，2022，36（5）:42-54.

[9] 张夏恒. 跨境电商促进双循环新发展格局：理论机制、发展思路与相关举措 [J]. 当代经济管理，2021，43（10）:59-65.

[10] 张夏恒. 跨境电商类型与运作模式 [J]. 中国流通经济，2017，31（1）:76-83.

[11] 张夏恒，李豆豆. 跨境电商海外仓类型及发展措施 [J]. 工信财经科技，2021（1）:72-80.

[12] 张夏恒. 数字贸易的研究现状及趋势研判 [J]. 长安大学学报（社会科学版），2021，23（2）:75-84.

[13] 张夏恒. 全球价值链视角下跨境电商与跨境物流协同的内生机理与发展路径 [J]. 当代经济管理，2018，40（8）:14-18.

[14] 张夏恒，刘梦恒，马述忠. 跨境电商：战略驱动·成长困境和政策牵引 [J]. 浙江经济，2017（9）:48-49.

[15] 张夏恒. 中国跨境电商消费者研究：特征及其行为评价 [J]. 广西经济管理干部学院学报，2017，29（2）:83-87.

[16] 张夏恒. 跨境电子商务概论 [M]. 北京：机械工业出版社，2020.

[17] 邓志超，崔惠勇，莫川川. 跨境电商基础与实务 [M]. 北京：人民邮电出版社，2021.

[18] 张亚丽. 中国跨境电子商务发展现状与对策研究 [J]. 商场现代化，2020（22）:40-42.

[19] 彭剑波，覃亦欣. 我国跨境电子商务发展的现状、问题及对策 [J]. 法制与经济，2020（6）:115-117.

[20] 王海伟. 焦点科技"中国制造网"发展战略研究 [D]. 济南：山东大学，2019.

[21] 林少滨，张晓龙，高文博，等. 跨境电商零售进口发展历程与跨境电商网购保税进口及特殊区域出口监管模式概览 [J]. 中国海关，2021，383（2）:82-84.

[22] 林少滨，须捷，纪力，等. 跨境电商进出口业务模式对比分析 [J]. 中国海关，2021（3）:88-91.

[23] 苏成之. 我国跨境电商综合试验区税收政策对企业的影响研究 [D]. 昆明：云南财经大学，2021.

[24] 王建丰，靳聪颖. 跨境电子商务发展文献综述 [J]. 商业经济，2021（11）:100-104.

[25] 田雪莹.京东物流配送模式优劣势及对策分析[J].管理现代化，2017，37（6）:92-96.

[26] 邓必年.京东商城物流模式研究[J].物流工程与管理，2017，39（8）:62-64，59.

[27] 王瑷媛.海淘模式下的业务流程[J].对外经贸，2019（11）:68-69.

[28] 羊英，陈建，吴翠红.跨境电商物流实用教程[M].北京：中国海关出版社有限公司，2019.

[29] 51秒懂网官方账号.1688跨境电商平台是什么？[EB/OL].（2022-11-03）[2022-12-01].https://supplier.alibaba.com/article/CTG08F056EQ.htm.

[30] 新用户1772648357.Wish打造移动C2C电商平台，尝试利用推荐算法为用户提供个性化商品推荐[EB/OL].（2014-04-11）[2022-08-14].https://36kr.com/p/1641858367489.

[31] 电商报官方账号.Wish暂停开放注册，开始实行邀请制"invite-only"[EB/OL].（2022-02-07）[2022-08-14].https://www.dsb.cn/news-flash/88717.html.

[32] 金融界官方账号.洋码头全力挺进新零售业务，免税直购店打造全新商业模式[EB/OL].（2022-01-24）[2022-08-14].http://industry.caijing.com.cn/20220530/4864467.shtml.

[33] 中国日报网官方账号.重庆"厂二代"：淘特M2C轻投入、快增长，还能培养本地电商人才[EB/OL].（2022-04-13）[2022-08-14].https://baijiahao.baidu.com/s?id=1729922001961365575&wfr=spider&for=pc.

[34] 全球速卖通官方账号.商品发布数量的实施细则[EB/OL].（2021-08-24）[2022-08-14].https://sell.aliexpress.com/zh/pc/jiajian1.htm?spm=5261.8113681.0.0.62c370fae8ub8c.

[35] 孙悦.全球速卖通跨境电商平台商业模式研究[D].长春：吉林大学，2020.

[36] 雨果跨境官方账号.使用小型和轻型FBA降低履约成本[EB/OL].（2021-04-20）[2022-08-14].https://www.sohu.com/a/461926649_115514.

[37] 一味君.如何对亚马逊供应链做管理[EB/OL].（2021-09-24）[2022-08-14].https://www.amz123.com/thread-776121.htm.

[38] 西格跨境官网.ebay搜索排名规则，影响Best Match搜索排名因素有哪些？[EB/OL].（2021-09-28）[2022-08-13].https://www.xeeger.com/article/3721.

[39] 蓝海亿观网.易贝卖家怎么找关键字？这些方法可优化Promoted Listings，提高转化[EB/OL].（2022-03-07）[2022-08-13].https://chuhaiyi.baidu.com/news/detail/14995398.

[40] Estella.俄罗斯选品风向标！2022Q1季度这些品类订单量暴增！[EB/OL].AMZ123，2022（2022-05-23）[2022-08-13].https://www.amz123.com/thread-909191.htm.

[41] 卓凤莉.速卖通平台新手卖家选品过程分析[J].对外经贸，2018（11）:75-78.

[42] 烟台商至信官方账号.网络广告CPC、CPA、CPM怎么计费，有哪些区别？[EB/OL].（2021-11-24）[2022-08-12].https://baijiahao.baidu.com/s?id=1717268984833335071&wfr=spider&for=pc.

[43] 阮晓文，朱玉赢.跨境电子商务运营：速卖通 亚马逊 易贝[M].北京：人民邮电出版社，2018.

[44] 互联网热点说官方账号.什么是口碑营销？如何利用口碑营销推广企业品牌[EB/OL].（2022-07-12）[2022-08-12].https://www.163.com/dy/article/HC3VQ6VS05533CC1.html.

[45] 晏涛三寿.如何提高直播带货转化率？这7大直播话术请收藏好[EB/OL].（2021-06-09）[2022-08-12].https://baijiahao.baidu.com/s?id=1735136359182808802&wfr=spider&for=pc.

[46] 梯拓跨境官方账号.TikTok上粉丝排名前30的网红盘点[EB/OL].（2021-07-28）[2022-08-12].https://www.ikjzd.com/articles/147010.

[47] 出海记事本.跨境电商5种邮件营销策略[EB/OL].（2021-11-16）[2022-08-12].https://www.cifnews.com/article/110605.

[48] 出海记事本.海外社交媒体平台有哪些[EB/OL].（2020-09-11）[2022-08-12].https://www.cifnews.com/

article/77204.

[49] woniu. 事件营销案例分析，2019年有哪些经典事件营销[EB/OL].（2022-05-31）[2022-08-12]. https://www.chinaai.com/ziliao/22000.html.

[50] 雨果跨境官方账号. 短视频营销是什么意思[EB/OL].（2020-05-21）[2022-08-12]. https://www.cifnews.com/article/68286.

[51] 腾讯网官网. 入行必知！跨境电商卖家的7大推广引流方式[EB/OL].（2022-10-08）[2022-10-12]. https://new.qq.com/rain/a/20221008A05OF500.

[52] 齐鲁壹点官网. 新东方直播成新顶流，观众买的不止是商品，更是知识服务体验[EB/OL].（2022-06-19）[2022-08-12]. https://baijiahao.baidu.com/s?id=1736043913632486549&wfr=spider&for=pc.

[53] 纳千网络官方账号. 广告投放中的ROI是怎么计算的？[EB/OL].（2022-07-17）[2022-08-12]. https://baijiahao.baidu.com/s?id=1738611818079032001&wfr=spider&for=pc.

[54] 潘亦纯. 短视频营销如何重唤传统企业生机？听听三位专家怎么说[EB/OL].（2022-04-09）[2022-08-12]. https://baijiahao.baidu.com/s?id=1729623277619182917&wfr=spider&for=pc.

[55] 贝贝柚. 海外版抖音 TikTok 跨境电商：如何利用 TikTok ADS 做好出海营销？[EB/OL]. [2022-08-12]. https://baijiahao.baidu.com/s?id=1732678115693485294&wfr=spider&for=pc.

[56] 林超聊跨境官方账号. 东南亚市场买家消费行为分析[EB/OL].（2020-06-28）[2022-8-11]. http://seller.dhgate.com/industry-trends/c_46246.html.

[57] 跨境眼观察官方号. 东南亚买家消费习惯最新调查[EB/OL].（2020-06-18）[2022-8-11]. https://www.kuajingyan.com/article/11722.

[58] 娜娜论谈资事官方账号. 东南亚跨境电商：东南亚消费者购物行为与用户画像如何？[EB/OL].（2020-12-18）[2022-8-11]. https://www.sohu.com/na/439047519_120948232.

[59] 嘉泰物流官方号. 欧洲网购消费习惯：67%的人并不注重价格[EB/OL].（2019-11-06）[2022-8-11]. https://zhuanlan.zhihu.com/p/387341198.

[60] 雨果网官方账号. 除了亚马逊、速卖通、易贝，欧洲还有哪些顶尖电商平台？[EB/OL].（2021-07-07）[2022-8-11]. https://baijiahao.baidu.com/s?id=1649451883360759544&wfr=spider&for=pc.

[61] 艾媒网官网. 跨境电商行业数据分析[EB/OL].（2021-07-01）[2022-08-11]. https://www.iimedia.cn/c1061/79461.html.

[62] 连连国际网官网. 中国跨境电商购物用户画像[EB/OL].（2021-01-11）[2022-08-11]. https://global.lianlianpay.com/article_globalpay/31-24542.html.

[63] 触脉咨询官方账号. 从0到1，一文掌握用户画像标签体系[EB/OL].（2021-08-12）[2022-08-12]. https://zhuanlan.zhihu.com/p/553002885.

[64] LY. 电商用户行为分析[EB/OL].（2022-05-10）[2022-08-11]. https://blog.csdn.net/weixin_44805241/article/details/124193745.

[65] 杨国胜，郭贝贝. 机器学习增强的电子商务平台用户行为预测[J]. 科技与创新，2019（1）:124-125.

[66] 黑马程序员. 跨境电子商务：亚马逊运营推广[M]. 北京：清华大学出版社，2020.

[67] 宁芳儒. 跨境电商亚马逊是如何运营的[M]. 北京：人民邮电出版社，2022.

[68] 新迈尔教育. 跨境电商运营实战[M]. 2版. 北京：清华大学出版社，2019.

教师服务

感谢您选用清华大学出版社的教材！为了更好地服务教学，我们为授课教师提供本书的教学辅助资源，以及本学科重点教材信息。请您扫码获取。

≫ 教辅获取

本书教辅资源，授课教师扫码获取

≫ 样书赠送

电子商务类重点教材，教师扫码获取样书

 清华大学出版社

E-mail: tupfuwu@163.com
电话：010-83470332 / 83470142
地址：北京市海淀区双清路学研大厦 B 座 509

网址：http://www.tup.com.cn/
传真：8610-83470107
邮编：100084